古道

秋新花

古蜀道（青川段）考古调查

李 蓉　唐志工　黄家祥 著

巴蜀书社

图书在版编目（CIP）数据

古道秘踪：古蜀道（青川段）考古调查 / 李蓉, 唐志工, 黄家祥著. — 成都：巴蜀书社, 2023.5

ISBN 978-7-5531-1919-9

Ⅰ.①古… Ⅱ.①李… ②唐… ③黄… Ⅲ.①蜀道—文物—考古—调查报告—青川县 Ⅳ.①K872.714

中国国家版本馆CIP数据核字（2023）第018676号

古道秘踪——古蜀道（青川段）考古调查

李蓉　唐志工　黄家祥　著

责任编辑	童际鹏
封面题签	黄家祥
出版发行	巴蜀书社
地址	成都市锦江区三色路238号新华之星A座36层
邮编	610023
总编室电话	（028）86361843
发行部电话	（028）86361852
网　址	www.bsbook.com
经　销	新华书店
内文排版	成都完美科技有限责任公司
印　刷	四川华龙印务有限公司（电话：028-61778225）
版　次	2023年5月第1版
印　次	2023年5月第1次印刷
成品尺寸	285mm×210mm
印　张	18.25
字　数	300千
书　号	ISBN 978-7-5531-1919-9
定　价	380.00元

本书如有印装质量问题，请与印刷厂联系调换

古道秘踪
——古蜀道（青川段）考古调查
编 委 会

顾　　　问：王　毅　濮　新　李　蓓　何振华　俞天喜
　　　　　　王剑平　何光远　王洪燕
编委会主任：龙兆学
副 主 任：李方甫
编委会成员：（以姓氏笔画为序）
　　　　　　张国辉　杨政国　佘　锦　孙军芳　向国宏
　　　　　　贺俊杰　贾　琳　李　芳　王　露　杜建平
　　　　　　王　维　苏照春　赵丽萍　杨爱琼　刘晓燕
　　　　　　刘清龙　张　静　王　莉　杨凯奇　孙　禹
　　　　　　冯　丹
执　　　笔：李　蓉　唐志工　黄家祥
主 编 单 位：青川县文化旅游和体育局
　　　　　　青川县文物管理所

调查队员在广元市古蜀道上的千佛崖考古调查

调查队员在昭化区蜀道天雄关遗址考古调查

调查队员在剑阁县调查蜀道（金牛道）摩崖题刻

调查队员在剑阁县蜀道上的翠云廊考古调查

调查队员在剑阁县翠云廊考古调查

调查队员在剑阁县蜀道(金牛道)剑溪桥考古调查

调查队员在陕西省汉中褒斜石门栈道考古调查

调查队员在陕西省汉中褒斜石门栈道考古调查

调查队员在陕西省宁强县蜀道(金牛道)上的石窝金遗址考古调查

调查队员在陕西省宁强县蜀道（金牛道）上的阳平关镇码头遗址考古调查

调查队员在陕西省宁强县蜀道（金牛道）上的阳平关镇码头遗址考古调查

调查队员在陕西省宁强县蜀道（金牛道）上的潭毒关碑刻出土地考古调查

调查队员在陕西省宁强县蜀道（金牛道）上的古汉源遗址考古调查

调查队员在陕西省宁强县蜀道（金牛道）上的七盘关遗址考古调查

调查队员在陕西省宁强县蜀道（金牛道）上的七盘关遗址考古调查

调查队员在汉中市汉台博物馆考古调查

调查队员在阳平古道碑前

古道秘踪——古蜀道（青川段）考古调查

调查队员考古调查青川唐家河境内阴平道

调查队员考古调查发现青川唐家河境内阴平道

调查队员考古调查发现青川唐家河境内阴平道

调查队员考古调查发现青川唐家河境内阴平道

古道秘踪 —— 古蜀道（青川段）考古调查

考古调查中测量青川唐家河境内阴平道

调查队员行进在考古调查中的阴平道上

调查队员在测量阴平道上的百雄关遗址

调查队员在测绘阴平道百雄关遗址

调查队员在测绘阴平道上百雄关步道遗址

调查队员在阴平道上百雄关遗址查看遗存的碑刻

调查队员在青川县落衣沟新桥下调查发现落衣沟栈桥立柱孔

调查队员在青川县金桥村金桥调查时发现栈桥柱孔

调查队员在平武县阴平道上调查时发现方形栈桥石柱状桥墩

调查队员在平武县阴平道上调查发现方形石柱状桥墩

调查队员在平武县阴平道上调查发现方形石柱状桥墩之地理环境

古道秘踪 ——古蜀道（青川段）考古调查

调查队员在平武县阴平道上江油关镇金林村考古调查

调查队员在青川县金桥村阴平道上调查发现碑湾里碥道及栈孔遗迹

调查队员在青川县青溪镇金桥村阴平道上调查发现水观音碥道及栈阁遗迹

古道秘踪 —— 古蜀道（青川段）考古调查

调查队员在青川县青溪镇金桥村阴平道上调查测量金桥村碥道遗迹

调查队员在青川县青溪镇金桥村阴平道上的金桥旁调查发现栈桥柱孔

调查队员在青川县青溪镇金桥村阴平道上的金桥旁调查发现栈桥柱孔

古道秘踪 ——古蜀道（青川段）考古调查

调查队员在甘肃省文县范坝镇阴平道上的对树沟村对树湾考古调查发现栈孔

调查队员在甘肃省文县范坝镇阴平道上的对树沟村对树湾考古调查

调查队员在甘肃省文县阴平道上的火烧关栈道遗址考古调查

古道秘踪——古蜀道（青川段）考古调查

调查队员在甘肃省文县周家坝阴平栈道遗址考古调查

调查队员在甘肃省文县周家坝阴平栈道遗址考古调查

前　言

青川县域内重要的古代交通道路金牛道、阴平道是古代四川与中原地区和西北民族地区连络、沟通的重要路径，是四川与中原和西北地区在政治、经济、文化、社会、交通相互交流、往来、传播的大动脉与生命线，是大蜀道系统的重要组成部分。早在东汉时期，蜀郡成都人张霸在为自己离世后的遗言中写道："今蜀道阻远，不宜归茔，可止此葬，足藏发齿而已。"这是"蜀道"一词初次出现于古代文献中。让蜀道一词开始广为流传的则是唐代诗人李白写的一首《蜀道难》诗，使蜀道这一开凿于两千多年前的交通线路，逐渐进入人们的视野，并不断地引起重视。

"蜀道"有广义和狭义之分。广义的蜀道，指古往今来四川通往外省或外省进入四川的交通道路；狭义的蜀道或者传统意义上的蜀道，一般是指从成都北门经德阳、绵阳、江油、广元出川，又经过陕西宁强、汉中进入关中八百里秦川和中原地区。1936年全线贯通的108国道在四川、陕西境内的路段走向与狭义"蜀道"的线路走向大体一致。

青川县位于四川省北部边缘，白龙江下游，处于川、甘、陕三省结合部交接地带上，周围与陕西省汉中市宁强县，甘肃省陇南市文县、武都区接壤，素有"鸡鸣三省""金三角"之称。历史上各朝代的统治者要对地处西部边夷之地的四川进行统治管理，主要就是经从中原、关中入蜀的金牛道，西北陇南入川的阴平道。两条古道进入川蜀的首站就是青川县，可见青川县在历史发展的漫漫长河中的重要地理位置与区位优势，其在传统的古代交通线路上的重要意义也就自不待言了。

青川境内历史上存在的阴平古道、金牛道两条道路，在当地官方和民间都有广为的流传，究竟这些传说，哪些是有依据，哪些是历史的真实，哪些仅仅是传说或者附会而已。阴平古道、金牛道两条道路的线路走向如何？古道沿线留下来的古代印记是什么？遗存有哪些历史文化遗产？在实施本次考古调查之前，真切地讲，我们心里是没有底的，能有多少收获，取得多大成果，也没有太大把握。不过好在有县委、县政府重视与关心和大力支持，在县文旅体局的直接领导、鼓励和鞭策下，我们对开展本次阴平道、金牛道田野考古调查工作满怀激情，充满信心。

古道秘踪——古蜀道（青川段）考古调查

大家知道，古蜀道自三代以降至秦汉时期，是历代中央王朝管理蜀地的主要路径，作为先秦至汉代时期的蜀道理应是一条重要的官道，这样大型的交通道路及其设施的建设，当然是由中央王朝主持修建，修此道路的目的自然是方便历代王朝统治者加强对西部蜀地及其西南边陲地区的联系、管理与有效统治，以使历代统治者的权力及其王朝的西部边夷疆域得以巩固。作为古蜀道中重要的两段：阴平道、金牛道，在历史文献中虽然有所记载，但是较为零星、琐碎，给后人留下有两段道路的资料只是只言片语。近几十年来已有专业人士开始陆续对阴平道、金牛道做实地的考察，也曾经引起过人们的关注。即便如此，关于阴平道、金牛道沿线的遗迹，与道路有关的实物资料是一片盲区，几乎未曾涉及。作为最基层的县级文物保护与管理机构的文管所，责无旁贷地应该履职尽责，承担起县域内阴平道、金牛道路段田野考古调查并兼顾与本县周邻所涉阴平道、金牛道的田野

图1　古蜀道（青川段）考古调查队合影

前 言

考古调查。同时，我们对本次调查的收获亦充满期待。

在本次考古调查前期，我们对相关的文献记载和先前有过的调查资料进行了梳理。本次线路沿线调查带着以下问题展开：1.在以前已有调查成果的基础上是否有新发现、新收获和新突破。2.线路沿线所发现的遗迹，如古遗址、古墓葬等文化遗存及出土文物是否与古代交通道路有关。3.新发现的遗迹、遗物是否可以相互印证，同时为阴平道、金牛道在青川县域内分布、走向的确认提供实证。鉴于上述问题，我们在设计调查线路时，以青川域内为主，同时兼及紧邻本省市县区和甘肃、陕西两省紧邻的市县。具体线路是：

阴平道路段：甘肃文县—青川县唐家河至青溪镇水观音—平武县江油关镇金林村至江油关—江油市文物管理所。

金牛道路段：陕西汉中市博物馆—汉台区褒河镇石门水库褒斜道—宁强县大安镇烈金坝—金牛峡（亦称峡五丁峡）—阳平关镇—燕子砭—广坪镇金山寺—青川县刘家河—白水关（五里垭）—沿白龙江东岸税家沱—观音乡—水磨乡—干龙洞—黄毛峡的牛毛旋—广元市三堆镇宝珠寺—紫兰坝—昭化镇—天雄关—剑阁县普安镇—剑门关镇—剑溪桥—剑门关、青川县乔庄镇郝家坪等。

本次田野考古调查人员由省市县文博单位的工作人员、媒体记者组成。另外，中国古道考察队有三人参加前期的野外调查工作，这个团队中有长期从事田野考古调查与发掘的业务领队，有野外古道探险与抢险救援经验丰富的行家，也有精力充沛、充满朝气的年轻骨干。他们是：黄家祥（四川省文物考古研究院），唐志工（广元市皇泽寺博物馆），刘鹏成（广元市文物局），李蓉（青川县文物管理所），孙禹、杨凯奇（青川县文物管理所），吴涛（"中国十大古道"评选负责人），吴义平（N3040古道联盟装备部），冷林蔚（《十月少年文学》责任主编、《行知笔记》项目发起人），周光虎、陈杨（青川县融媒体中心），党官海、何兴顺、何代利（青川县机关事务服务中心）（图1）。

由于田野考古调查的时间是十一月下旬至十二月初，此时，地处川北"鸡鸣三省"的青川县已进入冬季，调查团队成员在峰峦叠嶂的野外途中，克服崇山峻岭的险恶和天寒地冻的严寒，去发现、找寻古代先民留下的遗迹、遗物。本次调查历时十五天，行程上千公里，取得重要收获和丰硕成果，主要有以下几方面：

一、确认先秦时期蜀道中的金牛道路段由陕西宁强燕子砭、广坪镇金山寺，进入四川青川沙州刘家河，经过现青川县的沙州镇（西汉时期的白水县治所在）五里垭垭口（古代白水关），沿白龙江东岸顺流而下至昭化（古代葭萌关）抵达剑门关。沿路段分布有古城址、关隘、石碥道、栈道孔、古墓葬及其出土文物。特别是白龙江东岸的古栈道、古墓葬及其出土文物为青川县域内先秦金牛道路段的存在与走向提供了不可再生、不可替代的实证。

二、历史文献上记载的阴平道，"从景谷道旁入"的阴平斜径（捷）是真实存在的。在青川境内的唐家河国家级自然保护区内现今修建的游人路径与古代的阴平道走向一致，大部分重合，个别路段还遗留有古代道路的遗迹，如用条状石板和石块叠砌石梯步道，开凿的石碥道、石梯道等人工道路及其自然地理环境与文献中的"山高谷深，攀岩而下"记载一致。

三、在唐家河阴平道路段的书有"邓艾过此"一悬崖峭壁的河床基岩，落衣沟桥下河滩一大型原状石上首次发现人工开凿的圆形栈桥柱孔。

四、在青溪镇的金桥附近河岸的岩壁及附近新发现三处栈桥柱孔、开凿的石阶梯步，这些柱孔有圆形，方形等。

五、在青溪镇水观音还首次发现石碥道、阁道（栈阁）等。

前 言

图2 四川省文物局相关领导听取古蜀道（青川段）考古调查成果汇报

六、在阴平道路段沿线附近还遗留有古关隘、古城、石栈桥、古墓葬及其出土文物等。

野外调查结束后，随即就古蜀道（青川段）田野考古调查初步成果向四川省文物局做汇报介绍，王毅局长及相关处室负责人听取汇报。省文物局领导指示对本次调查成果资料抓紧整理及时公布（图2）。2020年12月1日，古蜀道（青川段）田野考古调查成果汇报会在青川县人民政府会议室召开。时任青川县委书记罗云，县委常委、宣传部部长陈明忠，县文旅体局局长杜建平等领导莅临到会。首先由本次调查工作的组织单

图3　青川县委、县政府和有关部门负责人听取古蜀道（青川段）考古调查成果汇报

图4　青川县文物管理所李蓉所长在广元市考古调查阶段性成果汇报会上，报告古蜀道（青川段）考古调查成果与收获

位——青川县文物管理所李蓉所长以PPT的方式介绍本次调查工作的经过、新的考古发现。广元市皇泽寺博物馆唐志工馆员就新发现的古代道路的栈桥遗迹意义做了学术性讲解，黄家祥研究员就新发现的栈桥遗迹、金牛道在青川境内的走向及其确认，提出下一步工作的建议。莅会领导在听取本次工作取得的收获与初步成果后，均予以肯定，并就阴平道、金牛道新发现的遗迹、遗存的保护、利用与活化提出新的思路与要求。涉及蜀道沿线的区、乡镇主要负责人，县政府有关单位的负责人到会（图3）。12月18日，由广元市文物局组织全市四县三区文博单位参加的广元市考古调查阶段性成果汇报会在广元市博物馆学术报告厅举行，古蜀道（青川段）田野考古调查的新发现、新收获再次让四县三区文博同行眼前一亮，正如市文广旅局党组成员、分管全市文物工作的俞天喜局长所言："青川县近年来的文物工作所取得的成绩，特别是这次古蜀道（青川段）田野考古调查的新发现、新收获已走在全市文博单位的前列。"（图4）

2022年8月30日

注

(1)《后汉书·郑范陈贾张列传第二十六》，《后汉书》第五册，中华书局点校本，1982年，第1242页。

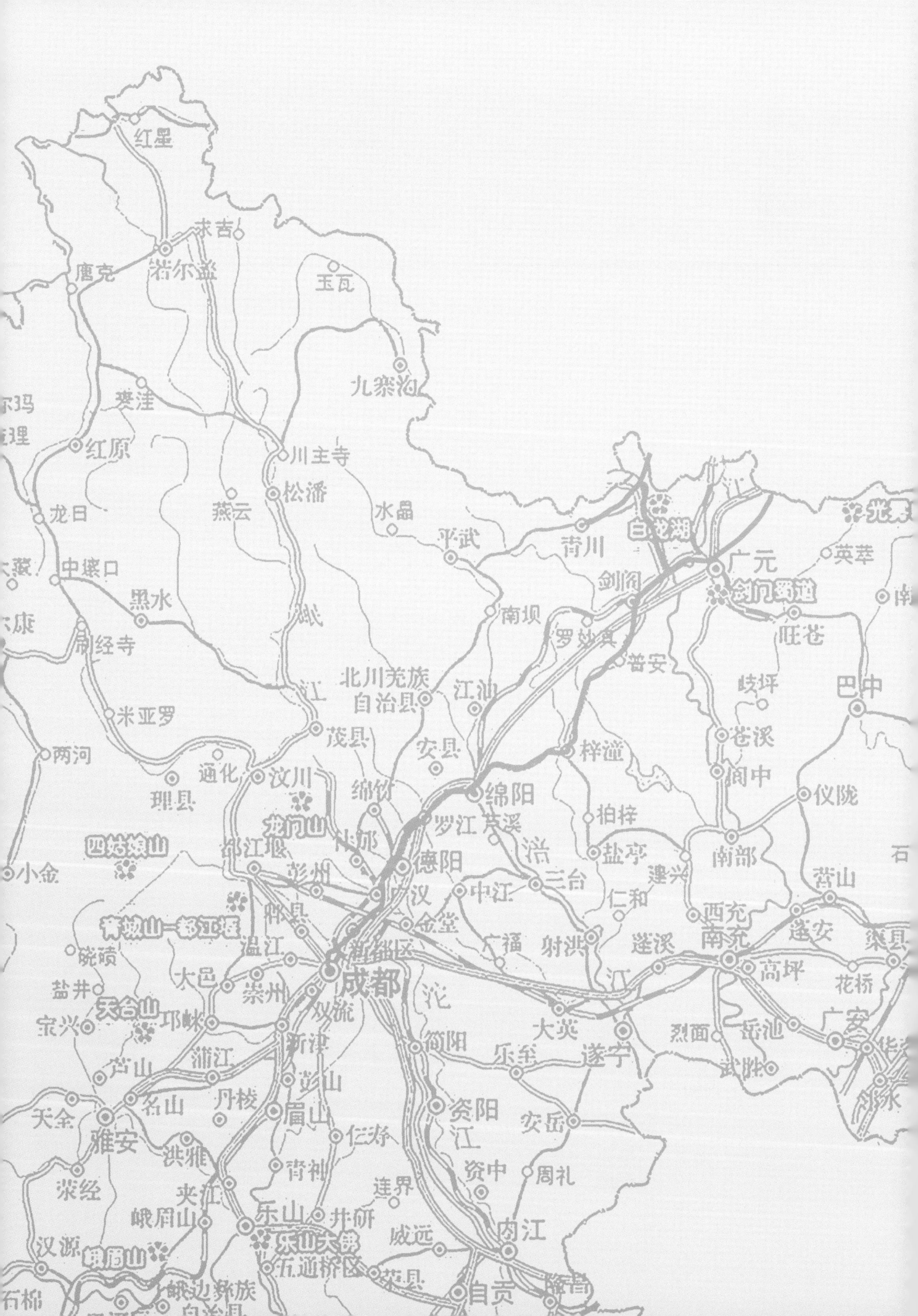

目 录

前 言 / 1

金牛道寻踪 / 1

一、蜀道概略 / 1

二、三千年前蜀与中原已有往来交通 / 3

三、金牛道的伊始 / 5

四、金牛道沿线古代遗存与物证 / 8

五、结语 / 80

攀崖阴平道 / 84

一、作为治所政区的"阴平道"与交通路线的"阴平道" / 84

二、唐家河摩天岭至青溪镇土地垭阴平道路段调查 / 106

三、三国名将邓艾墓 / 134

田野考察日记 / 147

古蜀道（青川段）田野考古调查日志　李　蓉 / 148

古蜀道（青川段）田野考古调查日志　唐志工 / 157

古蜀道（青川段）田野考古调查日志　孙　禹 / 168

古蜀道（青川段）田野考古调查日志　杨凯奇 / 169

目 录

论 文 / 175

四川与甘肃秦墓蠡测　何双全 / 176

青川秦牍新解　李均明 / 195

从青川木牍再论秦汉三国时期的秦蜀交通　马强 / 206

青川秦牍"梁"字再论　朱学斌 / 213

白水县为秦置及其属郡考　罗家祥 / 225

"九年相邦吕不韦"戈刻铭释读及相关问题探讨　周兴 / 235

略论青川木牍在书法史上的意义　杨政国 / 246

后 记 / 251

金牛道寻踪

一、蜀道概略

金牛道是古蜀道中的一段。广义的蜀道，是指四川与毗邻各省交往、联通全国的主要交通道路，包括陈仓道、褒斜道、傥骆道、子午道、连云道、祁山道、木门道、米仓道、武关道、荔枝

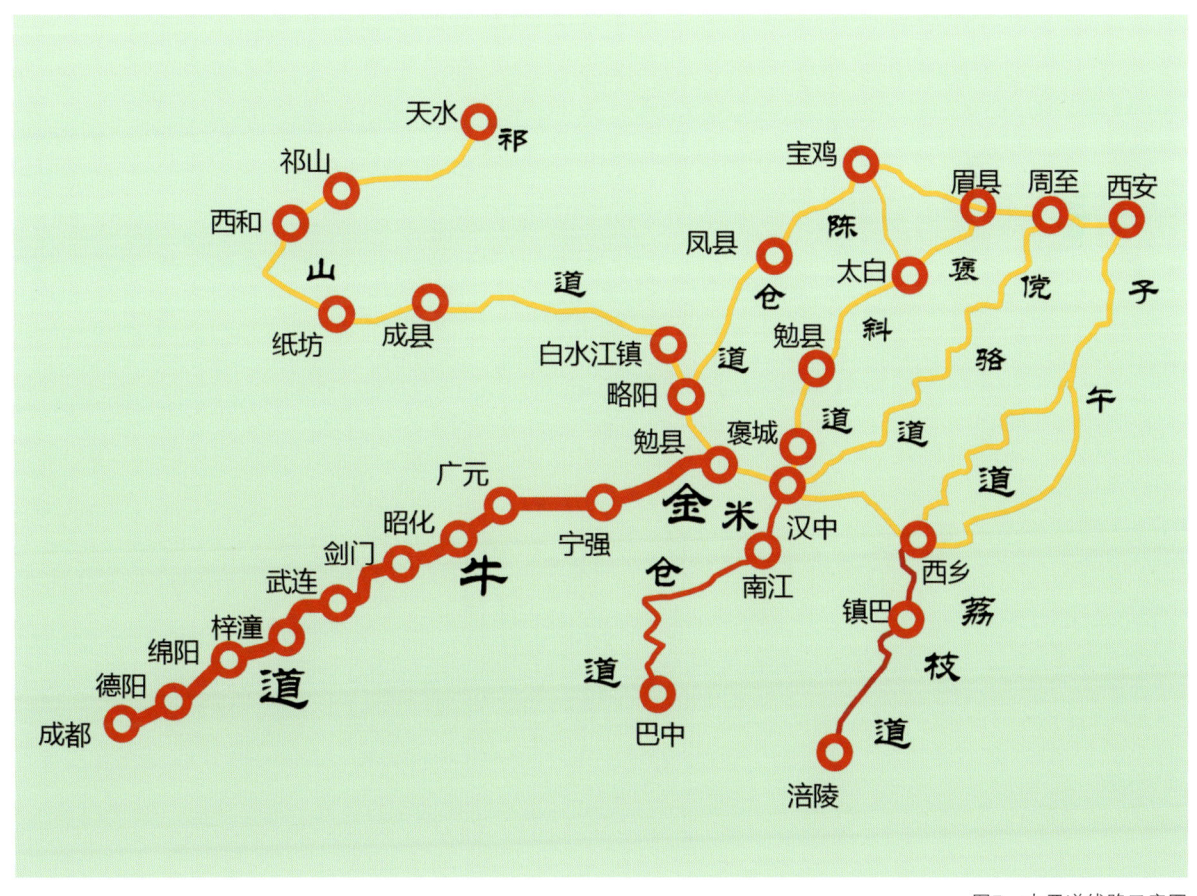

图5　古蜀道线路示意图

道、五尺道、僰道，以及通过江河连通的水上交通线路等。狭义的蜀道，是指穿越秦岭，北连接关中直通长安、中原，南与成都平原相接的一系列川陕道路的统称。自唐代诗仙李白的著名诗篇《蜀道难》问世之后，后世诗人的诗句也多以"蜀道"指称这样的交通线路。人们通常理解的"蜀道"，主要就是指这特定的川陕道路了，即学术研究中常常提到的"蜀道"。它以汉中盆地为中间站，分为南北两段：北段以西安、宝鸡等城市为起点，越秦岭抵汉中，从西向东主要有陈仓道、褒斜道、傥骆道、子午道；南段从汉中始，向南翻越大巴山、米仓山，最终到达成都等地，其西为金牛道，中为米仓道，东为荔枝道（图5）。

图6　四川彭州濛阳镇出土商代"覃父癸"铭文铜觯

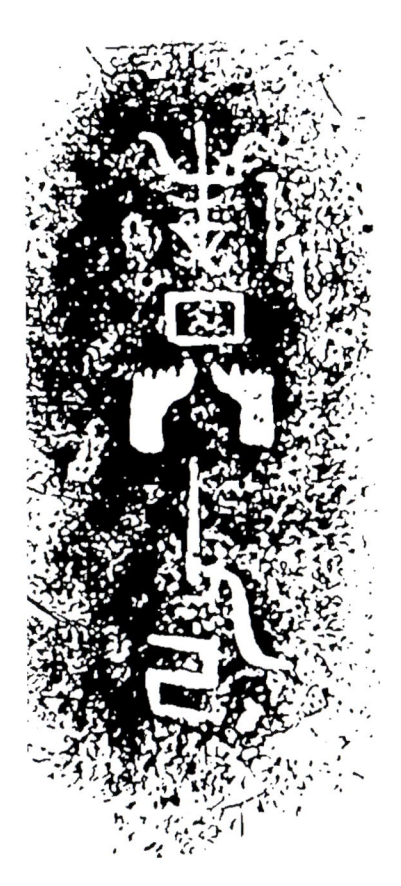

图7　四川彭州濛阳镇出土商代"牧正父己"铭文铜觯

二、三千年前蜀与中原已有往来交通

从殷墟甲骨文中有"[克]蜀"文字、周原出土西周甲骨中有"伐蜀"的文字、《尚书》等文献记载可知，公元前1027年武王伐纣，有"蜀"人参加。1959年冬和1980年2月在四川彭县濛阳镇先后出土一批西周窖藏铜器，两批西周铜器窖藏位置相距25米。其中第一批铜器窖藏中出土有"牧正父己"和"覃父癸"铭文的殷代二觯（图6，图7）[1]。可见蜀道的起始年代，应远在战国以前，甚至远在距今约3000年前的商周时期。据《蜀王本纪》《史记·货殖列传》《华阳国志》中的

古道秘踪 —— 古蜀道（青川段）考古调查

图8　金牛蜀道线路走向图

零散记载，可以看出从商末至战国中期以前为民间自发踏踩成路阶段，是民间贸易的商道和过往行人们经常通行的道路。史料没有筑路的记载或传说，可见当时它只不过是山川谷地间一条羊肠小道。官方开凿可能在春秋战国中期。

三、金牛道的伊始

秦惠文王至秦昭王时期，《蜀王本纪》《华阳国志》《本蜀论》《水经注》《括地志》均有秦惠文王修筑褒斜道的记载，其中"五丁开道"传说极为流行。《战国策》中"栈道千里，通往蜀汉，使天下皆畏秦"，可知秦昭王时栈道工程已普遍运用至褒斜道及其以南的通道工程上了。与四川古蜀道（金牛道）无缝连接的陕西汉中的褒斜道，开凿早、规模大、沿用时间长。清顾祖禹《读史方舆纪要》载："褒斜之道夏禹发之，汉始成之，南褒北斜，两岭高峻，中为褒水所经。春秋开凿，秦时已有栈道。"由此可知，褒斜栈道开凿历时久远。从秦惠文王与蜀王会褒中而后有"五丁迎石牛"的传说，我们可以推知，早期"蜀道"的开通，是通过秦人和蜀人的共同努力而实现的。《史记·货殖列传》载："栈道千里，无所不通，唯褒斜绾毂其口。"栈道始建于战国范雎相秦时期。《战国策·秦策》记载，公元前316年（秦惠文王更元十一年）秦派张仪、司马错伐蜀，大军即经此道，原来的谷道此时已开凿成能通过大部队和辎重的栈道了。公元前266年，范雎担任秦国宰相后，决定凿修褒斜栈道，大力发展秦同巴蜀之间的往来交通，最终"使天下皆畏秦"。此后，褒斜栈道一直是南北兵争军行和经济、文化交流必行之道。

这里，在对相关史料、前人已有调查研究成果的基础上，我们依据本次对青川县、陕西省汉中市宁强县、四川省广元市昭化区、剑阁县境内金牛道沿线实地的野外考古调查，调查中我们不仅是关注沿线保留下来的历史遗迹如道路路面、栈道孔，而且更注意与这些遗迹和道路走向沿途地下所发现、发掘的考古学史料遗存成果，以期达到可以相互

印证的愿景。现仅就战国秦汉以来秦人入川、灭巴蜀、移民万家以实之所经入川第一县：广元市青川县域内金牛道线路走向，与邻近陕西汉中宁强县，四川广元昭化区、剑阁县境内的金牛道的连通线路走向做一讨论。

与四川青川县东北部接壤的陕南汉中的宁强县是古代蜀道的中的一段金牛道，是在先秦和秦并巴蜀时所经由的主要路段。

金牛道又称石牛道。因秦伐蜀、石牛粪金、五丁开道的故事得名，自古为中原通往西南的孔道。元朝以来，又通称蜀栈、南栈。金牛道有南北两段之说，北段起点在陕西宁强县的金牛峡谷，南段起点在四川梓潼石牛镇。从梓潼石牛镇经绵阳魏城、德阳、广汉至成都。成都至今还保留有金牛区、金牛乡、金牛坝的地名[2]。故先秦以来，中央王朝所开通的中原通往西蜀的官道"金牛道"及其地名文化，数千年来在成都的地名文化中依然传承和延续（图8）。

在蜀栈北段的中间路段线路，历史上稍有变动。据史料考证，自今陕西汉中而西，经勉县（古时称沔阳县，即沔水之南）、出阳平关（古阳安关）、三泉县[3]，由山道至金堆铺交宁强界，经大安、烈金坝折南，过五丁关至宁强县城，再转西南，经牢固关、黄坝驿、七盘关入川界，沿嘉陵江至燕子砭镇夏家咀分路，顺江而下至广元昭化，古时称葭萌关，为广元市元坝区（现为昭化区）辖。《括地志》："昔秦欲代蜀，路无由人，乃刻石牛五头，置金于后，伪言此牛能尿金，以遗蜀，蜀侯贪，信之，令五丁共引牛，壁山墁谷，至之成都。"《华阳国志·蜀志》记载得更为详尽："开明帝时，蜀有五丁力士，能移山，举万钧。""周显王之世，蜀王有褒、汉之地，因猎谷中，与秦惠王遇。惠王以金一笥遗蜀王，王报珍玩之物，物化为土。惠王怒，群臣贺曰：'天承我矣，王将得蜀土地。'王喜。乃作石牛五头，朝泻金其后，曰：'牛变金'有养卒百人。蜀人悦之，使请石牛，惠王许之。乃遣五丁迎石牛，既不便金，怒，遣还之。"昭化镇溯清江河西至沙溪坝，顺大剑溪峡谷上，直穿剑门关隘口，到今剑阁县城普安镇柳池沟，进武连场，上碑碑梁，到梓潼，直抵石牛铺。金牛道另有一条线路（秦时石牛道），从宁强大安镇烈金坝（古称"金牛驿"）西行经代家坝、阳平关、广坪河至金山寺青岩子（界牌）入四川界，去白水（今名沙州）至昭化而与宁强县城之路合。此道较为坦缓，是南北朝以前秦蜀主要通道。公元前316年，秦惠王遣司马错、张仪率秦军伐蜀即由此路道入川灭蜀（图9）。

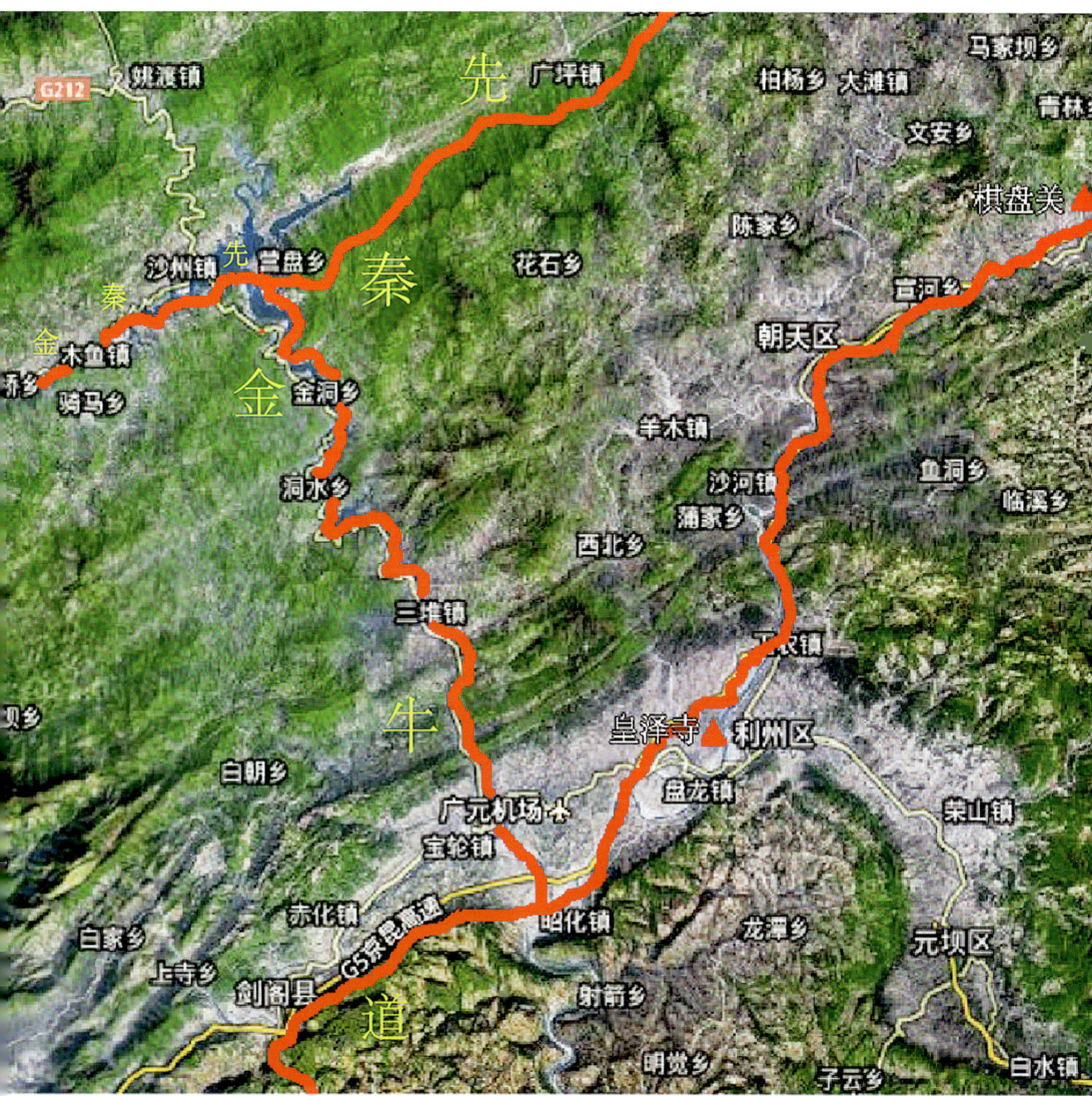

图9　由陕西宁强进入四川青川县先秦金牛道线路示意图

四、金牛道沿线古代遗存与物证

位于褒斜道南、褒河谷口保存至今的栈道遗迹有遗存在褒斜谷似门崖壁上凿刻于东汉建和二年（148）《司隶校尉杨孟文颂》（石门颂）摩崖刻石文字，可知至迟在东汉明帝永平年间，时任京师和地方监督官的杨孟文就已经完成石门栈道的开通。这是世界上最早的人工隧道，部分栈道孔遗存至今（图10~图13）。

图10　褒斜道石门颂摩崖刻石

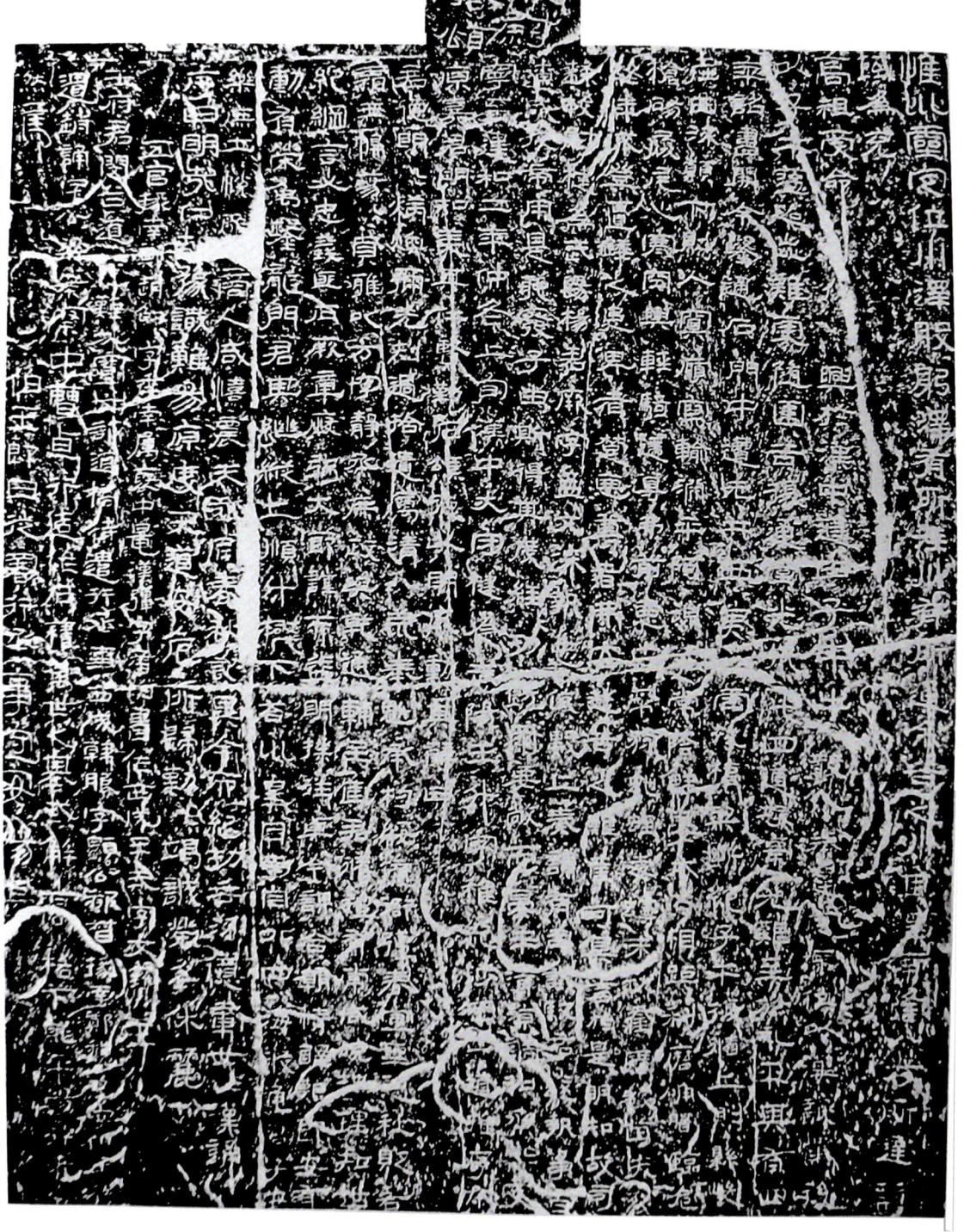

图11　褒斜道石门颂摩崖刻石拓片

图12　褒斜道石门颂摩崖刻石局部

图13 褒斜道石门颂摩崖刻石有"建和二年"铭文拓片

从1960年以来，陕西省考古研究所以及宝鸡市文物考古队先后多次对褒河流域的栈道遗址进行田野调查，发现褒河岸边的山壁上至今仍留有栈道的壁孔、柱孔等遗迹，以下游发现的数量最多，约300处。壁孔凿于陡立的崖壁间，高出水面8～9米，口部略高于底部，使木梁插入孔后略微上翘，在一定距离内各孔保持在同一水平线上。褒河上、中游发现栈道遗迹20余处，壁孔与水面距离自南向北逐渐缩小，南端距水约4～5米，北面仅1.5～2.5米。根据材料推测，在褒谷口、石门南半华里处及石门附近三地栈道的修建方式是：以长约6米，径约40厘米的方形横木插入壁孔中，再以圆形立柱一至三根立其下柱孔中来支撑横木。在呈斜坡的崖面上，顶端以横木衔接，上铺木板，这种方法见于石门老虎口段，还有斜撑式、干梁无柱式和立柱与斜撑相间式。有的在崖壁上凿孔，架横木，上复木板，钳钉以通之；遇沟险涧，则石栏以通之。楼阁的建造，大多是在崖壁上凿

图14 露出水面的褒河栈道与石门人工隧道

> 司马迁《史记·河渠志》载："今穿褒斜道，少阪，近四百里（较故道）。"汉以降，其陆道成为连通关中、巴蜀的重要通道之一。
>
> 褒斜道石门位于褒谷南口西岸，是世界上最早的人工开凿隧道之一。一般认为，石门始凿于东汉永平六年（63），采用"火焚水激"法，历时三年凿通。石门呈洞状，南北走向，东壁长16.5米，西壁长15米；南口高3.45米，宽4.4米；北口高3.75米，宽4.1米；南北高差为0.3～0.5米。在洞内及洞外附近山石上保存有东汉至明清时期摩崖题刻百余方。其中7方凿刻或嵌于隧洞内壁，其余位于石门周边崖壁及河中巨石上。题刻内容大致分为三类：关于修凿褒斜道及石门；关于修筑山河堰等；题诗、题名、题额等。著名的有"鄐君开通褒斜道摩崖""杨君石门颂""石门铭""修山河堰记"等以汉魏刻石为主体的13种题刻，世称"石门十三品"。

图15 陕西汉中褒河石门

成30厘米见方、50厘米深的孔洞，洞中插木柱、石柱。在距褒城北3里处有一南北长14米、宽3.95~4.25米、高4~4.75米的石门，开凿于东汉明帝永平年间，这是中国乃至世界最早的隧道（图14~图17）。石门栈道崖壁有汉魏以来题刻35处，是研究褒斜道的重要史料[4]。汉中保存下来的栈道孔遗迹可资比较的是四川雅安荥经县烈士乡冯家村钻山洞荥河南岸山崖陡壁、南方丝绸之路的旄牛道路段上开凿的栈道孔遗迹进行类比。四川荥经县烈士乡遗迹下部距离

图16 褒河石门远景

图17 褒河石门现状

褒河水面6~8米，依据实地调查统计，下层栈道孔与孔之间的水平距离为4.8米，孔口呈正方形，孔边长0.8米，孔深0.8米，底边长0.5米。栈道孔以西有的崖面有一段向内凹的石碥道路面，崖壁断面形状较为规整，显系人工开凿。保存下来的这段栈道长约140米。可贵的是2004年3月15日，在开凿栈道处陡峭的断崖壁面，发现有52字的摩崖刻石文字《何君尊楗阁》刻石，刻石文字四周以不规则阴刻长方形边框合围，边框高0.65米，边框上宽0.73米，下宽0.76米。刻石文字是："蜀郡太守平陵何君，遣掾临邛舒鲔，将徒治道，造尊楗阁，衮五十五丈。用功千一百九十八日。建武中元二年六月就，道史任云、陈春主。"摩崖石刻文字位置与古栈道、栈道孔遗迹近于水平[5]（图18~图23）。陕西汉中褒河谷口及其附近保存下来的栈道孔（图24）的尺寸略小于四川荥经县烈士乡冯家村遗

图18　荥经县烈士乡冯家村钻山洞荥河南岸1号栈道孔遗迹

图19　荥经县烈士乡冯家村钻山洞荥河南岸11号栈道孔遗迹

图20　荥经县烈士乡冯家村钻山洞荥河南岸汉代栈道孔遗迹

图21　荥经县烈士乡冯家村钻山洞荥河南岸2号栈道孔遗迹

图22　荥经县冯家村钻山洞栈道遗迹旁边中元二年《何君尊楗阁》摩崖刻石文字

图23　中元二年《何君尊楗阁》摩崖刻石文字拓本

图24　褒河栈道孔遗迹

存的栈道孔尺寸规格，两处栈道孔处均有摩崖石刻文字，刻石文内均有明确的纪年，前者（石门颂）为东汉建和二年（148）间完成，关于石门栈道开凿的年代，有的认为，早在汉高祖刘邦时代就开始开凿了，只是没有完成。石门栈道处另一摩崖刻石《鄐君开通褒斜道刻石》明确记载，东汉明帝永平六年至九年（63～66）汉中太守鄐君最后完成开通褒斜石门的任务。鄐君开通褒斜道刻石铭文："永平六年，汉中郡以诏书受广汉、蜀郡、巴郡徒二千六百九十人，开通褒余（斜）道。太守钜鹿鄐君，部掾治级，王泓、史荀茂、张宇、韩岑岭等典功作。太守丞广汉杨显将隄用。始作桥格六百廿三间，大桥五，为道二百五十八里；邮亭、驿置、徒司空、褒中县官寺并六十四所。凡用七十六万六千八百余人，瓦卅六万九千八百四（后据宋代晏袤释文补）器，用钱百四十九万九千四百余斛。九

图25　褒斜道大开通摩崖刻石文字局部

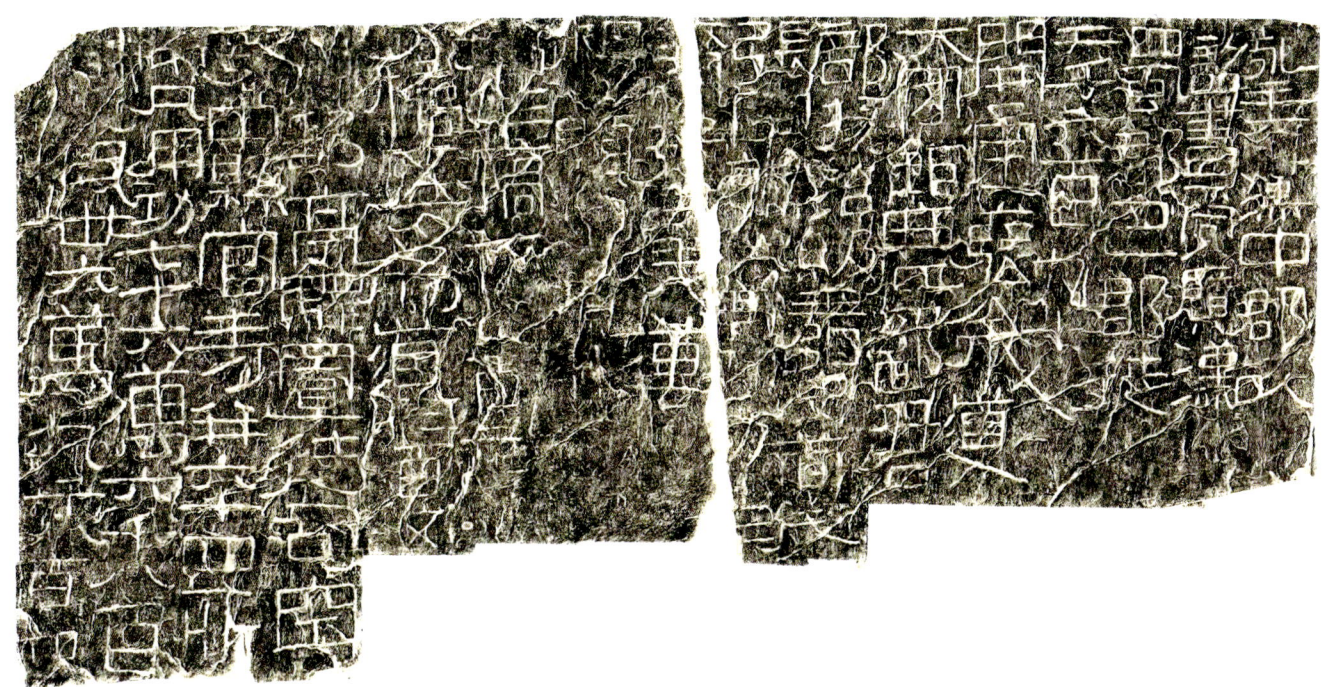

图26　褒斜道大开通摩崖刻石全貌拓片

年四月成就。益州东至京师，去就安稳。"[6]此刻石为东汉永平九年（66）刻，16行，行5~11字不等（图25~图29）。后者是东汉光武帝建武中元二年（57）。其刻石文字明确记载后者早于前者的年代。四川荥经县南丝路牦牛道路段遗存的栈道孔尺寸规格大于陕西汉中褒河石门栈道孔尺寸规格。推测当与开凿栈道的实际地理环境及其所在路段凿建栈道的建筑功能有关。

图27　大开通摩崖刻石局部拓片1

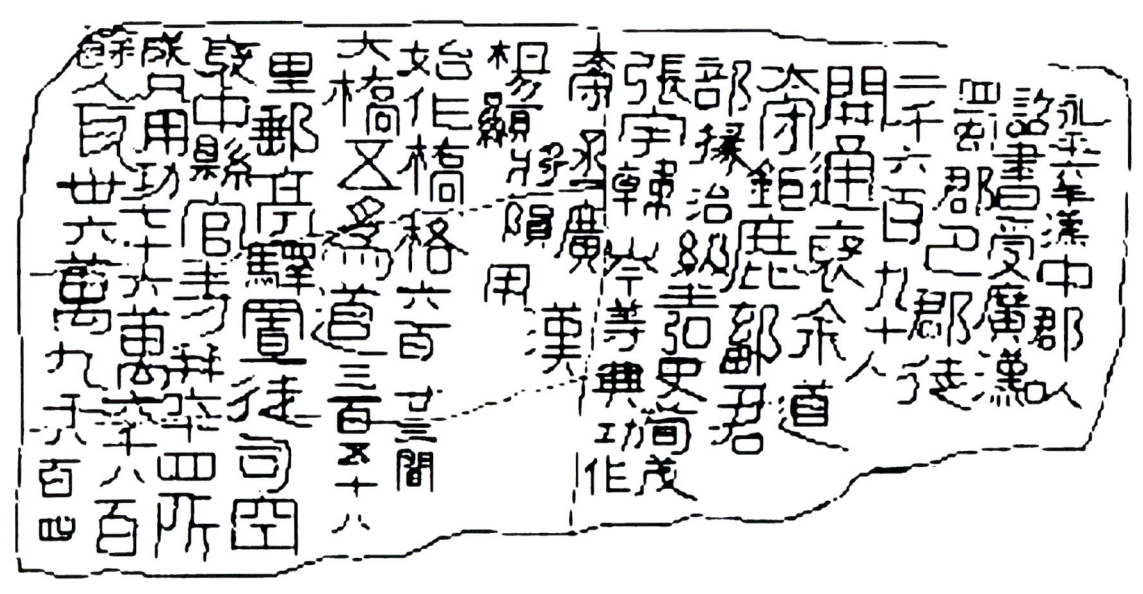

图29　大开通摩崖刻石临本释文

图28　大开通摩崖刻石文字拓片局部2

金牛县，《元和郡县图志》卷二二载：金牛县"取秦五丁力士石牛出金为名。"就是说金牛县得名于"石牛粪金"的历史典故。"金牛道"的得名与此县名密不可分。金牛县是宁强历史上第一个县级建制，县治设在通谷镇（今大安镇），也是宁强第一个县城名称。古属褒州，后属梁州。《汉中地区志》载："（唐武德）三年（620），划利州绵谷县北设金牛县，隶褒

图30　陕西省宁强县大安镇金牛峡栈道孔遗迹

州。"唐代诗人李白在《上皇西巡南京歌》（其八）诗中写道："秦开蜀道置金牛，汉水元通星汉流。天子一行遗圣迹，锦城长作帝王州。"诗中所说的"置金牛"，即指秦人凿制金牛诱蜀王遣五丁修金牛道的典故，也指唐武德三年（620）在大安置金牛县。

金牛峡又作五丁山，在今陕西省宁强县北大安镇东金牛驿。清顾祖禹《读史方舆纪要》卷五六"汉中府"载金牛道："《舆程记》：自褒城西南九十里而至沔县，又六十里为青阳驿，又四十里为金牛驿，其相近者有五丁峡，亦曰金牛峡。"（图30，图31）

五丁及五丁关，在蜀开明王朝时期，负担劳役的劳动人民被称为五丁或五丁力士。后来传说为五个力士。《艺文类聚》卷七引汉扬雄《蜀王本纪》："天为蜀王生五丁力士，能献山，秦王（秦惠王）献美女与蜀王，蜀王遣五丁迎女。见一大蛇入山穴中，五丁并引蛇，山崩，秦五女皆上山，化为石。"一说："秦惠王欲伐蜀而不知道，作五石牛，以金置尾下，言能屎金，蜀王负力。令五丁引之成道。"（见北魏郦道元《水经注·沔水》）。五丁关位于今陕西省汉中市宁强县境内，是古往今来兵家必争之险关要隘，是秦蜀道古金牛栈道之咽喉要塞。关于"五丁关"地名的来历，有两种传说，其一，战国时秦惠文王谋略蜀，焦虑于秦蜀山路的险峻难行，于是雕刻五石牛放置在今称金牛峡的之地，在牛尾部置藏金豆，称此牛能屙金子。于是蜀王派五丁力士劈山凿岭，修筑栈道以运石牛入蜀。后秦派张仪、司马错带兵沿蜀所修金牛道灭了蜀国，故此而有了"五丁关"。其二，说是秦惠文王许五女于蜀王，蜀王派五丁力士去迎娶。返回时，路遇一大蛇钻入山洞，五丁力

图31　陕西省宁强县大安镇金牛峡栈道孔遗迹

士拽住蛇尾想拽出山洞，结果山被拽塌，五丁力士及五位秦女都被大山压死。现川陕古蜀道上的金牛峡，仰望一线天光，峭壁奇峰如刀劈斧削，直插云霄。是谓一夫当关，万夫莫开之地。五丁关传为蜀道第一险，现关上原竖有"五丁开关处"石碑一通，崖

图32　阳平关石刻匾

金牛道寻踪

图33 阳平关位置

图34 阳平关嘉陵江岸早已废弃的水码头边岩石的人工穿孔与纤绳磨痕

壁上存有许多摩崖石刻，记录着古关遥远悠久的历史。在阳平关（图32，图33）的嘉陵江岸边，沿水道江边亦有早期人工开凿的遗痕存在（图34~图36），2017年10月当地村民在嘉陵江陈家坝河段发现一刻有"潭"字上半部分的残碑（图37，图38）。在阳平关镇原三泉县域的龙门洞早期栈道孔遗

图35 阳平关嘉陵江岸边早期人工凿刻石阶等遗迹

图36　在阳平关嘉陵江边调查早期水道人工开凿的遗迹

图37　潭毒关残刻字碑

出土位置

图38 潭毒关残刻字碑出土位置

图39 宁强县阳平关镇龙洞栈道孔遗迹

图40 阳平关镇龙洞内栈道孔遗迹

迹保留至今（图39~图40）。从阳平关镇原三泉县旧址顺嘉陵江下行，经燕子砭镇夏家咀分路，经陕西宁强县的广坪、金寺、四川省青川县的刘家河、五里垭（白水关）沿的白龙江顺流而下至昭化（葭萌关）是秦人入川的先秦时期金牛道（图41）。金牛道在陕西宁强县七盘关处进入四川境内后，一路继续顺嘉陵江沿江而下行，经广元朝天区朝天镇三滩村、龙门阁、朝天峡（明月峡）至广元昭化，这是魏晋六朝以后通行的金牛道。在广元朝天区域内，保存有蜀栈道遗迹较为

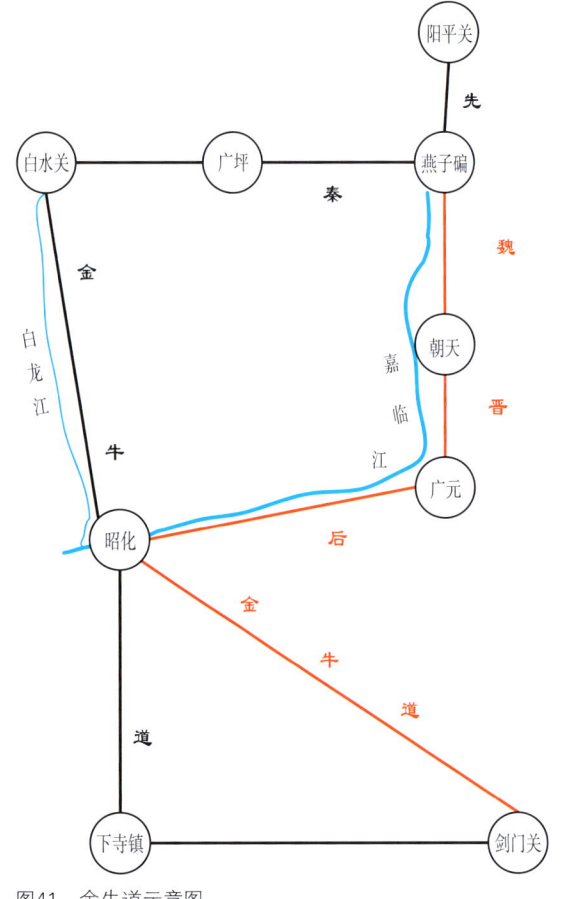

图41 金牛道示意图

图42　朝天镇三滩沟石栈（碥）道

重要的有三滩沟、龙门阁和明月峡三处。三滩沟栈道，是在嘉陵江东岸的石灰质绝壁上开凿而成的石栈道。现存栈道长度超过1200米，北端部分路段因泥土掩埋，情况不明，南端栈道宽约1.5米，道路东侧崖壁上尚存直径约5厘米的圆深洞，据说是民国时期扩宽道路使用炸药所留。道路西侧临河部分有石砌的护沿，部分地段尚存三合土路面（图42）。

龙门阁洞内的栈道遗迹，位于广元市朝天区朝天镇内，是古金牛道上著名的栈阁之一，保存有凹槽式的栈道长约500米，宽0.5～1.2米之间。唐代诗人岑参作《赴犍为经龙洞背》诗有："侧经龙洞背，危栈透苍渡。"《舆地纪胜》卷一九一《大安军》："自（利州）城北至大安军，官桥、栏、阁，共一万五千三百一十六间，其著名者为石匮阁、龙洞阁。"又卷一八四《利州》引冯铃千曰："其它阁道虽险，然在山腰亦为有径，可以增至阁道。独惟此（龙洞）阁，石壁斗立，虚凿石窝而架木齐上，比之他处极险。"写出了龙洞背栈道地势险危。作为古代沟通秦蜀的险要陆栈，有着十分重要的军事价值。朝天区明月峡栈道，位于朝天镇南2公里处朝天峡的嘉陵江东岸边的陡峭岩壁，据原有统计，全峡内有栈道孔1400余眼，现存有栈孔400多眼，绵延分布约3公里长。从

图43　朝天区明月峡栈道遗迹

南至北分四段，其中峡南段和中段最为险要，峡南一段中上下层壁面开凿孔眼多达三至四层，峡南第二段壁面开凿孔眼有一至三层不等，中段老虎口崖壁面开凿孔眼多达到六至七层，每层的栈道孔眼基本在同一水平线上。孔眼与孔眼的左右距离为1.80米，上下相距2米。石孔眼多凿在常年水位线10米以上的峭壁上，孔眼口呈方形，边长0.43~0.45米，深0.39~0.95米，孔洞向内斜，孔内底端的下面有一小长方眼，为栓眼，这类小的方形孔眼功能，推测可能是作为小木栓的孔眼，即在建筑栈道安装横梁时再将要插入孔眼的横梁接近端处凿一方孔插入木栓后置入栈道孔内，抖动横梁使小木栓落入栈道孔内里的小方形孔内，锁住铺设木板的栈道横梁，并使其牢固。河底的支撑孔眼多为半圆孔，内孔较深。

　　明月峡北面悬崖壁面部分栈道孔分上中下三排排列，孔口近似方形。孔径在0.35~0.40米，深0.70~0.80米，孔底径0.25~0.30米。这种开凿排列形式的栈道孔，也见于雅安荥经县烈士乡冯家村南丝路牦牛道路段荥河南岸的开凿于东汉建武中元二年（57）栈道孔遗迹，不过，孔径大于明月峡栈道孔。旁边"建武中元二年六月就"摩崖刻石文字所载明的准确纪年，也是目前国内所见对栈道开凿最早的文字记录[7]。明月峡南面崖壁上栈道孔呈方形，孔边长0.43~0.45米（图43~图45）。

30

图44　朝天区明月峡栈道局部1

图45　朝天区明月峡栈道局部2

31

朝天区明月峡古栈道及其嘉陵江道在汉魏六朝时，不是入蜀的主干道，只是白水关道的辅道，未大规模地被官方使用。同时也说明，汉魏六朝时，朝天区朝天镇去阳平关的嘉陵江道上根本不存在驿站，历代典籍也未见点滴记载[8]。

从明月峡南行进入广元（利州），在今嘉陵江东岸千佛崖亦架设木栈和石栈。民国《广元县志稿》卷二一《武备志》载："秦汉架木为栈，唐韦抗乃凿石成道，立阁如柜，引以为关，今废。"

图46 广元千佛崖石刻窟前蜀道

图47　广元千佛崖石刻窟前蜀道局部

唐代诗圣杜甫在入蜀纪行《石柜阁》诗中说："石柜曾波上，临虚荡高壁。"可知唐代千佛崖一带栈道犹存[9]。遗存的龙门阁、明月峡、石柜阁等栈道遗迹，多数位于山高谷深，江岸陡峭绝壁之处，环境恶劣，地势险要，十分不利于往来交通（图46~图48）。这一路段栈道开凿没有确切的纪年性文字发现，从文物考古的角度观察，迄至目前，朝天区域内蜀道（栈道遗迹）沿线没有汉代（西汉）及其以前的地下历史文物或遗迹发现和出土，广元千佛崖石窟最早开凿是在北魏时期。1983年1月，广元县城关豫剧团基建工地出土了一批北魏佛教石刻。其中一尊记有北魏延昌三年（514）造像题记的圆雕"释迦文佛"石像[10]，表明从

图48　千佛崖石刻窟前蜀道局部

图49　陕西省宁强县七盘关蜀道遗迹

朝天区明月峡栈道至广元千佛崖石匮阁栈道，这一路段蜀道（栈道孔遗迹）在历史上的魏晋南北朝时已经开通，在当时或之前不是中原入川的主道（南北朝以前的金牛道）。例证有三：1.文献典籍没有关于这一路段在秦汉时期已经开通的记载。2.在栈道孔周边崖壁亦没有发现有关于开凿栈道的摩崖文字题刻。目前国内发现开凿栈道最早的摩崖题刻就是荥经县南丝路旄牛道上的《何君尊楗阁道》摩崖刻石。3.从田野考古的视角考察，朝天区与现在广元市城区至今没有汉及以前商周至秦汉的古代遗存发现或出土，如城址、聚落遗址、古墓葬群及其遗物的发现或出土，亦可旁证。

2011年9月，四川省文物考古研究院组织专业人员对蜀道（四川段广元境内）进行了前期摸底考古调查，计划调查范围：南起剑阁县，北止于广元七盘关，全长约200公里。对朝天区潜溪河沿

图50　陕西省宁强县七盘关蜀道遗迹

岸潭毒关—石羊栈、七盘关、凤凰嘴、中子铺、神宣驿、龙洞背、铁龙桥等，嘉陵江沿岸的九井驿、水观音、三滩沟、军师庙及筹笔驿、朝天关、明月峡等地点进行了现场踏勘。如七盘关石道、土道，朝天关、明月峡栈道、三滩沟栈道等地点保存下来的蜀道遗迹进行初步踏勘。举例如下。

图51　陕西省宁强县七盘关蜀道遗迹人工凿痕

七盘关又称为"棋盘关",位于广元市朝天区转斗乡较场村,潜溪河自其东、南蜿蜒而过。关隘遗址所在山顶地势较平坦,约2000平方米,现存石砌墙体基址约7米,道路遗迹约300米,地面庄稼地内残存较多为砖、瓦、三合土碎片及青花瓷片等遗物。关口北侧道路为土路,宽约4.2米,关口北侧道路为开山凿石路,宽约2.9米。遗址上采集青花瓷片。时代大概在明代早期(图49~图53)。

图52 宁强县七盘关蜀道遗址

图53 朝天区七盘关蜀道遗址现状（明代）

朝天关遗址位于朝天区镇朝天岭上，关口所在位置地势高峻，东、北方向均为悬崖峭壁。尚存关门、关楼等残存的建筑遗迹，关口遗址现存石砌墙体、路面石基、门斗石、清代碑刻等。关口路面石基可见长度约7米；石砌墙体长度超过50米；清代道光年间《增修广邑道碑记》等碑两通；关口两侧的山坡上可见若干段石砌矮墙。采集到若干瓷片和陶建筑构件，其中黑釉瓷片为宋代广元窑典型器物[11]（图54）。上述田野考古调查所发现遗迹有的在山上，有的在江边十分艰险，从保

图54　朝天区蜀道朝天关遗存（清代）

存的两处关隘遗迹看，其时代在明清之间，采集到的器物标本在宋代以后。因此，此路段蜀道的时代相较于朝天峡栈道、千佛崖石柜阁栈道时代应该更晚。蜀道上的昭化区天雄关所存下来的石梯步道、关口门洞、竖立在关口门洞两侧的石碑等多数是清代时期的遗物（图55~图58）。

金牛道另一条线路（先秦石牛道），从宁强大安镇烈金坝西行经代家坝、阳平关、广坪镇的广坪河至金山寺青岩子（界牌）入四川界，去白水（今名沙州）在昭化而与上述之路合。此道较为开

图55 昭化区蜀道天雄关

阔坦缓，是南北朝以前秦蜀主要通道。《华阳国志校注》卷三《蜀志》之"石牛道"一词注："石牛道，指自今陕西眉县经斜谷、褒谷栈道入汉中，复自勉县而西，出阳平关（古阳安关），由山道抵白水关（今四川青川县沙州镇），然后沿白龙江河谷至广元老昭化，再溯清江河西至沙溪坝，转而南，经剑阁道入剑门。此即秦、汉至南北朝间由关中入蜀的主道。"此道简称白水关道。这

图56　昭化区蜀道天雄关

图57　昭化区蜀道天雄关关隘

图58　调查队员在观察蜀道天雄关石梯路道

一路段是先秦时期中原中央王朝与古代巴蜀来往的主要通道，公元前316年秦并巴蜀主要就是沿此路段进入四川吞并蜀国，并将其纳入中央王朝统治的版图（图59）。

从陕西宁强县广坪河至金山寺青岩子（界牌）入四川界，是广元市青川县的营盘梁乡（现

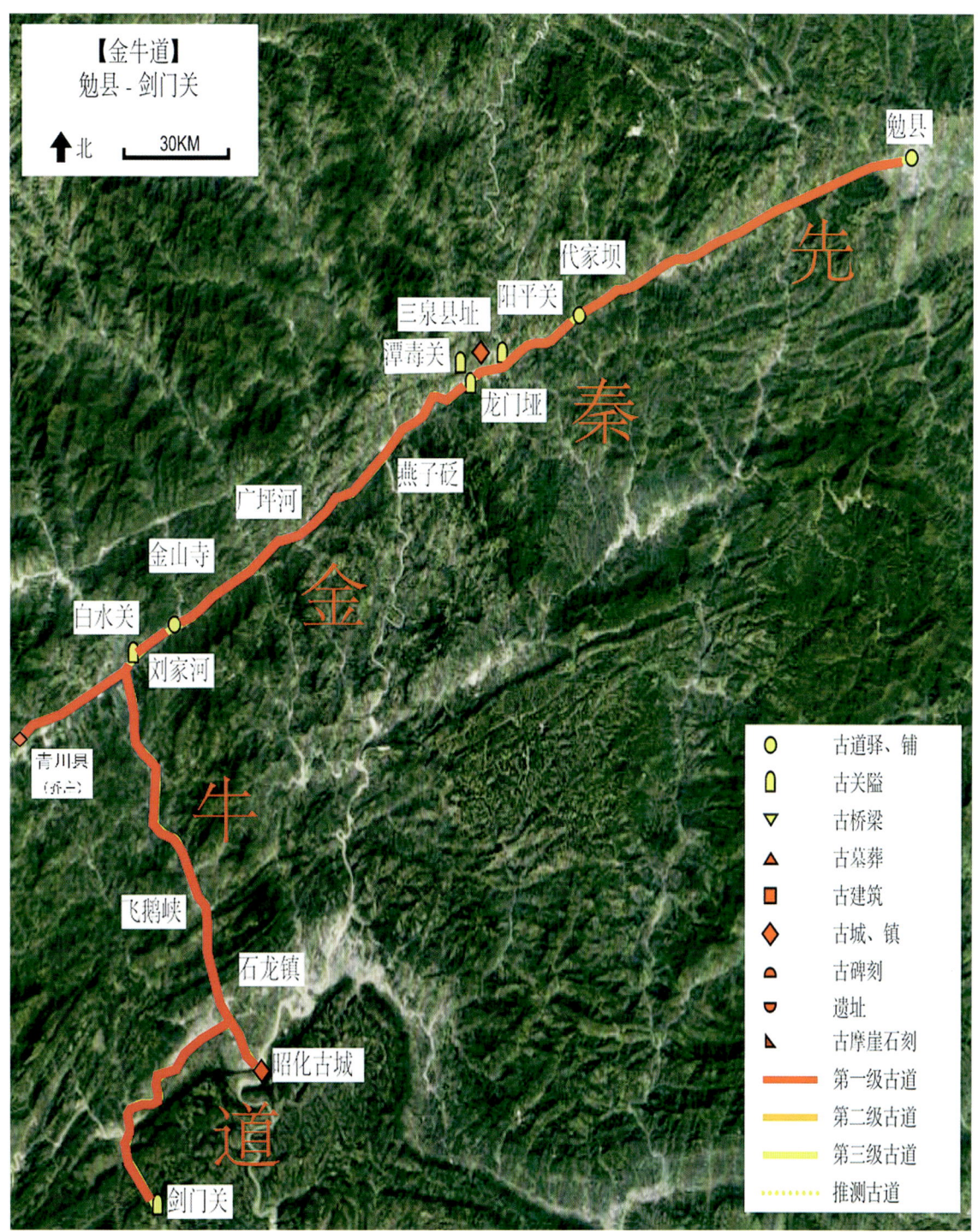

图59　陕西省宁强县至四川省青川县先秦蜀道线路走向示意

图60 青川县沙州镇五里垭古白水关（远景）

图61 青川县沙州镇五里垭古白水关（中景）

图62　青川县沙州镇五里垭古白水关（近景）

沙州镇辖地），沿刘家河平缓谷地至营盘梁乡的五里垭，五里垭的垭口就是西汉时期重要的"三关"之一的"关头"[12]，即"白水关"（图60~图62）关隘所在地。白龙江发源于甘肃省甘南藏族自治州碌曲县与四川省若尔盖县交界的郎木寺，是嘉陵江的支流。流经陇南市的宕昌县、武都区、文县等市县地。白龙江上游在甘肃省陇南市文县境内叫"白水江"（又名"羌水"或文县河），在文县玉垒乡注入白龙江。白龙江古称"桓水""羌水"和"白水"。《尚书·禹贡》中"西倾因桓是，浮于（嘉陵江），逾于沔（汉水）"的"桓水"，即今白龙江。《汉书·地理志》记载："羌道，羌水出塞外，南至阴平入白水，过郡三，行六百里。"与白水关隔江相望的是西汉时在此设立的白水县。白水县最早见于《汉书·地理志》颜注："……县有十三，梓潼、什邡、涪、雒、绵竹，

图63 沙州镇汉代白水县城遗址（库区淹没）

广汉，葭萌，郪，新都，甸邸道，白水，刚氏道，阴平道。"（图63）蜀汉时白水县属阴平郡。《昭化县志》载："白水在今治城（昭化）一百四十里白水镇北之西隄坝，城垣故址犹存，扼阴平、阳平之要，而地势亦平旷，白水、西谷两水环之。"（白水即今白龙江，西谷水即灵宝河，今乔庄河）。故宫博物院藏有"白水弋丞"铜印一枚（图64），白水县，《汉书·地

图64 故宫博物院藏"白水弋丞"铜印

图65 白水尉印封泥

图66 白水左尉封泥

图67 白水右尉封泥

理志·益州刺史部》"广汉郡"下有白水县。弋丞，官名。县属弋丞为县特设专官，《汉书·百官公卿表》载九卿之一少府属官有左弋，掌助弋之事。此印为田字格四字白文，尚保留有秦印风格，是西汉武帝太初元年以前的官印。有的认为此印应为白水苑的佐弋丞[13]。1984年上海古籍出版社出版的吴幼潜编《封泥汇编》中辑有"白水尉印""白水左尉""白水右尉"三枚封泥（图65~图67）。尉，是汉代与军事有关的一级职官。《汉书·百官公卿表》："秩五百石至三百石，皆丞尉。"（《汉书》卷一九上《百官公卿表上》，第742页）。汉代白水县有"左尉，右尉"职官封泥，说明汉代白水是设一县二尉，《续汉书·百官志五》章怀注："应劭《汉官》曰：'大县丞左右尉，所谓命卿三人。小县一尉一丞，命卿二人。'"（《续汉书·百官志五》，第3623页）黄濬《尊古斋古兵精拓》书中第92页收录有一件铸刻有"白水"等铭文的铜戈拓本，戈内"白水"是为铜戈置用之

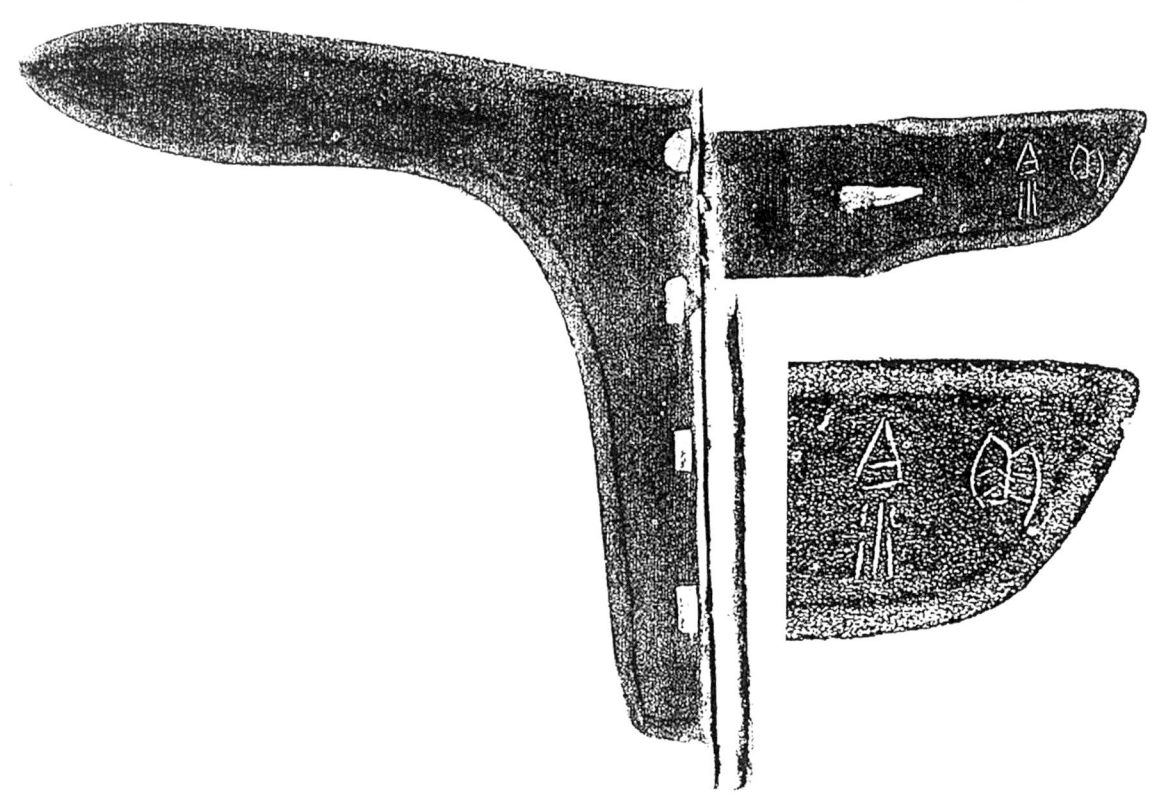

图68 铜戈内上有"白水"二字铭文铜戈拓片

图69 铜戈内内背面"明(萌)"铭文

图70 铜戈内内背面"白水"铭文

之地（图68~图70）。又见《秦兵器刻铭零释》[14]。1990年我们在对青川县宝珠寺库区进行了文物考古调查，对古白水县城址进行实地踏勘时，可以确定遗址位置、地形地貌与文献记载一致，即"地势平旷，白水、西谷两水环之"。1982年当地村民挖出铜镜一枚（图71），1984年当地村民曾在此挖到城墙基石。从文献记载、实地踏勘、出土文物几方面观察，当时沙州镇的江边八队一带，至迟应是西汉时所设的白水县治城所在[15]。位于五里垭垭口（白水关关口）的两面，一面是刘

图71　沙州镇汉白水县城遗址出土汉四乳铭文铜镜

图72　四孔玉石刀[1984年春采集于白水区永红乡都家坝(现沙州镇白龙湖库区）村民安金英家耕地断坎]

家河，1996年6月在对宝珠寺库区文物进行抢救性发掘中，在刘家河丁家碥，清理有数十座汉代时期的土坑墓和砖室墓，并有丰富的文物出土；在垭口另一面，临白龙江东岸缓平阶地的都家坝一带有数量众多的战国秦汉时期的土坑墓被清理（出土文物现存青川县文物管理所）。这里从20世纪80年代开始就陆续有战国秦汉时期的文物出土。例如具有早期特征的四孔玉石刀（图72），铜、银质

古道秘踪 —— 古蜀道（青川段）考古调查

图73　沙州镇白水出土"九年吕不韦造"铭文戈（正面）（征集）

图74　沙州镇白水出土"九年吕不韦造"铭文戈（背面）（征集）

图75 沙州镇白水出土铜戈戈内正面刻划"九年吕不韦造"等铭文计二十一字

图76 沙州镇白水出土"九年吕不韦造"铭文戈内背面铸"蜀东工"文字

地印章，秦半两钱，铜矛[16]，"九年吕不韦造"铭文铜戈等（图73~图76）[17]。五里垭古白水关关隘的战国秦汉时期70余座墓葬的发掘和丰富的出土文物，实证文献记载中的白水关的真实存在及其准确位置。观察出土文物中的陶器、石器和铜兵器以及秦半两钱币等不同类型文物，从其文化内涵和特征看，有一个共同特点：均具有浓烈的关中地区的秦文化因素。地下出土文物也实证先秦时期的金牛道从陕西宁强入川所经第一关为青川县沙州镇的白水关。因此，公元前316年前后青川已正式被纳入秦中央王朝的版图，归秦人统治。1980年、2010年青川乔庄郝家坪战国墓地发掘出100余座墓葬，经过整理和初步研究，推测为由关中秦地前往当地的移民墓葬地，其墓地有鲜明的秦文

图77 青川郝家坪50号墓出土"更修为田律"木牍（正面）　　图78 青川郝家坪50号墓出土"更修为田律"木牍（背面）

化因素，如编号为50号的墓葬内出土武王二年"王命丞相戊更修为田律"木牍、秦半两等（图77~图79），证实秦人入川、并蜀灭巴所经金牛道走向，其所呈现出的重要价值不可替代[18]。

秦人从古代金牛道上的五里垭白水关入川后，沿白龙江东岸顺水而下经过当时的白河乡税家沱、观音乡、水磨乡冯家坪、干龙洞、黄毛峡牛毛旋马鸣阁（图80~图86）、三堆镇紫兰坝飞鹅

图79 青川郝家坪50号墓出土秦半两钱币

图80 白河乡税家沱石栈道

峡沿岸一线。20世纪90年代初，四川省文物考古研究所在宝珠寺库区、紫兰坝库区对文物进行考古调查、发掘、保护期间，在这六十余公里长的白龙江沿岸尚有粗石栈、石碥道、栈道孔等遗迹存在，断断续续基本贯通至白龙江汇入嘉陵江处的昭化。《蜀中名胜记》卷二十六记有："遇峡谷地带，则于削平啄凿岩孔，横插巨木，上架树干或木条，铺覆泥石。"《昭化县志》卷九和卷二分别记沿江岸的栈道遗迹有十处并具体记载了五处栈道遗迹：飞鹅峡粗石栈，乱石横路，有故栈迹。高桥，有故栈迹。唐天溪，前里余有故栈迹，大高山（鲁班峡又名黄毛峡或马鸣阁），山顶窄径，临崖最险河岸有故栈迹。《昭化县志》卷九还记载："粗石栈更凿平

图80　先秦蜀道葭萌关宝轮院船棺葬发掘的M16、M17、M18

图81 青川县观音乡白龙江东岸石碥道

图82 观音乡白龙江东岸石碥道

图83 水磨乡冯家坪石碥道遗迹

金牛道寻踪

图84 干龙洞栈道孔遗迹

图85 黄毛峡牛毛旋栈道孔遗迹

图86 黄毛峡牛毛旋石碥道与栈道孔遗迹

穴，布受版木盖，诸栈之中，惟粗石栈最险，旧有碑刻栈道铭。"这"旧有碑刻栈道铭"，据青川县交通编史办《情况反映》第二期考证，是为唐人欧阳詹撰。由此推知飞鹅峡粗石栈，至迟在唐代以前就已存在。1957年修筑青昭公路时，在鲁班崖出土有带有"蜀郡"铭文的西汉时期的铁锸（图87）。20世纪90年代初期在对紫兰坝电站库区进行文物考古调查时，飞鹅峡尚存栈道孔遗迹28眼。其中有10眼栈道孔保存基本完整。孔口立面呈圆角方形。孔口边长（径）0.60~0.85米，内径0.35~0.45米，孔深0.80~1.00米。孔间距约3米。当地民间有"打得石鹅飞，过的阴平道"的谚语。紫兰坝飞鹅峡遗存的28眼栈道孔遗迹就其形制、大小、规格尺寸观察，与雅安荥经烈士乡南方丝绸之路旄牛道何君尊楗阁道遗存的栈道孔进行类比几乎相同[19]（图88）。由此可知紫兰坝栈道孔开凿的时代在汉或汉代以前的可能性极大。故先秦时开通之金牛道后世一直沿用，并成为历史上曾经存在的"阴平道""马鸣阁道"中的一段。

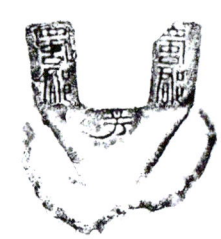

图87　鲁班岩出土汉代"蜀郡"铭文铁锸

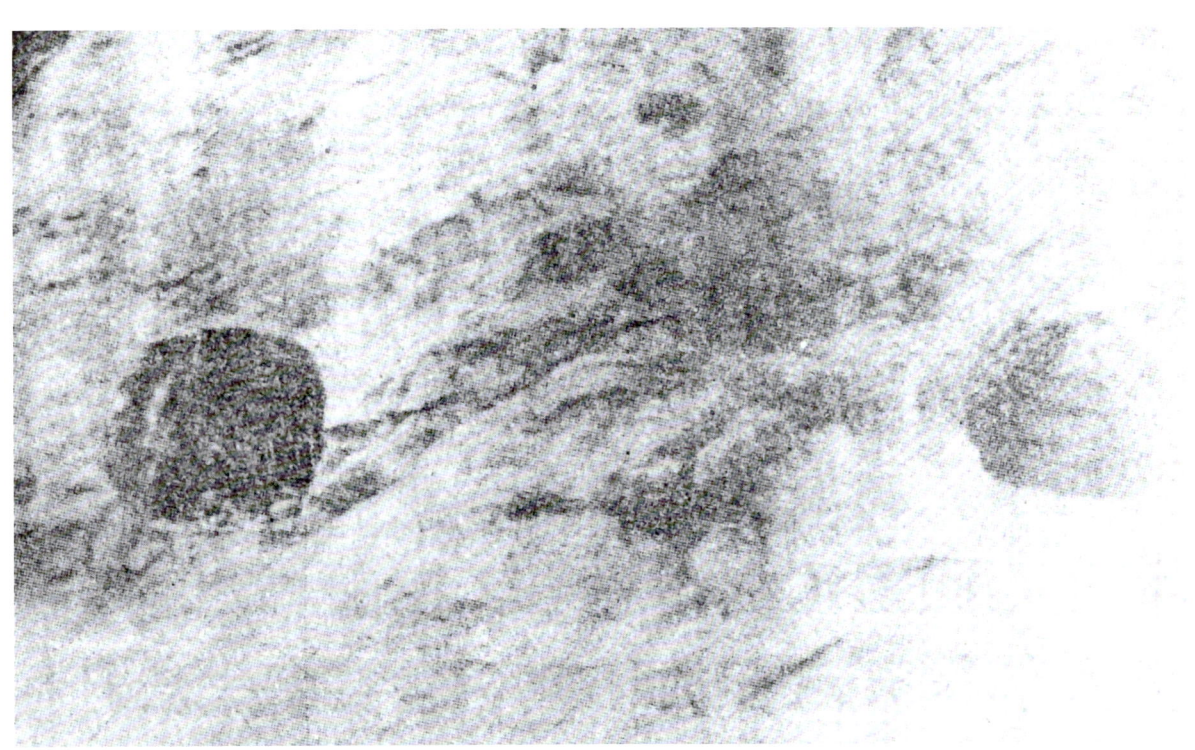

图88　紫兰坝飞鹅峡栈道孔遗迹

先秦时期的金牛道自青川县沙州五里垭白水关入川后,沿白龙江东岸经税家沱、鲁班崖(黄毛峡)、甘龙洞、紫兰坝一线直至广元市昭化区昭化镇。昭化镇位于白龙江与嘉陵江交汇处,是先秦时期关中秦人入川后的第二关——葭萌关。

"葭萌关"是古蜀金牛道上的交通要塞,陆路上通汉中,下至成都,顺嘉陵江而下,连接着川陕和峡江地区,承担着关中地区与西南地区政治、经济、文化交流的重要使命。史料形容葭萌关是"峰连玉垒,地接锦城,襟剑阁而带葭萌,踞嘉陵而枕白水,诚天设之雄也"。葭萌一名最早见《史记》卷一百二十九《货殖列传》:"秦破赵,迁卓氏。……诸迁虏少有余财,争与吏,求近处,处葭萌。"(中华书局1980年点校本,第3277页)《汉书》卷二十八《地理志》载:"广汉郡……葭萌、鄢、新都、甸邸道,白水出徼外,东至葭萌入汉。"(中华书局1983年点校本,第1597页)《华阳国志》记载:"昔蜀王封其弟于汉中,号曰苴侯,因命之邑曰葭萌。"郦道元《水经注·漾水·丹水》言葭萌所在位置的来历:"白水又东南,于土费城南,即西晋寿之东北也,东南流,注汉水。"西晋寿,即蜀王弟葭萌所封,为苴侯邑,故遂名城为葭萌矣。关于前引文内"土费城"与"晋寿"县,《昭化县志》有土费城,即战国秦汉之际的葭萌城,在土基坝有城墙基址尚存[20]。晋人常璩在《华阳国志·汉中志》"晋寿县"条下言明:"本葭萌城,刘氏更曰汉寿。"葭萌作为地名出现不会晚于汉代,出土秦兵器和漆器上的刻划铭文即见"葭萌"二字铭文。

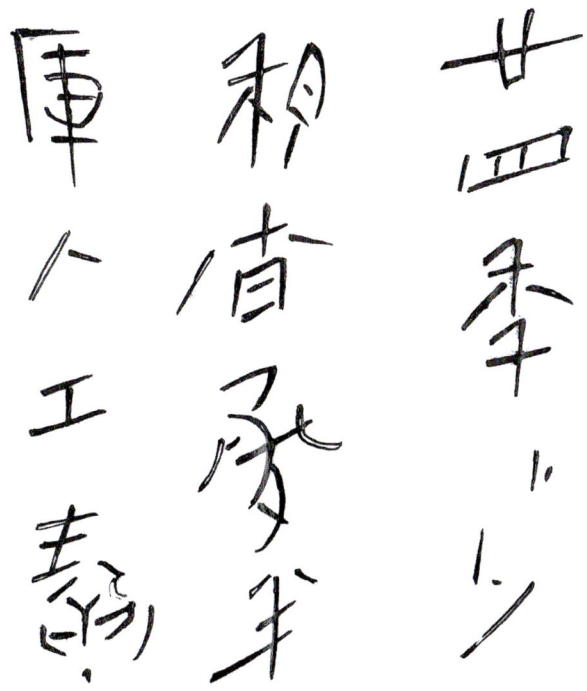

图89 铜兵器上刻有"廿四年"等铭文　　图90 铜兵器刻有"葭明(萌)"二字铭文

例如:张广裕、吴振武在《武陵所见古兵三十六器集录》一文中列举的第35件有铭文的铜戈,戈内正面有"廿四年,□□□丞□库□工□",背面有"葭萌"[21](图89~图90)。施谢捷《秦兵器刻铭零释》文内考释了一件有"元年相邦疾"铭文铜戈,此铜戈内上的正面、背面具有刻划铭文。正面刻划有:"元年相邦疾之造西工师诚工戍疵。"计三行十四字,背面刻铭可释为"朙(明)"字。背面刻铭与正面铭文字体、写法、风格一致,是为铜戈置用的地名[22](图91)。同时对"明"字的演变进行考证,秦汉文字中"朙"字或作下揭诸形:可资比较。""""显然是由"朙"所从之"囧"变来。从"目"形则可能是""""

图91 铜戈内背面刻有"明(萌)"字铭文

一类写法的进一步演变。"朙"字写作从"⊙""⊖""⊝"也可能是秦文字所特有的写法。"朙（明）"作为置用地名疑即"葭朙（明）"省称。《汉书·地理志上》益州广汉郡属县有"葭明"应劭曰："音家盲。"师古曰："明音萌。"王先谦《补注》："钱大昕曰：'古音明如盲。'秦破赵多迁其民于此见《货殖传》。后汉因《续志》作'葭萌'。……蜀王弟葭萌所封为苴侯邑故遂名城为葭萌水有津关。《一统志》：'故城今昭化县南。'知县名'葭明'乃本来写法后汉作'葭萌'当是类化所致。其名得诸蜀王弟之名古二字之名可省称一字不拘前后。"[24]作为人名的"葭萌"（本亦当作"葭明"）省称"明"当合乎情理。作为置用地名的"葭明"还见于秦始皇二十四年戈内背面刻铭写作"葭明"[25]。云梦睡虎地十三号秦墓出土漆耳杯（M13：30）外底针刻铭文、张家山汉简《二年律令·秩律》简453、传世汉官印封泥等亦作"葭明"或"葭朙"[26]（图92），"朙""明""明"同字异体均不作"萌"。吴幼潜编《封泥汇编》收录有"葭明长印"一枚（图93），葭萌的"萌"亦作"明"字。广汉郡乃汉高帝六年分巴、蜀二郡所新置，"葭明"在秦为蜀郡属县，故城在今四川省广元县西南。

图92 针刻有"葭明（萌）"等文字的漆器据《云梦睡虎地秦墓》图版四九：6摹本

图93 葭明长印封泥

从地下考古发掘出土遗迹、遗物观察，作为战国秦汉时期古蜀金牛道上的重要关隘葭萌关所在地的昭化，近十余年来，四川文物考古工作者在此开展多次考古调查与发掘。2014年7月，四川省文物考古研究院联合广元市博物馆、昭化区文物管理所对广元昭化土基坝和摆宴坝进行考古调查和勘探，发现大规模战国至西汉时期墓葬群和古代葭萌关遗址等重要遗迹。在地表发现的城墙、古墓、陶片等遗迹遗物显示该区域墓葬规模很大而且非常密集。摆宴坝发现西周早期城址，城址尚存东、南、西面城墙，南城墙保存较好，长120余米，宽6~8米，城内面积约5万平方米，遗址面积

63

古道秘踪——古蜀道（青川段）考古调查

共约40万平方米，推测城内或许会有高等级建筑基址。采集器物与十二桥遗址、金沙遗址具有相同特性，摆宴坝城址是四川地区首次发现的西周城址。2014年8月27日央视新闻做了报道，28日《四川日报》《华西都市报》进行报道，9月2日四川电视台进行专题报道。在土基坝发现一处古关口遗址，面积约1万平方米，共发现两段南北向夯土墙（两墙相距27～34米，西段夯墙土长66米，宽6米，东段夯土墙长42米，宽6～8米），从采集器物分析，应设于汉代之前，结合史料，极有可能是古葭萌关。在土基坝发现一处面积约3.5万平方米的战国至汉代的大型墓葬群，或与史书记载的葭

萌移民有所联系。通过考古调查发掘可以确认：这里的摆宴坝、土基坝为商周时期的古文化遗址和战国秦汉时期的墓葬群。

昭化镇城关村大坪子墓地，2013年12月～2014年6月，因施工建设发现，四川省文物考古研究院对其进行抢救性发掘保护。发掘面积约6500平方米。发掘出战国至明清时期墓葬79座，主要为土坑木椁墓、土坑木棺墓、砖室墓。随葬器物种类以陶器和青铜器为主，另有少量金器、银器、漆木器等。从出土墓葬形制、随葬器物组合、器物形制观察，可以确认昭化区大坪子墓群的时代是

图94　昭化区先秦蜀道葭萌关大坪子墓地位于白龙江与嘉陵江交汇处

古道秘踪 ——古蜀道（青川段）考古调查

图95　先秦蜀道葭萌关大坪子墓地发掘全景

金牛道寻踪

图96　先秦蜀道大坪子墓葬出土西汉铜扁壶

图97　先秦蜀道葭萌关大坪子墓葬出土先秦陶袋足鬲

战国晚期至秦汉时期（图94~图97）。发掘清理的79座墓葬，出土随葬品初步统计有1200余件（套）。

考古发掘记录下来的不同形制、结构的墓圹和棺椁形制等遗迹现象，为对两千多年来中原地区埋葬制度、丧葬习俗及中原文化经过先秦金牛道传入四川的路线的研究，提供重要的考古资料。出土文物中的鼎、双耳袋足鬲、陶壶、带鋬指铜杯、铜蒜头扁壶与其他类别的器具是中原文化和本地文化的器物，表现出战国秦汉这一时间段中原文化、巴蜀文化因素融合背景下的审美情趣。这是两千多年前中原与巴蜀交融的历史见证。大坪子战国秦汉墓葬群的考古发掘对认知《华阳国志》记载中的鉴于蜀地"戎伯尚强""乃移民万家以实之"提供了实证。史料记载，一些移民不想距离中原太远，到达昭化后，便留了下来。此次发现的带有棺椁葬制的墓葬群，印证了这一历史事件，其主人应当就是秦向巴蜀的移民。地处古代葭萌关的昭化，可以说是中原文化与巴蜀

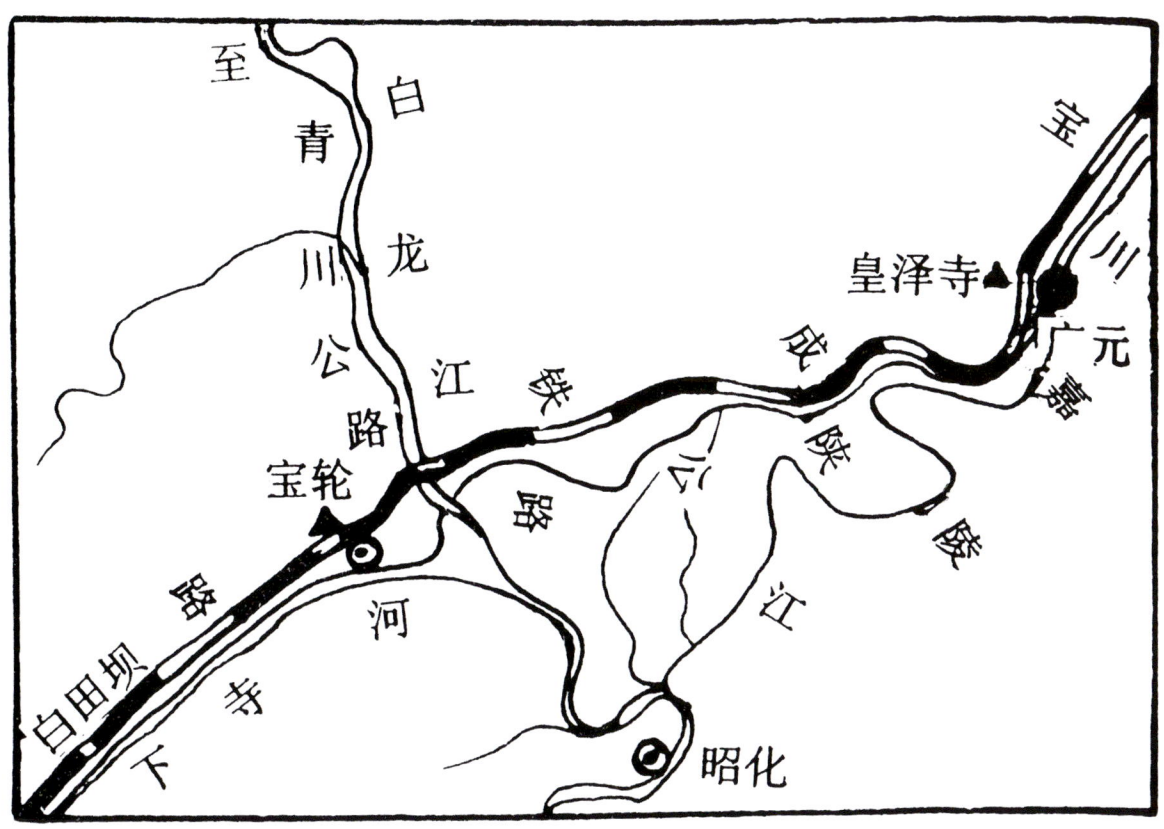

图98 先秦蜀道葭萌关宝轮院船棺葬墓位置图

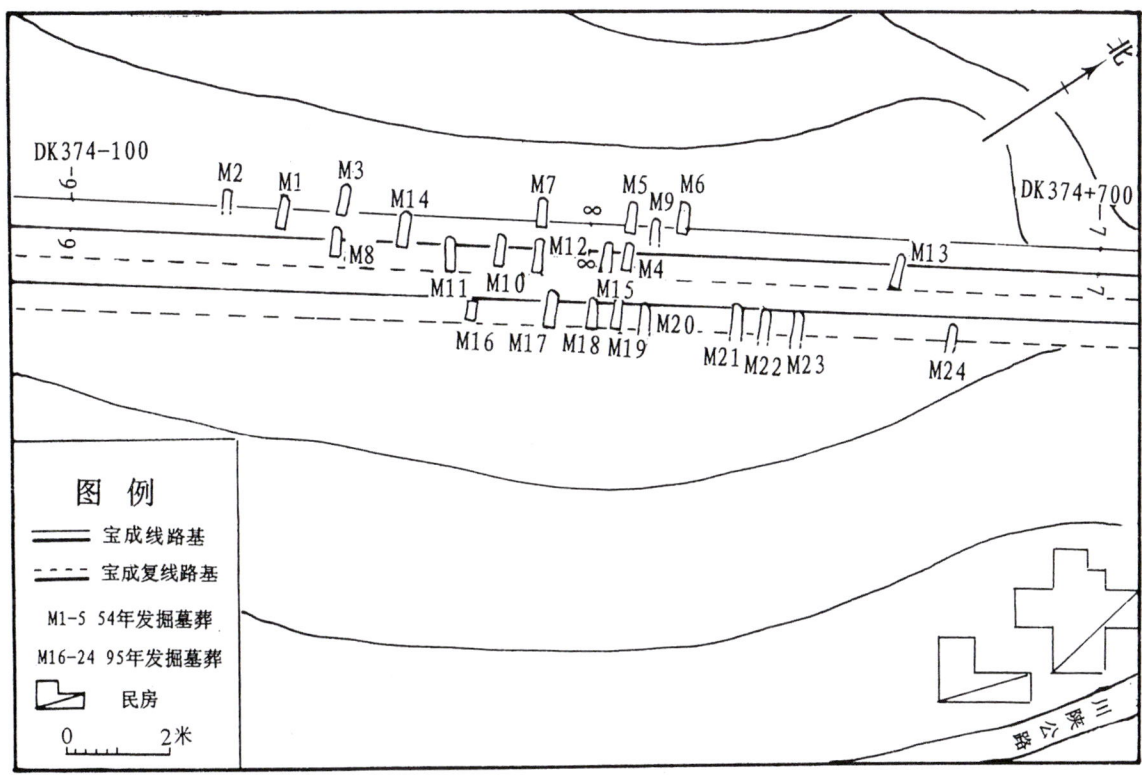

图99 先秦蜀道葭萌关宝轮院船棺葬墓分布图

文化逐渐融入的节点。为秦灭巴蜀之后，秦移民沿金牛道入川及秦文化从关中平原向成都平原传播的时间、路线、方式等提供了新的重要信息和资料。考古资料足以论证：昭化的葭萌关是先秦金牛道上连接古代关中长安和西蜀成都两个中心城市的交通枢纽，亦或是秦灭蜀后至东汉末期的政治中心。

离葭萌关不远的宝轮院，1954年、1995年先后两次发掘出25座船棺葬墓，出土陶器、铜器、铁器、秦半两钱等约280件文物。从宝轮院船棺墓葬的形制及出土陶器、铜器、铁器等随葬器物观察，具有秦和巴蜀文化因素。宝轮院船棺墓葬群是秦并巴蜀后，遗存在金牛道要地、古代"苴国"

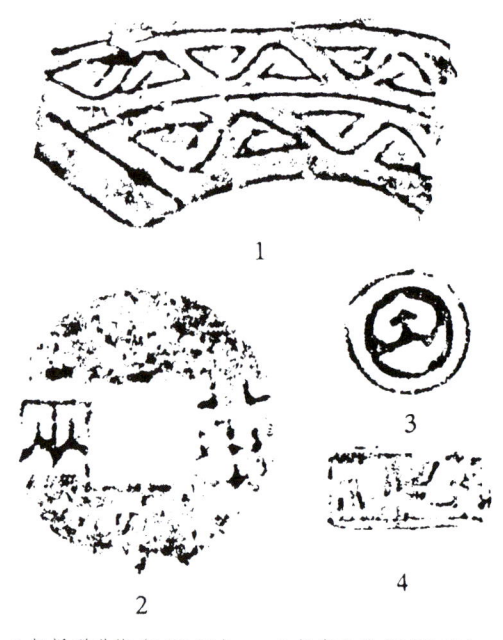
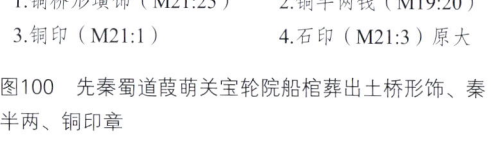

1.铜桥形璜饰（M21:25）　　2.铜半两钱（M19:20）
3.铜印（M21:1）　　4.石印（M21:3）原大

图100　先秦蜀道葭萌关宝轮院船棺葬出土桥形饰、秦半两、铜印章

图101　先秦蜀道葭萌关宝轮院船棺葬出土陶罐

图102　先秦蜀道葭萌关宝轮院船棺葬出土陶釜

图103　先秦蜀道葭萌关宝轮院船棺葬出土陶釜

图104 剑阁金牛蜀道上的明代石拱桥——剑溪桥

和重要关隘"葭萌关"附近的一处战国晚期至秦的公共墓地，是公元前316年秦并巴蜀后的重要实证，亦是这一历史史实的珍贵遗迹[27]（图98~图103）。

出葭萌关，我们继续沿古金牛道往南，必经金牛蜀道上的重要关隘、被誉为"天下雄关"之剑门

图105 剑溪石拱桥说明

图106　金牛蜀道路线走向上的刻石

图107　金牛蜀道路线走向上的刻石

关。这里不仅遗存有明代的石砌券拱的剑溪石桥（图104，图105），还可有今人记录有关秦人从宁强经青川沙州古白水关沿白龙江过昭化葭萌关入剑门关的金牛道路线走向（图106，图107）。2009年3月，剑阁县震后重建剑门关景区时，在大剑溪沟西边发现古蜀（金牛道）路道遗迹，遗存深埋于现路面以下约2.8米处，已暴露出有木材质地的器具（图108，图109）。通过现场观

图108　剑门关大剑溪沟露出的古代遗存

图109　剑门关大剑溪沟埋藏在地下的古代遗存

图110　绵阳金牛蜀道上出土"三年吕不韦造"等铭文铜戈

察，地下遗存堆积长约300米，露出的零星木质物放置、栽插的位置，应是早期人类在此活动留存下来的遗址堆积。

亦有战国秦汉时期的考古遗存在金牛道上留痕。这里仅列举几例：其一，2020年绵阳茅针寺村1号墓出土秦"三年吕不韦"铜戈。戈铭为"三年相邦吕不韦造，寺工聂，丞义，

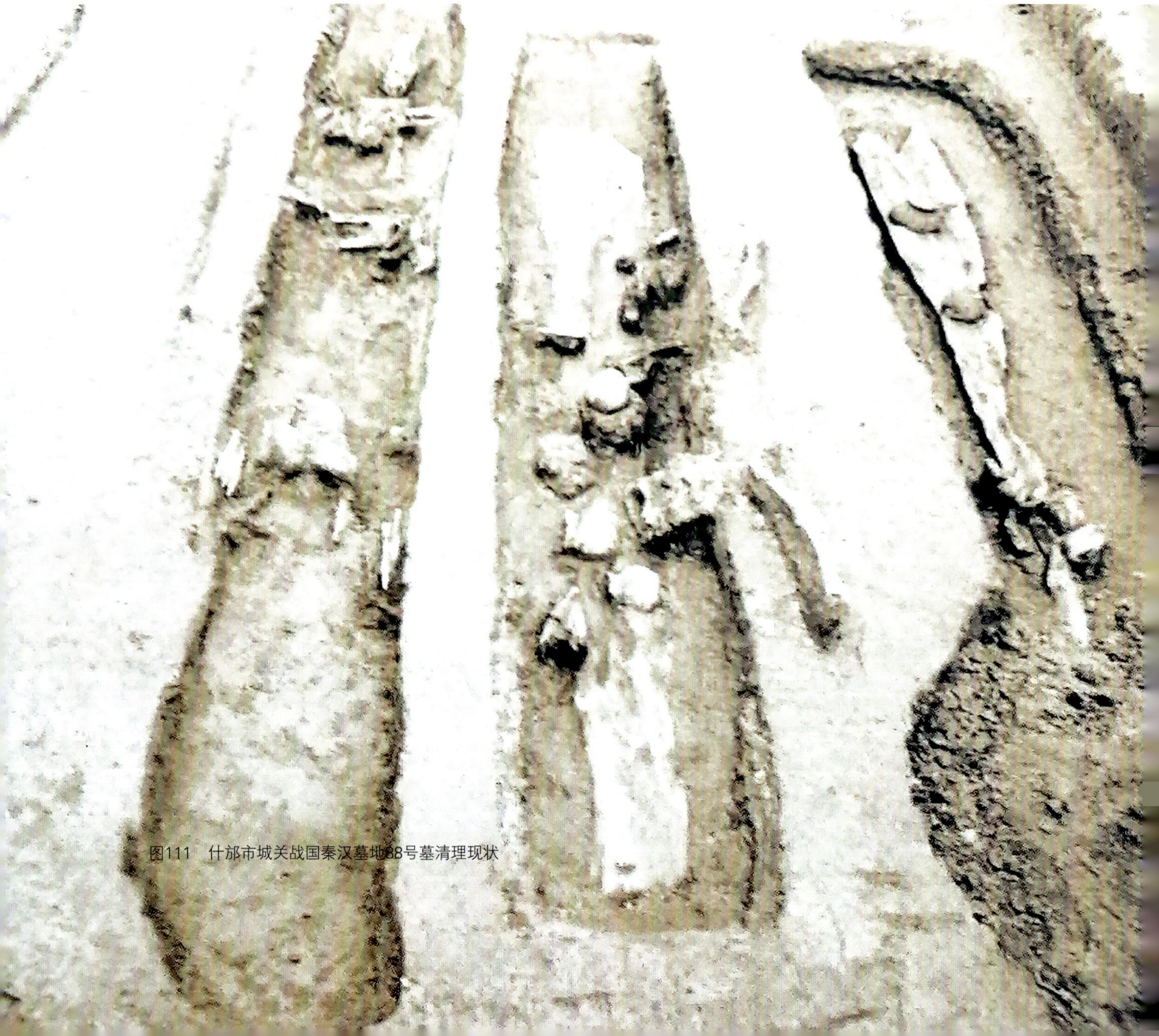

图111　什邡市城关战国秦汉墓地88号墓清理现状

工成"十五字。戈内背面铸有"寺工"二字铭文。铜戈应是秦中央官吏监造，后由使用者带入蜀地[28]（图110）。其二，2011年底至2012年4月，四川省文物考古研究院与德阳市考古所、罗江县文物管理所共同对德阳罗江县周家坝船棺墓地进行了抢救性考古发掘，发现战国秦汉时期的墓

  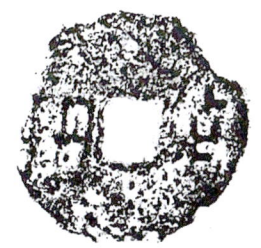 

图112　什邡市城关战国秦汉墓地77号墓出土秦半两钱

葬81座，出土器物260余件，陶器90余件，器形有釜、器盖、罐、盆、陶球等；铜器163件，器形有鍪、钺、戈、矛、剑、镦、弯刀、箭镞、锯、斤、凿、削、带钩、印、半两钱等；铁器3件，器形有斧、剑；料珠5件；玉串珠2件。这些出土文物既有巴蜀文化特征，也有中原先秦文化因素，考古资料尚在整理中。这是先秦金牛道上遗留下来的一处重要考古遗存实证。再者，1988年至2004年在德阳什邡，经过前后23次发掘，清理战国至西汉时期墓葬98座，并发表《什邡城关战国秦汉墓地》考古报告[29]。98座墓葬，分为船棺墓、木椁墓、木板墓和无葬具墓四类，其中89座墓葬出土随葬器物1096件，包括陶器、铜器、铁器、漆木器等。这批墓葬与出土器物，反映了金牛道上巴蜀文化与秦汉文化融合、交流以及此消彼长的过程

图113　什邡市城关战国秦汉墓地59号墓出土铜銮铃

图114　什邡市城关战国秦汉墓地54号墓出土铜璜（桥形饰）

（图111~图114）。还有：在成都市北郊驷马桥附近，前西南博物院羊子山工作组专业人员于1955年3月发现并清理了172号墓，于3月25日清理完毕。这是一座土坑竖穴木椁墓，出土有陶器、铜器、铜扣漆木器等。陶器有陶罐、陶壶、茧形壶。又铜鼎、铜炉、铜甗、铜匜、铜盘、铜钫和兵器剑、矛、戈、镞、弩机等。漆器有圆漆盒、漆奁、方扣漆器、圆扣漆器各2件，大方扣漆器1件。从随葬器物种类、数量观察，这是一座高等级的贵族墓。特别是墓内随葬的陶质茧形

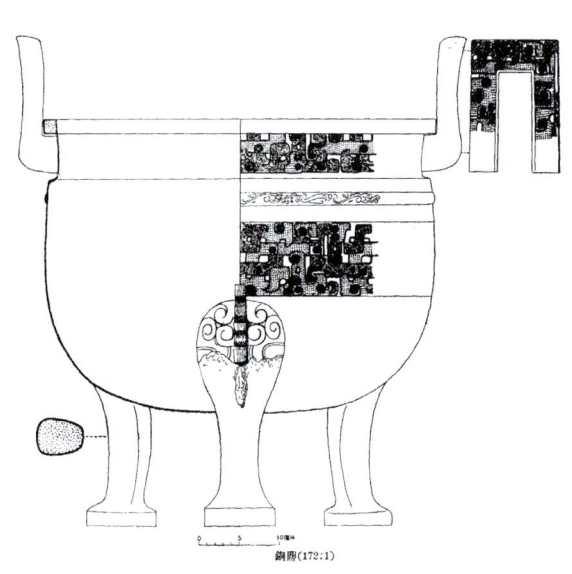

图115　成都羊子山172号墓出土铜鼎

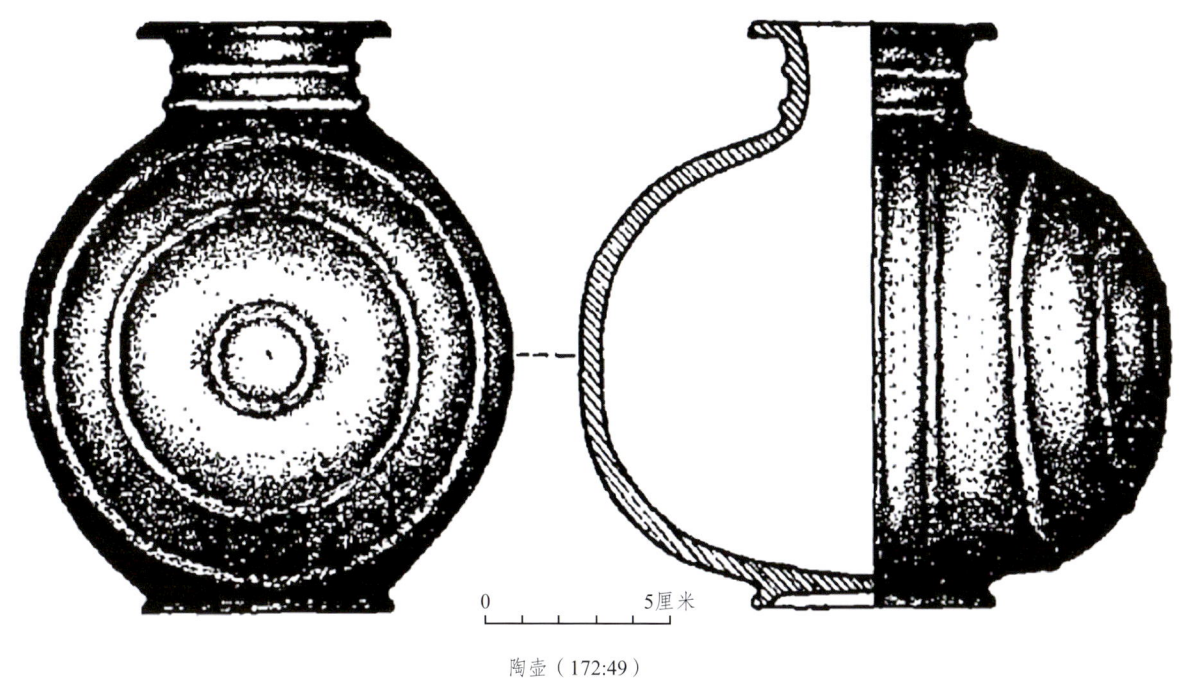

陶壶（172:49）

图116　成都羊子山172号墓出土陶茧形壶

壶等器物，是典型的秦文化器物，据此表明：关中秦人文化已由金牛蜀道南行传播至蜀国腹地成都平原一带[30]（图115，图116）。金牛蜀道的开通，不是中原关中地区的政治、经济、文化等方面的单向输入西南的巴蜀地区，巴蜀王国在秦并巴蜀前后就与当时统治中原关中地区的中央王朝有所交通。例如：秦并蜀后，秦国曾在巴蜀地区任命当地人作为所在地区的最高行政长官，行使中央王朝授予的职权。据陕西省考古研究院《陕西西咸新区坡刘村秦墓发掘简报》（《考古与文物》2020年第4期），2017年冬，陕西省考古研究院在西咸新区秦汉新城发掘了两座战国晚期秦贵族墓葬，其中坡刘村一座编为3号的墓葬出土一件铜鉴，铜鉴腹部錾刻有"十九年蜀守斯离造工师狢丞求乘工耐"十六字铭文，十九年即为公元前287年，此器的督造者为"蜀守斯离"。文献记载："秦惠文王更元九年（前316），司马错伐蜀，灭之。二年后灭巴。"秦国对巴蜀地区的管理，最初保留了蜀侯，派中央大员张若为蜀国守，直至公元前285年，建立蜀郡，张若、李冰等人都曾出任过蜀守。此器铭文表明，在张若任蜀守之后、李冰之前，斯离曾一度担任蜀守。关于斯离，司马迁《史记》中有"（秦昭襄王）二十三年，尉斯离与三晋、燕伐齐"。由这一记载可知，公元前292年，斯离伐齐时任蜀地"尉"一级职官。斯离是居住在蜀地的少数民族之一。《资治通鉴》胡三省注：

古道秘踪——古蜀道（青川段）考古调查

图117　2017年陕西西咸新区坡刘村3号墓出土铜鉴錾刻"蜀守斯离"等十六字铭文

图118　金牛蜀道沿线出土重要文物示意

蜀之西南夷种，遂以为姓。这件铸造于蜀地，由"蜀守斯离"督造的铜鉴在关中地区的西咸新区战国墓葬出土。这是蜀与关中地区往来交通的生动例证（图117）。纵观古蜀与中原自三代至金牛蜀道开通以来，中央王朝与西南蜀地就因金牛蜀道的开通，其联系就愈加紧密。故成都市区内至今依然保留金牛区、金牛乡、金牛坝、金牛宾馆的地名或名称，溯其来源，公元前316秦惠王派司马错、张仪率军队并巴蜀从金牛道入蜀是其地名来历的源头，可

金牛道寻踪

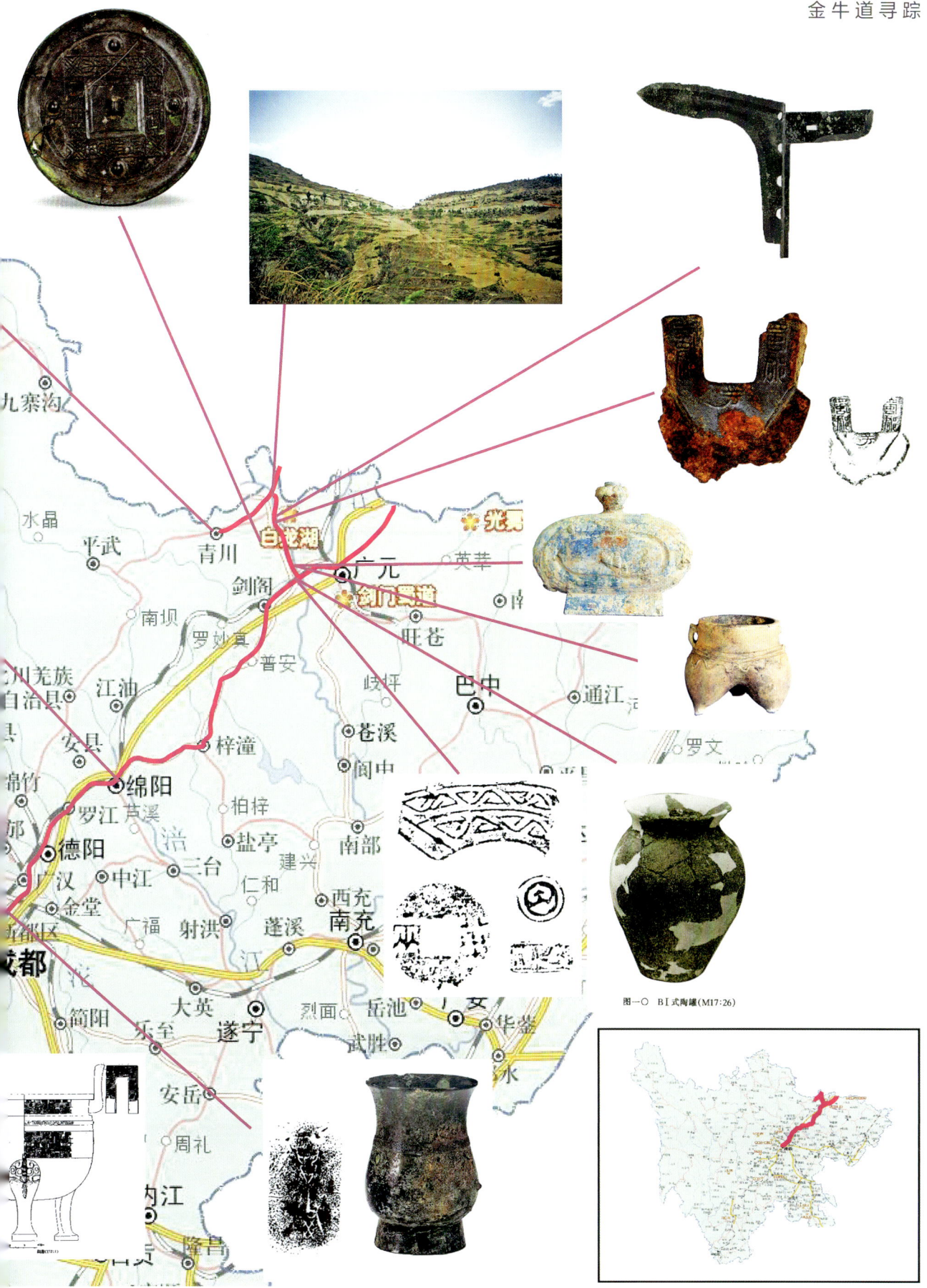

图一〇 BⅠ式陶罐(M17:26)

见其历史悠久，长达两千多年（图118）。

五、结语

综合上述，对相关记载的梳理；对现金牛道沿途遗存的关隘、城址、石碥道、栈道孔遗迹调查；金牛道沿线地下考古发掘遗存点的连接，以及出土具有典型秦文化因素的文物，这些不同类别的古代遗存是文化遗产的重要组成部分，具能由点连成线。以上几方面均可相互印证，即：在公元前316年秦国派司马错等率军伐蜀由褒斜石门经勉县至宁强县北大安镇一路，由烈金坝到金牛峡到阳平关。沿嘉陵江至燕子砭镇夏家咀分路，经广坪镇到金山寺到五里垭（古白水关）。一部分沿木鱼镇到青川县（乔庄镇郝家坪），秦军主要力量及其人马过沙州古白水关，沿白龙江东岸而下至昭化

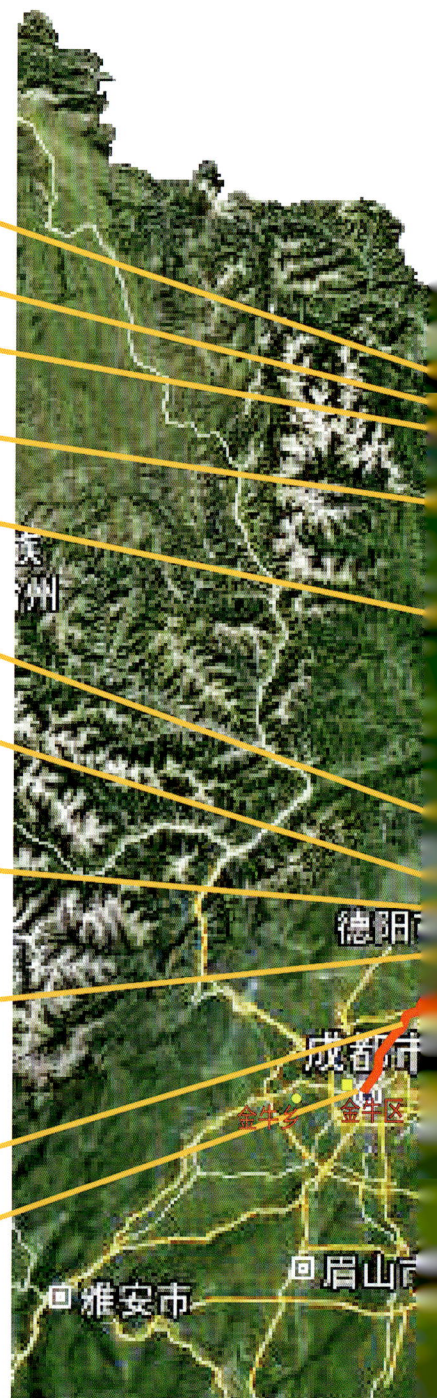

图119 金牛蜀道沿线重要文化遗产分布示意

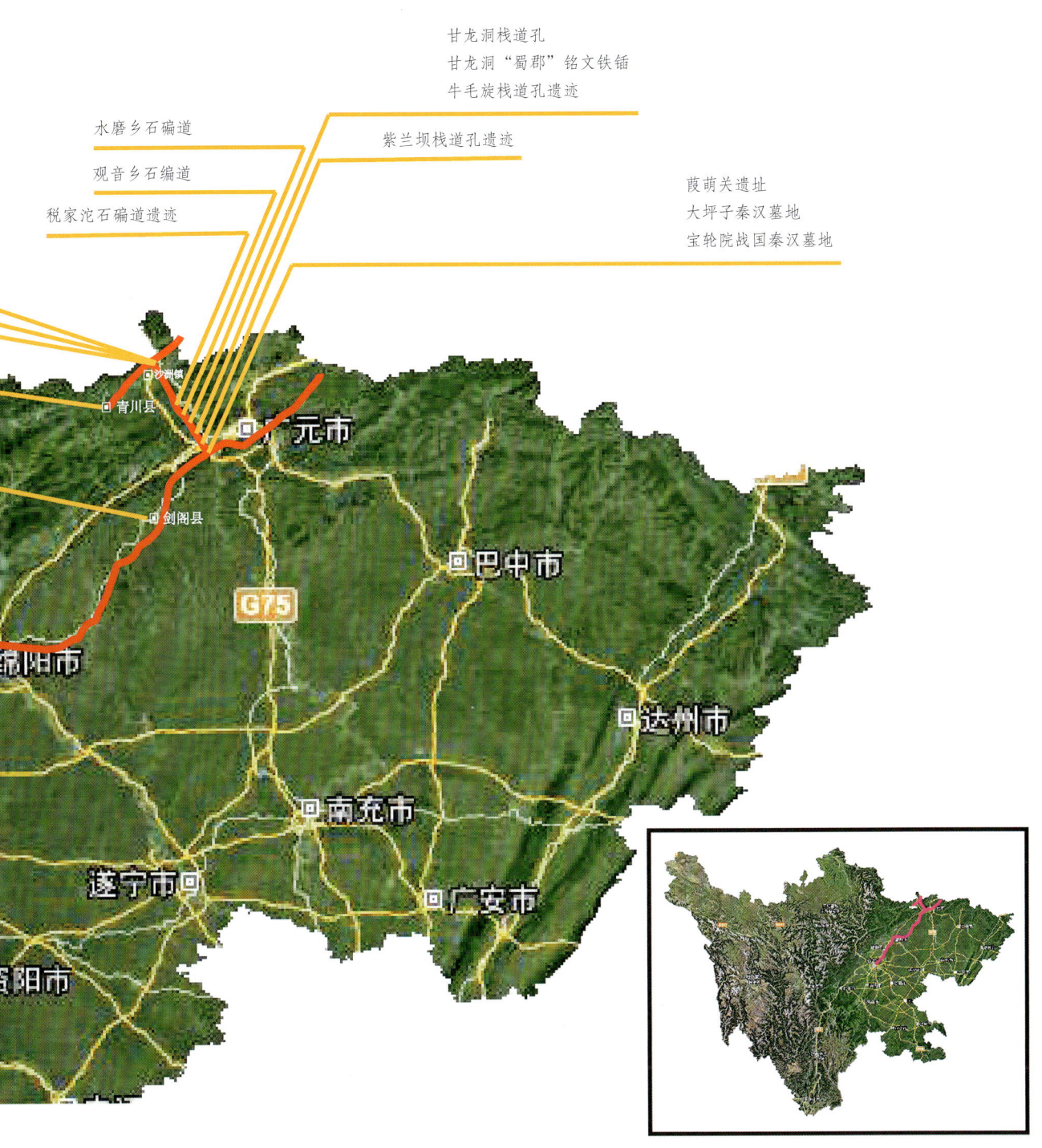

葭萌关，出剑门关经江油、绵阳、德阳至成都（图119）。这一金牛蜀道沿线有大量的地下出土文物可以作为支撑金牛古道走向的证据。应该是秦灭巴蜀与秦人入川的主要道路。这或许更接近公元前316年，秦司马错率军伐蜀所走先秦金牛蜀道的历史真实之道。

注

[1] 王家祐：《记四川彭县竹瓦街出土的铜器》，《文物》1961年第11期。冯汉骥：《四川彭县出土铜器》，《文物》1980年第12期。徐中舒：《四川濛阳镇出土殷代二觯》，《文物》1962年第6期。范桂杰、胡昌钰：《四川彭县西周窖藏铜器》，《考古》1981年第6期。

[2] 唐李泰《括地志》是这样说的："昔秦欲代蜀，路无由人，乃刻石牛五头，置金于后，伪言此牛能尿金，以遗蜀，蜀侯贪，信之，令五丁共引牛，壁山墁谷，至之成都。"《华阳国志》载得更为详尽："开明帝时，蜀有五丁力士，能移山，举万钧。周显王之世，蜀王有褒汉之地，因猎谷中与秦惠王遇，惠王乃作石牛五头，朝泻金，其后曰'牛变金'。蜀人悦之，使之请牛，惠王许之。乃遣五丁迎石牛，既不变金，怒！"

[3] 《新唐书·地理志》卷三〇载："三泉县：（高祖）武德四年（621），析利州之绵谷（今四川广元）置。"《宋朝事实·升降州县》载："乾德五年，以三泉县直隶京师。"清代学者钱大昕在其《十驾斋养新录·直隶》中，援引宋代李昉《九域志》说："利州路有三泉县，唐隶兴元府，皇朝乾德五年，以县直隶京师……'直隶'二字，始见于此。"

[4] 韩伟、王世和：《褒斜道石门附近栈道遗迹及题刻的调查》，《文物》1964年第11期。

[5] 李炳中：《东汉隶书斯为之首——何君尊楗阁刻石考释》，《书法丛刊》2013年3期封2、第19~24页。

[6] 宗鸣安：《碑帖收藏与研究》，陕西人民美术出版社，2008年，第35页。

[7] 同[5]。

[8] 粟舜成：《"筹笔驿"即"朝天驿"——蜀道遗址筹笔驿新考》，《巴蜀史志》2018年第5期。

[9] 石柜阁，是位于四川省广元市的一个阁栈，因诗圣杜甫的诗歌而闻名。2009年12月，四川广元千佛崖石窟前古蜀道上发现了一个大型的方形石龛遗迹，方形石龛的上部已被20世纪30年代后期修建川陕公路时毁坏，在方形石龛北端底部出土有几件非常重要的考古遗物，经考古专家认定为古蜀道上最著名的栈阁石柜阁"内的摩崖题刻遗物，它极有可能是1000多年前唐代大诗人杜甫所记述的石柜阁遗址。有的研究者认为，唐代杜甫所指石柜阁应该指今天广元城北5公里处的全国第一批国保单位千佛崖石窟，具体位置应该在千佛崖石窟的南端即石拱桥的北端。

[10] 曾德仁：《广元"释迦文佛"石像浅析》，《四川文物》1985年第3期。

[11] 四川省文物考古研究院等：《蜀道广元段考古调查简报》，《四川文物》2012年第3期，第60页。

[12] 晋代张荟《南汉记》记载："蜀有三关，阳平、江关、白水关。"

[13] 赵平安：《秦西汉误释未释官印考》，《历史研究》1999年第1期，第52页。

[14] 《安徽大学学报》（哲学社会科学版）第32卷第4期，2008年7月。

[15] 黄家祥：《宝珠寺水库淹没区文物调查记》，《四川文物》1992年，第3期，第63页。

[16] 青川县文物管理所编：《青川木牍——可移动文物普查集萃》，四川美术出版社，2017年。

［17］黄家祥：《四川青川县出土九年吕不韦戈考》，《文物》1992年，第11期，第93页。

［18］四川省博物馆、青川县文化馆：《青川县出土秦更修田律木牍——四川青川县战国墓发掘简报》，《文物》1982年第1期 。四川省文物考古研究院、青川县文物管理所：《四川青川县郝家坪战国墓葬群2010年发掘简报》，《四川文物》2016年第3期。

［19］兰勇：《四川古代栈道研究》，《四川文物》1988年1期第6页。

［20］［清］李元：《昭化县志》，四川地方志编纂委员会辑：《四川历代地方志集成》第一辑，第23册，国家图书馆出版社，2017年，第72页。

［21］《中国文化研究所学报》1997年新第6期，第361页。

［22］董珊先生在《战国题铭与工官制度》第 211～212页讨论过一件六年相邦疾戈 刻铭为："六年相邦疾之造西工师＝□（师师□）丞宽工贡·西·西。"（□ 原作从辵从央）订为秦昭襄王六年相邦樗里疾监造之器，所说极是。樗里疾于昭襄王元年被尊为相，此元年相邦疾戈当即樗里疾于昭襄王元年所监造之戈。由此二戈可以确定过去将于"王五年""王六年""王七年"樗里疾任上郡守时监造的三戈归属昭襄王世显然是错误的。相关讨论可参看董珊《战国题铭与工官制度》第 226～227页。

［23］分别见于《秦汉魏晋篆隶字形表》第 463页 "䎙" 栏 "秦诏权""陶斋·秦铜权九""睡虎地简八五""老子乙前一上""春秋事语三八""纵横家书二一四""精白镜"。

［24］参看拙撰《汉印文字校读札记（十五则）》之第七则，《中国文字学报》第二期，2008年（待刊）。

［25］张光裕、吴振武：《武陵所见古兵三十六器集录》第35件兵器铭文，《中国文化研究所学报》1997年新第6期第361页。

［26］分别见《云梦睡虎地秦墓》图版四九：6 文字为"葭萌女谈（？）"（文物出版社1981年），《二年律令与奏谳书》图版简453，（上海古籍出版社2007年），《封泥考略》5.20著录两件同印封泥"葭䎙长印"（《汉印文字征》误引作"葭萌长印"说参看拙撰《〈汉印文字征〉及其〈补遗〉校读记》之"《征》1.18 '葭'栏：葭萌长印"条）。

［27］四川省博物馆：《四川船棺葬发掘报告》，文物出版社，1960年。四川省文物考古研究所、广元市文物管理所：《广元市昭化宝轮院船棺葬发掘简报》，《四川考古报告集》文物出版社，1998年。

［28］国家文物出境鉴定四川站、四川大学博物馆编：《四川文物精品青铜器》，巴蜀书社，2021年。

［29］四川省文物考古研究院、什邡市文物管理所编：《什邡城关战国秦汉墓地》，文物出版社，2006年。

［30］四川省文物管理委员会：《成都羊子山第172号墓发掘报告》，《考古学报》1956年第4期。

攀崖阴平道

一、作为治所政区的"阴平道"与交通路线的"阴平道"

（一）治所、政区的"阴平道"

阴平道作为人们来往、通行的交通道路，其开通、线路走向和道路得名的由来，当与汉高祖六年（前201）时置阴平道，为广汉郡辖，成为西汉初年中央政府的建制县之一有关。《汉书·地理志》广汉郡下有"甸氐道、刚氐道、阴平道"的地理名称，当时这些称为"道"的地方，并不是人们现在通常所指的人来车往的交通道路之"道"。而是包含一定地域范畴的地理单元。因此，《汉书·百官公卿表》对"道"有这样的说明："县有蛮夷曰道。"这里的"蛮夷"，相对中原汉族而言，是对边陲地区聚居的少数民族略有歧视性的统称。汉武帝元鼎六年（前111）开通西南夷，为管理、统治少数民族，在今甘肃省文县设置阴平道，属益州广汉郡，为广汉北部都尉[1]，治所故地在今文县县城西四里鹄衣坝[2]。阴平道一名作为县（道）建置的机构始于西汉。1983年12月

图120　雅安汉高颐阙东阙枋头刻石铭文

攀崖阴平道

图121 雅安汉高颐阙东阙枋头（局部）

图122 雅安汉高颐阙西阙刻石铭文

荆州市博物馆在湖北江陵县城西南张家山发掘的第247号西汉墓中，出土有西汉简册，其中的《二年律令》秩律篇中记载，西汉时属广汉郡的阴平道（县）长官的秩级为"秩各五百石"者。简四六五原文："阴平道、蜀（甸）

图123 阴平道印封泥

85

古道秘踪 —— 古蜀道（青川段）考古调查

1. 铜镜　　　　2.15.瓷四耳罐
3. 陶碗　　　　4.16.陶罐
5. 铜钱　　　　6.铜残片
7. 铜印　　　　8.钱剪
9.18.21.铁刀　10.铁镞
11. 铁镜　　　12.银发钗
13. 铜指环　　14.琉璃珠、炭精狮
17. 铜锅　　　19.铜镰斗
20. 铜洗　　　22.人牙
23. 铁棺钉

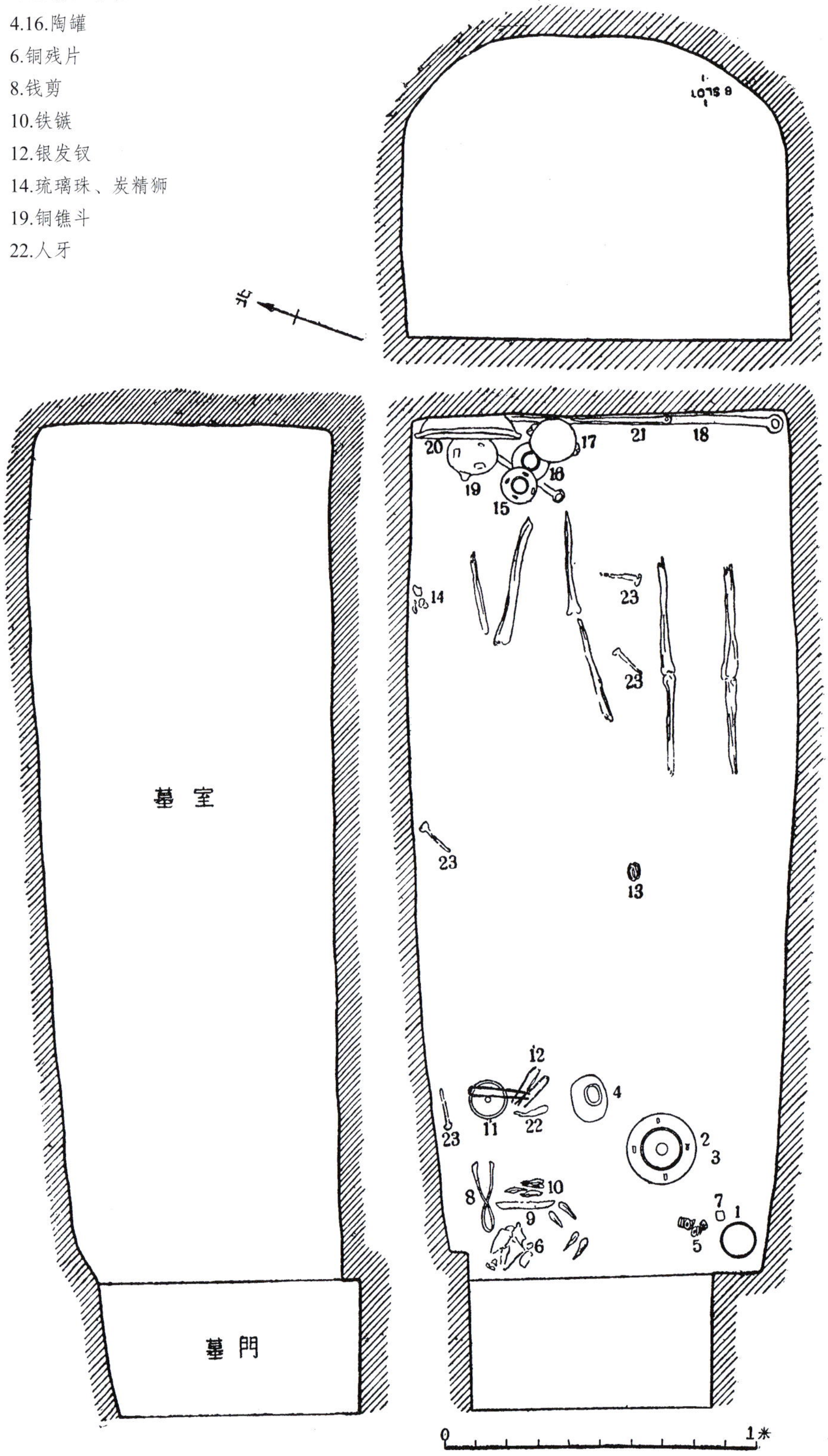

图124　昭化宝轮镇北面名为"屋基坡"23号崖墓平面图

氐道、縣（縣）遞道、湔氐道长，秩各五百石，丞、尉各三百石。"[3]在今雅安市雨城区姚桥镇还保存有较为完好的东汉建安十四年（209）建立的仿木结构的石质建筑——高颐阙（现存东、西二阙，东阙残），在西阙第五层的四周雕刻成的枋的圆形当头面阴刻有："汉故益州太守阴平都尉武阳令北府丞举孝廉高君字贯方（光）"隶书体文字，在西阙阙身北壁有"汉故益州太守阴平都尉武阳令北府丞举孝廉高君字贯光（方）"铭文，据考证此为后来宋人补刻[4]。上述东汉、宋代所刻相同内容、文字一致铭文，言明：高君贯光在其从政的官宦生涯中，曾经在阴平道（县）的机构中兼任过阴平都尉（图120~图122）。东汉时期的阴平道属广汉属国，三国、两晋后改为阴平郡。蜀后主建兴二年又以广汉属国置阴平郡。《华阳国志》卷二《汉中志》记载："阴平郡，本广汉北部都尉［治］。"吴幼潜《封泥汇编》收录有"阴平道印"封泥一枚（图123）。1957年3月，四川省博物馆文物工作队在广元市昭化宝轮镇北面名为"屋基坡"地方，发掘出南北朝时期的崖墓计32座。其中编为23号的崖墓内出土随葬物品较为丰富，计60件。墓内出土一枚"阴平太守"的铜印，据此我们有理由认为，这墓的主人就是南北朝时期任阴平郡"阴平太守"一职的最高长官[5]。南北朝时期分别立有南、北阴平二郡[6]，那么，此"阴平太守"是南、北阴平二郡哪郡官员？据这批墓葬的发掘与整理研究者沈仲常先生推断："永嘉中晋人流寓梁、益二州者仍于二州立南北二阴平郡。由晋至宋、齐，皆在现在的梓潼县西北设北阴平郡。从北阴平郡地望上看，与昭化接近，则此一铜印或为北阴平郡太守的印了，这对当时的郡县乔置及官制等方面提供了研究的资料（图124，图125）[7]。阴平道（郡、县）行政建置机构一直延续至宋。2001年1月至4月，在绵广高速建设施工过程中，四川省文物考古研究所等单位对位于江油小溪坝镇阴平村的阴平遗址进行抢救性发掘，遗址面积达数十万平方米。遗址文化层堆积有2~3米厚，配合基建我们仅仅发掘了250余平方米，出土有罐、碗、盘、碟、盏、缸等生活

图125　昭化宝轮镇北面名为"屋基坡"23号崖墓出土"阴平太守"印

图126　江油小溪坝印阴平遗址发掘揭露出房屋遗迹

图127　江油小溪坝印阴平遗址发掘揭露出高等级建筑遗迹的铺地砖

图128　江油小溪坝印阴平遗址发掘揭露出的卵石石板砌筑的排水沟遗迹

实用器，也出土有瓦当、滴水、筒瓦、板瓦瓦片、石柱础等建筑材料和构件，数量大且种类丰富，在遗址附近还曾有窖藏铜器出土。发现遗迹有：用筒瓦沉插式套接的排水沟，用卵石、石片砌筑的排水沟系统，还清理出不同等级的房屋建筑遗迹。虽然发掘面积不大，但遗址分布面积大，从堆积较厚的文化层及其出土的各类遗迹、遗物以及遗址所处的地理位置看，结合有关文献资料记载，江油小溪坝镇阴平村的古代遗址，分布面积有数十万平方米，是为一处大型的聚落遗址。（图126~图128）我们初步推断小溪坝阴平村遗址，应是历史上北阴平郡（县）建置所在，同时表明这个地点与村名因"阴平"而得名[8]，千百年来未曾改变[9]。

（二）作为交通路线的"阴平道"

宋代以前，"道"一直是特指治所区域，宋代开始，阴平道在历史上发生了转变，"阴平道"的"道"成了"路"的代名词。宋人祝穆编撰《方舆胜览》时，把阴平道标注为一条出入蜀地的古道，至明代，学者王炜著录的《大事记》明确指明：邓艾开凿了阴平道。清初地理学家顾祖禹在其著作《读史方舆纪要》中，称阴平道为出入蜀地的古道。清雍正年间的《甘肃通志》及清乾隆年间

图129 文县、广元青川同行在周家坝阴平栈道遗址现场交流

的《三国疆域志》都认同了前人的说法，使"阴平道"彻底远离了它的本意，成为后世意义上的交通线路之路道，即为邓艾在灭蜀之战中穿插迂回的古道——阴平道。阴平道从一个行政区域发展演变为一条出入蜀地的道路名称，可以看出作为交通线路的"阴平道"名称与最初作为治所政区的"阴平道"有着千丝万缕的关系。随着历史的演进、时代的变迁，阴平道从一个行政区域发展演变为一条出入蜀地的道路名称，世代

攀崖阴平道

相传，约定俗成并得到广泛的认可。这即是"阴平道"的由来及演变[10]。

从西汉建置阴平道到三国至六朝的阴平郡时期的阴平道，晋人常璩在《华阳国志》中将其地域范围概括为：东接汉中，南接梓潼，西接陇西，北接武都。至阴平国时期，仇池五国中，其后仇池的势力已达川西平原腹地，阴平亦在其中。在此地域内的道路，无论江河沿岸的大路，还是山林间小路俱可称为阴平道。作为交通路线的道路名称"阴平道"，历史上存在由正道、偏道、支线、延长线等几部分组成的看法。学界一般认为广义的阴平古道约有三条：从甘肃舟曲一带沿白龙江到武都（石门）、文县的临江（临江关）、玉垒关（桥头）入川，史称沓中阴平道；二是，以狄道（临洮）为起点，越露骨山沿岷江南下抵阴平入川；三是由天水经盐关、礼县、西和、武都，与前两条相接至阴平入川。

历史上的阴平道源自甘肃文县一带，遗存下来的历史遗迹也较为丰富，如分布在文县尚德镇白水江边的金口坝村和周家坝村，有曹字头古栈道遗址、曹家河坝古栈道遗址、尚德乡周家坝东古栈道遗址，特别是周家坝西古栈道遗址遗迹，现保存有正方形栈道孔30余个（图129~图131）。四处遗存总长约15公里。文县城关镇滴水崖村，被誉为阴

图130 甘肃文县阴平道周家坝栈道孔遗迹

图131 甘肃文县阴平道周家坝栈道孔遗迹

攀崖阴平道

平古道第一天堑——火烧关栈道遗址，现存栈道孔63个，摩崖石刻1处。每孔长约35厘米，高约30厘米，深约20厘米。上下分布四层，中间两层间距约1.8米，可能为栈道主体桩孔，上下层间距约1.5米，可能各为安装栈道下部支撑或上部遮雨设施的桩孔。关口以西有一摩崖石刻，刻有"万历十四年九月内重修奉本府"等字样。栈道孔遗迹分布在关口东西两面绝壁上，东面栈道孔呈四层分布（图132~图136）。周家坝西栈道与火烧关栈道遗存，已被

图132　甘肃省文县阴平道上的火烧关遗迹

图133 甘肃文县火烧关地震

图134　甘肃省文县阴平道上火烧关栈道孔遗迹

图135　甘肃省文县阴平道上火烧关栈道孔遗迹

攀崖阴平道

图136　甘肃省文县阴平道上火烧关遗存明万历十四年题刻

97

列为甘肃省级文物保护单位。此外文县城南还有阴平桥，县东60公里处有玉垒关桥，此为邓艾翻越摩天岭时经过的桥。位于文县边地坪村西约2000米处的白水江南岸的马尾墩摩崖石刻群，一处摩崖题记中间为楷书竖写"秦蜀交界"四字（图137），左右侧楷书竖行64字，摩崖题记文字大多已不清晰，据当地人讲，摩崖上方石嘴原刻有"秦蜀咽喉"四个大字，20世纪70年代因雷击坠入江中，题记刻于清雍正时期。还有一处摩崖石刻，大字"秦川锁钥"，高2.2米，宽0.93米，尾题"大清光绪□□年"等。

阴平正道是指以文县为中心的阴平古道，与阴平正道相对应的还有称之为阴平偏道（斜道），此外还有延长线、支线。现仅就阴平正道和偏道（斜道）进行阐释。阴平正道，又称之为"白水道"，这是由于该道途经西汉始建的白水县而得名。白水县，最早见于《汉书·地理志》颜注："……县十三，梓潼、什邡，涪、落、雒、绵竹、广汉、葭萌、郪、新都、甸氐道、白水、刚氐道、阴平道。"《昭化县志》载："白水城在今治城（昭化）一百四十里白水镇北之西皇坝，城垣故址犹存，扼阴平、阳平之要，地势亦平旷，白水、西谷两水环之。"（白水即今之白龙江，西谷水即灵宝河水经之西谷，灵宝河即今流经骑马、乔庄汇入白龙江的乔庄河。）隋唐时期，白水县更名为景谷县。被称作"白水道"的阴平正道亦改称为"景谷道"。景谷（路）道，是景谷（逆白水）上行，溯白龙江至桥头（文县玉垒关）的路，它与阴平正道也是重合的。景谷县据《元和郡县志》载："本白水县地，属广汉郡，因县北景谷为名。"《读史方舆纪要》记载："景谷，广汉郡之白水县曰景谷。……城西有景谷路达文州。"《昭化县志》载："魏景元初，邓艾入蜀由景谷道旁入，即在此。"1990年，我们在青川宝珠寺库区做文物考古调查时，在当时的白水区江边八队一带还能大致确定古代白水县、景谷县城址的位置所在，看出当时的地形地貌与文献记载一致，在实地踏勘和寻访当地村民过程中得知，1982年村民在白水县故城址西侧挖出一枚铜镜，1984年村民在耕地时挖到城墙基石[11]。上述之"白水道""阴平道"实际上都是指同一条交通线路，只是随时代的不同，其名称不同罢了。这条道路的大致走向，它的路线是沿白龙江经葭芦城（今甘肃武都县东南七十里处）至阴平郡（今甘肃文县西北）后，沿白水江至阴平桥头（甘肃文县玉垒乡东），经白水关（今四川省青川县营盘梁五里垭）至白水县（今四川省青川县沙州镇），经石门关（今广元市利州区石龙村）、葭萌关（昭化区昭化镇），进入汉寿县［东汉献帝建安二十年（217），刘备改葭萌县置汉寿县。西晋武帝太康元

图137 "秦蜀交界"摩崖刻石

年(280),改汉寿县置晋寿县。今广元市昭化区〕。这条交通路线,一般认为是阴平正道。所谓正道,也称官道,它是中央王朝政治、经济、文化中心所在地与其治下的州、郡、县能保持上传下达畅通的交通道路。阴平正道亦是如此。《元和郡县图志》"文州下":"八到:东北至上都一千四百五十里。东北至东都二千三百一十里。东取山路至龙州三百六十里。东南至利州四百九十

古道秘踪 —— 古蜀道（青川段）考古调查

图138 阴平道路线走向示意

攀崖阴平道

里。南至扶州一百六十里。北至武州二百五十里。"从文县县城（鹄衣坝），沿白水江而下于玉垒关合路，沿碧口，走四川青川的白水、广元昭化区的昭化镇（葭萌）与剑门蜀道（金牛道）合路，是为阴平正道。阴平正道在甘肃陇南的武都沿白水江合于白龙江，并顺江而下在四川广元昭化（汉寿县葭萌关）汇入嘉陵江，故阴平正道亦是一条水陆兼行的入蜀通道，它在军事策略上同样具有很重要的战略价值（图138）。

阴平偏道（斜道）

图139　甘肃省文县范坝对树沟村井地里附近栈道孔

即为邓艾伐蜀之道。这条古道原本是一条籍籍无名的山间僻道，既险峻又狭窄，中间还有数百公里的无人区。邓艾当年就是率领部众在这条偏道上开山凿路、遇河架桥，迂回至蜀军腹地，给了蜀汉集团以致命的一击。该条偏道也因为邓艾而扬名后世，成了历代兵家极为重视的一条入蜀通道。

该道的路线从甘肃省陇南市文县起，沿白水江过阴平桥头后转向西南，进入丹堡河的刘家坪，又沿让水河而下，从柏元河坝古栈道遗址（图139）、沿石磨河经对树沟（图140，图141）、窄匣子（图142）翻青塘岭（摩天岭），下九道拐，经南天门、白雄关，沿唐家河南行，过写字崖、落衣沟、阴平山、马转关，走鱼洞砭、青溪、高岩头、魏坝、放马坪、打箭坪、阻魏沟、靖军山、青道口至平武县南坝镇（江由关）（图143），史称阴平斜径。再由马阁山，进入江油市的武都镇，经江油市、绵阳市至成都。这条偏道在汉末三国时期非常险峻且曲折。《三国志·魏书》卷二十八："冬十月，艾自阴平道行无人之地七百余里，凿山通道，造作桥阁。山高谷深，至为艰险，又粮运将匮，濒于危殆。艾以毡自裹，推转而下。将士皆攀木缘崖，鱼贯而进。"这段记载表明，邓艾为了便于行军，重新开凿，以期隐蔽、便捷，并没有走寻常之路。而是从"景谷道（注：

图140　甘肃省文县范坝对树沟村对树湾栈柱孔遗迹

图141　专业人员在观察记录甘肃省文县范坝对树沟村对树湾栈柱孔遗迹

图142 对树沟村窄匣子古桥址

攀崖阴平道

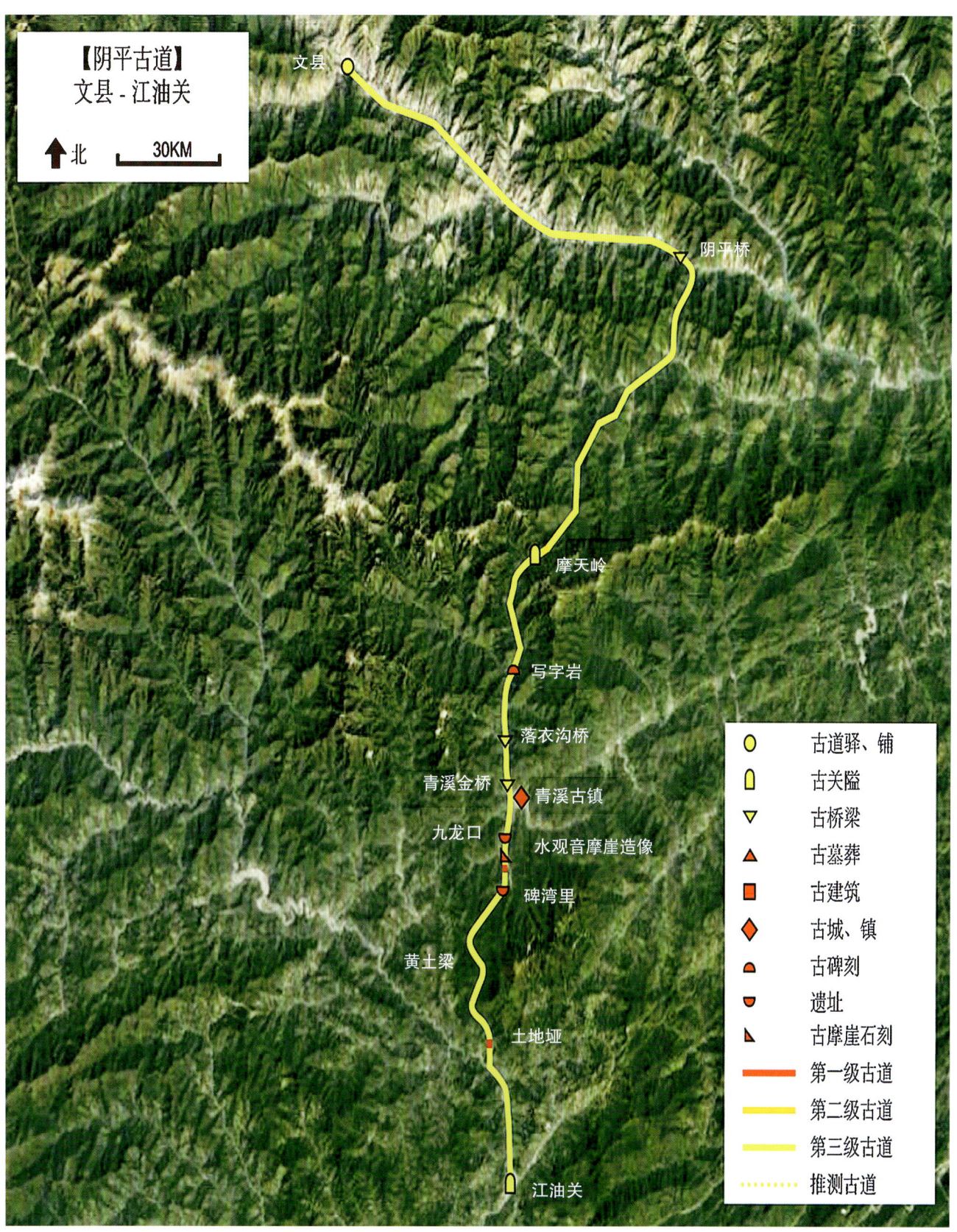

图143 阴平道斜（捷）径甘肃文县阴平桥至四川平武江油关线路走向示意

阴平正道）旁入"，这里的"旁入"即指阴平偏道（斜道），达到"攻其无备，出其不意"，偷渡阴平，登至江油，蜀守将马邈降。至此，三国鼎立的局面出现重大转折。

关于阴平偏道（斜道）的另一名称"左担道"，《太平御览》引南朝梁蜀人李膺《益州记》（又名《蜀记》）云："蜀山自绵谷、葭萌，道径险窄，北来负担者，不容易肩，谓之左担道。"东晋常璩《华阳国志·汉中志》："自景谷有步道径江油，左担出涪，邓艾伐蜀道也。"三国魏景元四年（263）邓艾伐蜀，进军阴平（今文县西北），欲从"左担道诣绵竹，趣成都"（《三国志·魏志·邓艾传》），即指此。自阴平过绵竹至成都，有一条山间古道，该道路极其狭窄，且所经区域地势险峻，而又要经过数百里烟瘴丛生的无人区。所以，这条道路上人迹罕至，由于该道狭窄，挑夫只能左肩挑担而行，中途无法换肩，所以，该道又名"左担道"。自今甘肃省文县东南至四川省平武县东，因山路窄险，自北而南，有担在左肩不得换右肩之说，故称。在平武县与青川县交界处有一座山名为"左担山"，清康熙《龙安府志·山川》记载："左担山：治东一百八十里，邓艾入蜀路经江油，因山高江险，修凿栈阁，以通担负。"左担山因邓艾入蜀的传说而出名。邓艾入蜀的道路。在明代的《蜀中广记》《益州记》及《大事记续编》中，都有相类同的记载。清光绪《文县志》记载："自文州青塘岭至龙州百五十里，自北而南者，右肩不得易所负，谓之左担路，即邓艾入蜀路也。蜀号天险，舍剑阁别无他路。宋孝宗时，文州开青云岭，即青塘岭栈道。以引商贩，冀收其利。今由文州抵成都，计程十二，以此为孔道。"由上述记载可以得知，这也是为什么蜀汉集团未派重兵防守的原因，而邓艾却恰恰看重了这一点。于是，兵行险招，经此偏道直入蜀汉集团的腹地。

综上所述，对"阴平主道""阴平偏道（斜道）"和"左担道"交通路线的走向、名称的由来进行讨论和梳理，可以看出阴平"正道""偏道（斜道）"和"左担道"，构建出较为系统的"阴平道"。随着时间的演进，对阴平道的研究，经过相关学者继续不断完善文献史料的研究，野外考古调查新发现实物史料的补充与考证，将架构成具有主道、偏道、支道等多个层级阴平道路系统，使历史上较为著名的阴平道路系统的概念更加完整。

二、唐家河摩天岭至青溪镇土地垭阴平道路段调查

青川县境内的阴平道路段田野考古调查范围是从青川县唐家河自然保护区北部的摩天岭，向南经青溪古镇至土地垭。在调查中新发现了一些重要的遗址与遗迹（图144）。

攀崖阴平道

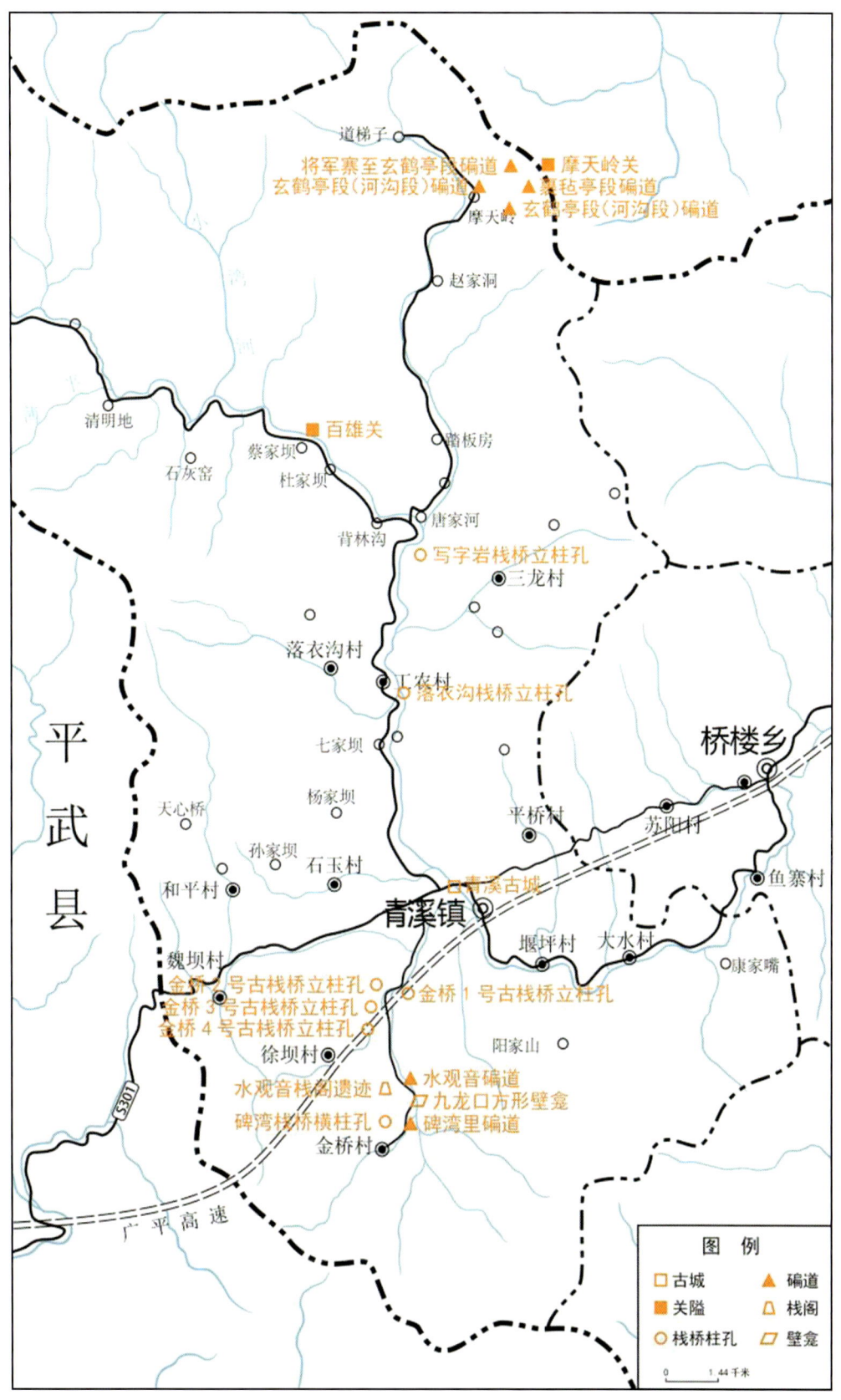

图144 四川省青川县阴平道遗迹位置示意图

（一）遗址

1.关隘

（1）摩天岭关

摩天岭关，又名青塘岭。地理坐标为北纬32°22′31.83″，东经104°30′56.73″，海拔2211.6米。关楼为现代建筑，坐北朝南。东西两侧沿山脊新建有木栈道。北侧为甘肃文县境，南侧为四川青川县境唐家河自然保护区。南侧新建有石板阶梯道路，古道路基位于新建道路的右侧上方，局部保存较好。

（2）百雄关

百雄关，又名控夷关、北雄关。地理坐标为北纬32°34′18″，东经104°47′3″，海拔1390米。关隘坐北朝南，方位15°（图145）。

关门由灰绿色云母岩石块砌筑而成。南门宽2.5米、长0.95～1.15米。北门宽1.7米、长1.05米。门厅用石灰糯米浆砌筑，长5.75米、宽3.32米、高3米。

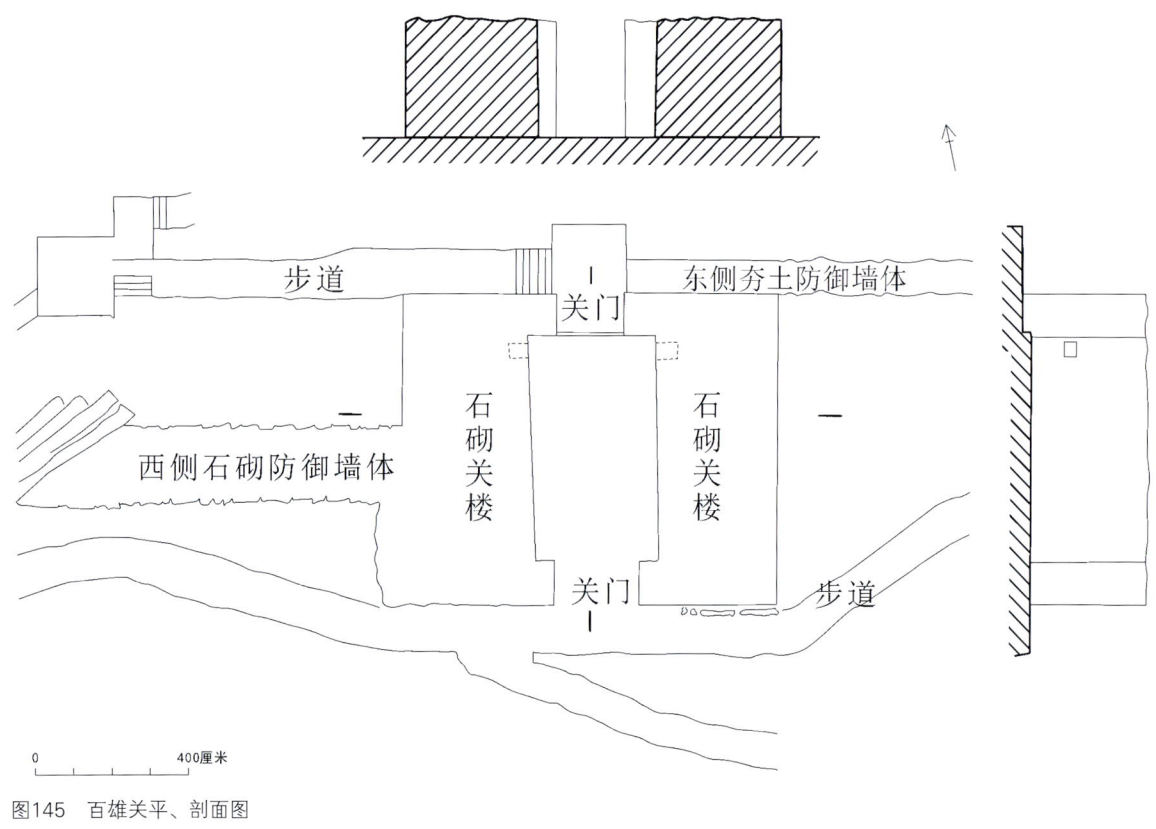

图145　百雄关平、剖面图

攀崖阴平道

关门东西两侧为石砌关墙，沿山脊修筑至山峰，西侧长55米、宽0.5~1.6米、高0.9~1.6米。东侧近关门处为夯土关墙，墙体中含有红烧土和木炭颗粒，长56.8米、高0.4米、宽0.9米。远处为石砌关墙，长34.9米、宽0.6~0.8米、高0.3~1米（图146、图147）。

在关墙的东侧近关门处有两道石砌带门道的墙体，高约1米。近关门处，局部地段利用自然岩石作墙体屏障。

关门北侧为现代新修的石板梯步道。关门南侧保留有古代"之"字形小道。关门东侧保存的清嘉庆六年（1801）当地族人施舍、出卖鹅嘴地土地碑1通。

图146　百雄关关隘西侧石砌关墙

图147　百雄关关门东侧夯土关墙

古道秘踪——古蜀道（青川段）考古调查

图148　将军寨至玄鹤亭段碥道

攀崖阴平道

2.碥道

（1）裹毡亭段

位于唐家河保护站以北山谷地段，在现代小桥以北，沿新建步游道的右侧前行。长约70米、宽1.5米，梯步高0.2~0.28米、踏步宽0.26米。走向明确，每个梯步由2~3块青石板铺成，石板较小，踏步较窄，坡度较大。

（2）将军寨至玄鹤亭段

位于唐家河保护站以北山谷地段，在新建步游道左侧。长约50米、宽1.5米，路基明显，保存较好，走向明确，由2~3块青石板铺成（图148）。

（3）玄鹤亭段（河沟段）

位于唐家河保护站以北，在新建步游道右侧小河沟里，沿溪流并行，两侧山石陡峭。长约30米、宽约3米，走向明确（图149）。

图149　玄鹤亭段（河沟段）碥道

（4）玄鹤亭段

位于唐家河保护站以北，在新建步游道左侧。长约30米、宽约1米。路基明显，保存较好，走向明确，古道内侧有较低矮的青石砌筑护墙（图150）。

图150　玄鹤亭段碥道

（5）水观音段

位于青溪镇金桥村三组水观音地段。开凿于小河西岸的崖壁上，呈南北走向，地理坐标为北纬32°14′43.11″，东经104°29′39.11″，海拔1147.6米。保存完整，内侧有排水沟，宽0.11~0.2米，深0.05~0.14米。在土地庙以北的壁面开凿有栈阁建筑遗迹，古道长约80米、宽3.5米，内侧壁高2.4米，下距河平面7.8米（图151、图152）。

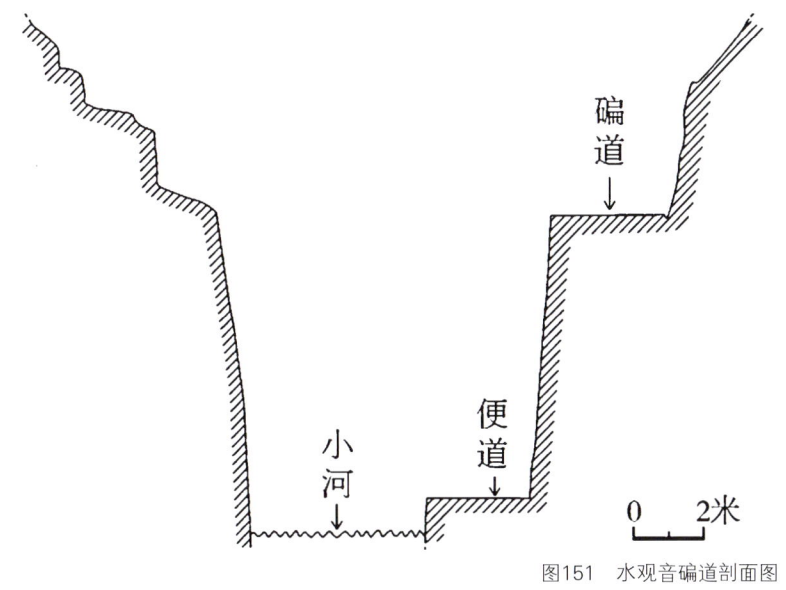

图151　水观音碥道剖面图

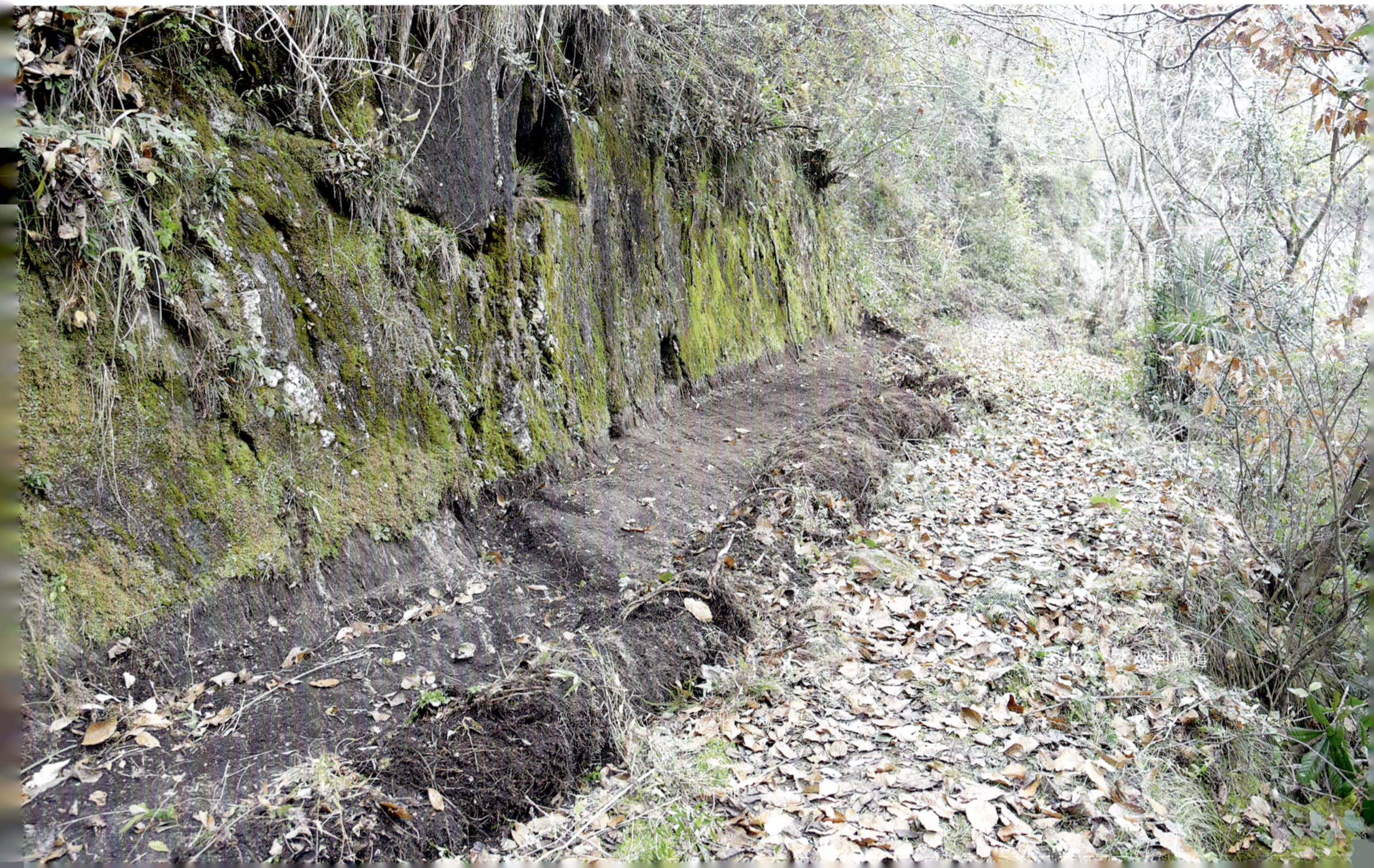

（6）碑湾里段

位于青溪镇金桥村四组碑湾里。呈南北走向，可分上下两层古道（图153）。上层古道长约150米、路面宽1.9~2.5米、高2.3米，内侧人工凿壁痕迹明显（图154）。上层路面与下层古道高差5~10米。下层古道近小河水面，南北长约100米，内侧壁面人工凿痕明显，宽1~1.1米，凿痕高0.5~6米（图155）。

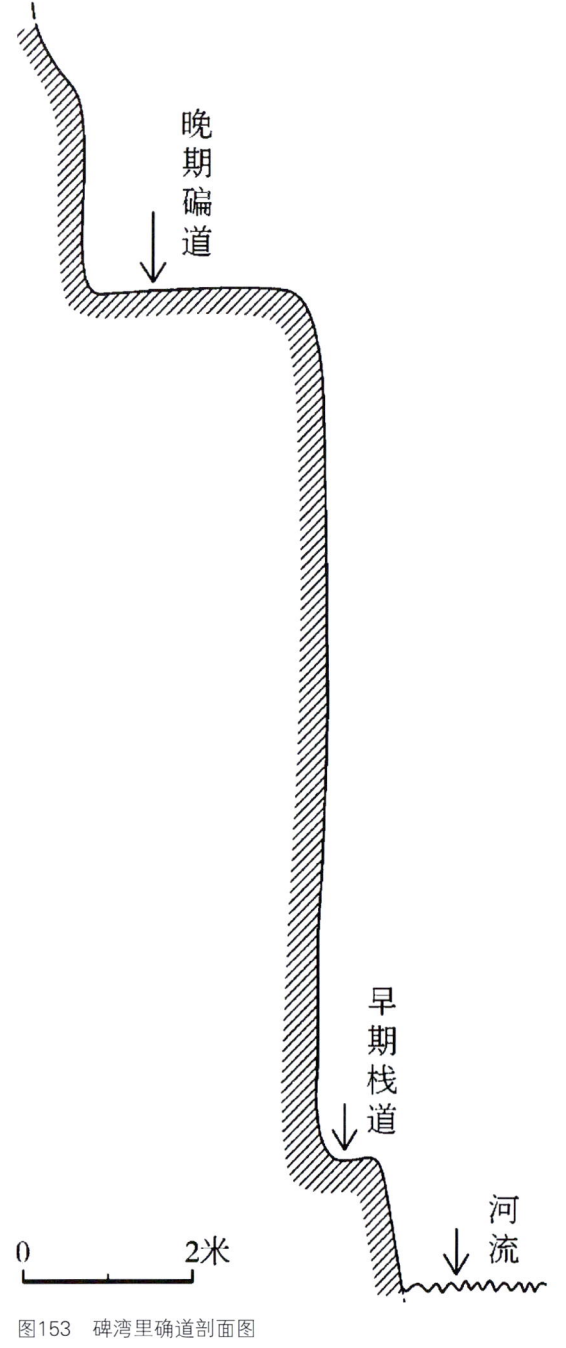

图153　碑湾里碥道剖面图

图154 碑湾里

图155 碑湾里

115

3. 青溪古城

位于唐家河保护区以南，现存东北及西南两段城墙遗址，占地面积2.8万平方米（图156）。砖石结构，石砌基础，砖砌墙体，墙体平均厚度4.4米，外砌砖厚1.2米，内为夯土。东北段墙体长90米、高5.1米，西南段墙体长140米、高8米（图157）。墙体有"洪武二年造"铭文城砖，另出土有铁锅、铁铡刀等。

（二）遗迹

1. 栈桥立柱孔

（1）写字岩

位于唐家河保护区内，在青溪镇落衣沟村四组。地

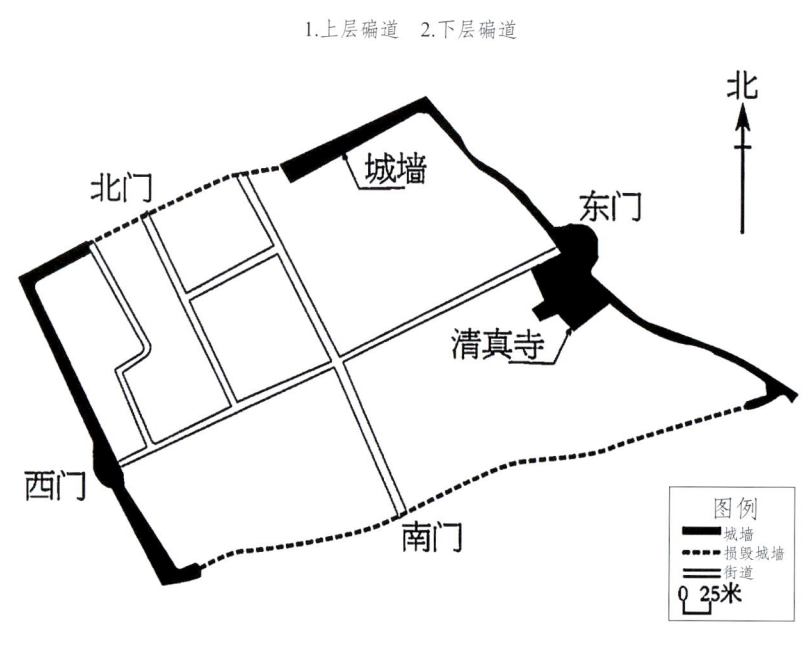

图156 青溪古城平面图

攀崖阴平道

图157　青溪古城墙（部分）

理坐标为北纬32°32′28.64″，东经104°49′32.44″，海拔1128米。内侧崖壁上原刻有"邓艾过此"4字，于1964年修建青唐公路时损毁。此处现新刻"邓艾过此"。栈桥柱孔遗迹分布在公路外侧下方的河滩基岩之上，现存3个柱孔，与河流走向一致。立柱孔平面呈圆形，直径0.34～0.56米、深0.2～1.3米。1号的栈孔与2号栈孔间距3.6米，2号与3号栈孔间距4.6米（图158、图159）。

图158 "邓艾过此"摩崖石刻

攀崖阴平道

图159 写字岩栈孔全景

古道秘踪——古蜀道（青川段）考古调查

图160　金桥栈桥立柱孔全景

（2）落衣沟

位于唐家河保护区，在青溪镇落衣沟村二组，新公路桥下巨石上。地理坐标为北纬32°30′26.09″，东经104°49′26.94″，海拔1076米。栈桥立柱孔开凿于小溪流与唐家河交汇处的一巨石上，巨石长4.1米、宽2.7米。巨石上部的栈孔直径0.23米、孔深0.1~0.13米；邻近水面的柱孔直径0.2~0.21米，孔深0.15~0.19米。两孔间距1.1米。

（3）金桥

位于青溪镇以南，青溪镇金桥村一组徐坝河上。地理坐标为北纬32°15′44.10″，东经104°29′33.03″，海拔1029米。从徐坝河河口向上游依次为1号古栈桥立柱孔、现代公路桥、2号古栈桥横柱孔、清代石拱桥（市级文物保护单位）、3号古栈桥立柱孔及4号古栈桥横柱孔（图160）。

① 1号古栈桥立柱孔

位于新公路桥南端外侧南岸基岩上。仅存1个立柱孔，直径约0.35米。

② 2号古栈桥横柱孔

位于新公路桥内侧南北两岸。南岸栈桥柱孔呈圆形，直径0.17～0.2米，孔深0.2～0.35米。栈孔左侧有梯步两道，宽0.53米，高0.25米。

北岸栈桥柱孔分布呈上、中、下三排，分布范围高1.3米，宽3.35米。下排柱孔4个，呈圆形，横向等距分布，直径0.2米，深0.1～0.27米。中排柱孔10个，右侧4个呈方形，直径0.2～0.35米，深0.11～0.14米；左侧6个呈圆形，直径0.16米，深0.17米。上排柱孔10个，右侧4个呈方形，直径0.2～0.35米，深0.11～0.14米；左侧6个呈圆形，直径0.17～0.20米，深0.17米。

③ 3号古栈桥立柱孔

位于清代石拱桥青溪金桥上游，距下游2号古栈桥柱孔约10米。

南岸柱孔2个，北偏东30度。邻河边为圆形柱孔，较小，直径0.33米、深0.2米；内侧为近方形柱孔，较大，直径0.55米，深0.35米。栈孔右侧有梯步两道（图161）。

图161　3号古栈桥南岸立柱孔

北岸柱孔位于紧邻河边的基岩上，4个大型柱孔呈一字形沿河流方向排列。左侧第1个柱孔，近方形，直径0.45米、深0.25～0.5米。右侧3个栈柱孔，呈圆形，直径0.4～0.45米、深0.34米，间距0.55～0.75米。北岸栈桥立柱孔外侧为人工开凿的平台，长4.1米，宽0.5～0.65米，内侧壁高0.2～0.35米，距水面高0.55米。左侧有人工开凿的梯步七级，宽0.5～0.55米，梯步高0.1～0.2米，梯踏步宽0.15～0.3米，梯步高差1.5米（图162）。

图162　3号古栈桥北岸立柱孔及梯步

④ 4号古栈桥横柱孔

位于清代石拱桥上游50米处。南岸崖壁上部分布3组呈横向排列的柱孔。分布在高2.3米、宽2.95米的范围内。

右侧组，呈倒"品"字形排列，上部横向排列3个较小的圆形柱孔，直径0.23～0.26米，深0.25米，下部栈孔为较大的圆形栈孔，位于中部偏左侧（桥面内侧），直径0.23～0.27米，深0.4米。

中部组，呈倒"品"字形排列，上部横向排列2个较小的圆形柱孔，直径0.23～0.26米，深0.25米，下部栈孔为较大的圆形栈孔，位于中部，直径0.23～0.27米，深0.4米。

左侧组，呈倒"品"字形排列，上部横向排列3个较小的圆形柱孔，直径0.23～0.27米，深0.4米。

在中部组栈孔的上方，有横向分布的2个小型柱孔，直径0.15米，深0.2米（图163）。北岸与南岸崖壁的栈桥柱孔分布、数量、尺寸基本对称。

4.碑湾里

位于碑湾里下层古道中部偏北处，在碥道的外侧崖面分布一大一小成组的3组栈桥立柱孔，依次由北向南沿河流分布。碥道宽1.1米。

北端外侧柱孔，呈较大的圆形，直径0.18米、深0.25米。内侧相距0.24米处为小型的圆形柱孔，直径0.12米，深0.07～0.18米。内外柱孔略呈45度倾斜。

中部外侧柱孔，呈较大的圆形，直径0.18～0.25米。内侧相距0.35米处为小型的圆形柱

图163　4号古栈桥南岸横柱孔

攀崖阴平道

古道秘踪——古蜀道（青川段）考古调查

图164 碑湾里栈桥柱孔全景

攀崖阴平道

图165　碑湾里栈桥柱孔

孔，直径0.13米，深0.05～0.15米。内外柱孔略呈45度倾斜。

南端外侧柱孔，呈近方形，直径0.2～0.22米，深0.16～0.25米。内侧相距0.17米处为小型的圆形柱孔，直径0.13米，深0.18～0.26米（图164，图165）。

（三）水观音栈阁

位于青溪镇金桥村三组，在金桥河西岸碥道的北端。栈阁位于碥道内侧壁面，上部中间为一较大的拱形方龛，龛高0.74米、底宽0.85、深0.75米，底部距碥道高1.6米。龛的左右两侧各有上、下两个方形横枋孔，左侧上部枋孔高0.17米、宽0.07米、深0.12米；右侧上部枋孔高0.16米、宽0.07米、深0.16米。左侧下部枋孔高0.16米、宽0.06米、深0.14米，与右侧相同。龛底部外侧有左右对称

图166　九龙口方形壁龛

的2个形制相同的小型圆形枋孔，直径0.07米、深0.13米。龛底部正下方有左右2个小型的方形枋孔，高0.09米、宽0.07米、深0.18米。拱形龛左右两侧方孔对应向下的壁面，下部横方孔的下壁面凿有左右对称的立柱方槽，顶部向内收分，立柱方槽0.21米、高1.3米、深0.16米，两立柱方槽相距1.4米。距右侧立柱方槽3.5米处的碥道内侧下部，有1人工开凿的方孔，高0.2米、宽0.18米、深0.18米。距左侧立柱方槽1.2米处的碥道内侧部，有1人工开凿的方形孔，高0.41米、宽0.35米、深0.32米。

（四）九龙口摩崖壁龛

位于青溪镇金桥村四组九龙口，开凿于金桥河西岸碥道内侧的崖壁上。地理坐标为北纬32°14′40.77″，东经104°29′39.30″，海拔1159.7米。为上下2个方形龛，龛内上下左右及正壁面平直，有人工凿痕，上下龛相距0.1米。上部大龛，高0.76米、宽0.64米、深0.3米；下部小龛，高0.42米、宽0.32、深0.1米（图166，图167）。

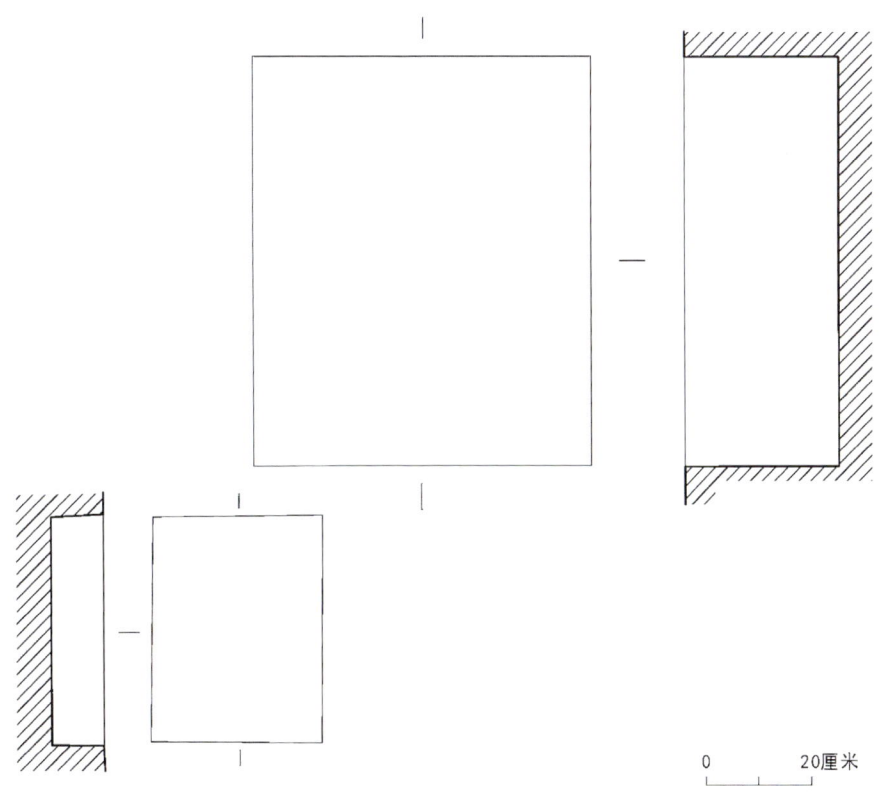

图167　九龙口方形壁龛立剖面图

（五）遗址与遗迹的年代

1.遗址的年代

（1）关隘

① 摩天岭关

清道光《龙安府志》载："摩天关，在县东北一百九十里，魏遣邓艾寇蜀由此。"[12]清雍正《四川通志》载："摩天岭关，在平武县东一百九十里，魏遣邓艾寇蜀由此。"[13]又据《元一统志》："青塘岭在龙州，北到文州，以青塘岭为界，即阴平道。"[14]清顾祖禹撰《读史方舆纪要》："自文州青塘岭至龙州一百五十里，自此而南者，右肩不得易所负，谓之左担路，邓艾伐蜀之道也。"[15]可知，自宋代阴平道又"左担路"。元代划龙州青塘岭北至甘肃文州之道路为阴平道，并以青塘岭为界。清代设立了摩天岭关。现存关址及以南的部分碥道的年代为宋至明清时期。

② 百雄关

据清代道光《龙安府志》载："北雄关，东北一百三十里。"《大明一统志》："在青川所，北接甘肃文县界，稍南为瓦舍坝，相近又有控夷关，万历中增置。"《边防考》："青川所北十里，有大雄山，峻出云表，即北雄关也，近又设控夷关，墙垣营垒完固堪守，稍前为瓦舍坝乃熟番保之住种地，其众性弱，易驯。"按《广舆考》："有思曩按抚司设于此。"[16]明万历年间称之为控夷关，又设立有按抚司。清代称北雄关，今称百雄关。今存东西石砌关墙与关楼，当为明代万历中增置的关隘建筑。

（2）碥道

① 从唐家河保护站以北至摩天岭关之间的碥道，裹毡亭段石砌碥道局部用料较大，应为保留的明代或更早的古道，大部分为清代培修的碥道。

② 将军寨至玄鹤亭段碥道，为保留的明代或清代略晚培修的碥道。

③ 玄鹤亭（河沟段）碥道，为保留的明、清代时期的碥道。

④ 玄鹤亭段碥道，为清代或民国略晚，沿明代路道培修的碥道。

⑤ 水观音碥道，为明代扩宽道，清代、民国沿用。

⑥ 碑湾里碥道，下层为明代或明以前开凿的碥道、栈道。上层为清代、民国时期改道并沿用。其下层碥道与水观音碥道为同一时期扩宽的道路。

（3）青溪古城

现存青石城墙为清代顺治十年（1653）龙安营参将白丹衷在明代城址上复建的城池，出土有明代"洪武二年造"城砖。

2. 遗迹的年代

（1）栈桥立柱孔

① 写字岩栈桥立柱孔

直径较大且深，是摩天岭以南青川、平武境内保存的唯一一处最大的栈桥立柱孔。与摩天岭以北甘肃文县对树村对树湾的栈桥立柱孔形制相同，当为同一时期。相对年代应早于阴平道上已发现的栈桥柱孔。相同形制的柱孔，又见于白龙江中游的景谷道以及白龙江上游即今甘肃文县周家坝栈道，又见于马鸣阁道白龙江（今青川县沙州镇南栈道孔）[17]。据《三国志·魏书》载："冬十月，艾自阴平道行无人之地七百里，凿山通道，造作桥阁。"[18]写字岩栈桥立柱孔与文献记载的三国时期邓艾入蜀的史实相一致，故其开凿的时代为三国时期。写字岩栈桥立柱孔的发现，将改变严耕望、鲜肖威关于阴平道不翻越摩天岭的观点[19]。

② 落衣沟栈桥立柱孔

形制、规格相对较小，初步判断其年代下限为唐、宋时期。但规格大于广元千佛崖石窟前宋代的栈桥立柱孔。

③ 金桥栈桥立柱孔

从柱孔的形制、规格看，1号与3号桥的相对年代早于2号和4号桥。1号柱孔规格又小于3号桥的规格。因此，3号桥的相对年代较早，略晚为1号桥。2号与4号形制规格小于1号、4号，相对年代为4号桥早于2号桥。年代早晚关系为3号桥柱孔最早，其次为1号桥柱孔，再次为4号桥柱孔，最晚为2号桥柱孔。3号桥的年代可能到三国时期，因柱孔规格与写字岩相近。1号桥小于3号桥的规格，因此年代应当略晚。4号桥的年代可能在宋、元时期或略晚，2号桥的年代为明清时期。

④ 碑湾里栈桥柱孔

形制与规格同落衣沟栈桥立柱孔，其年代为同时期，为唐宋时期，其栈孔的相对年代又早于后期开凿扩宽碥道的年代。

（2）水观音栈阁

开凿在碥道扩宽道路的内侧壁面。因此，其年代应当与扩宽碥道同时或略晚，其年代为明代。同类型遗迹又见于陕西宁强县七盘关旧道。七盘关旧道的碥道凿痕与水观音碥道凿痕一致。在关门处保存有石灰糯米浆砌筑的青砖，故两处遗迹的年代应为同一时期。

（3）九龙口摩崖壁龛

由于方龛内无供奉遗物，从后壁面平整、龛形较浅分析，极有可能为民间祭祀山神的牌位方龛，用于存放山神牌位之用，其年代为明清时期。

（五）结语

本次在青川县境内开展的田野考古调查，调查路线为青川县唐家河自然保护区北部的摩天岭—裹毡亭—玄鹤亭—写字岩—落衣沟—青溪古镇—金桥—碑湾里—水观音—九龙口（图168）。新发现遗迹和遗址多处，是白龙江下游右岸支流清水河上游唐家河流域新发现的重要成果。

总体来看，以百雄关、青溪古城遗址为代表的关隘、古城等，与古蜀道金牛道分布的关隘及古城的性质一致，其时代相近或同时。结合文献资料分析与出土文物相印证，其时代为明代，其后又有增建和改建。

本次调查进一步丰富了青川县境内摩天岭关以南沿线阴平道明清及其以前的考古遗存资料，推测复原阴平道路线为，经江油关镇（原南坝镇）至青溪镇，再向北翻越摩天岭，沿白龙江支流东南行至今文县河口村，又沿白龙江向上游，西北方向行至文县。此路线是广汉郡通向阴平郡最短里程的道路。进一步证明了在摩天岭关南北甘肃、四川两个不同地域间的文化交流中，阴平道起到的重要交流通道作用，对阴平道的年代、走向、遗存分布现状的研究具有重要的意义。

从文县翻青塘岭（唐家河摩天岭关）至青川青溪，到江油关必须走平武县阴平道上的驿路，从北往南行，由于山间道路太狭窄，行人身右紧贴崖壁不便负重，只能用左肩挑担前行，所以称之为左担道（图144~图147）。石马山左担道是连接成为阴平道上的文化驿路。如：此驿路开凿于古城镇石马村石马山半山崖壁上，长1100米，山体通高约500米，栈道距涪江沿岸约300米，栈道宽2.1至1.2米，凹洼处高7.2米，残存方形石孔120个。上下数级石梯（图148~图150）；沿左担道而行，道路崎岖不平，部分地方有打凿而成的安全挡墙[20]。再翻越左担山后到江油关后，顺涪江峡谷而下，过石门山，经龙门峡，到今江油市武都镇出山进入平坝。特点是里程近绕开了剑门关，可直接进入四川腹地成都平原。1975年7月，在江油市河西乡普照村出土三件铜弩机，三件铜弩机上均錾刻有文字。其中编号2的铜弩机上錾刻有铭文，2号弩机上錾刻有"景初二年……"铭文（图151~图153）[21]，三件三国时期的曹魏弩机出土在邓艾袭取江油关后直取涪城的路线上，据此可以推测三国时期邓艾的军队经过此道入蜀直取成都历史事实是有实证的。

攀崖阴平道

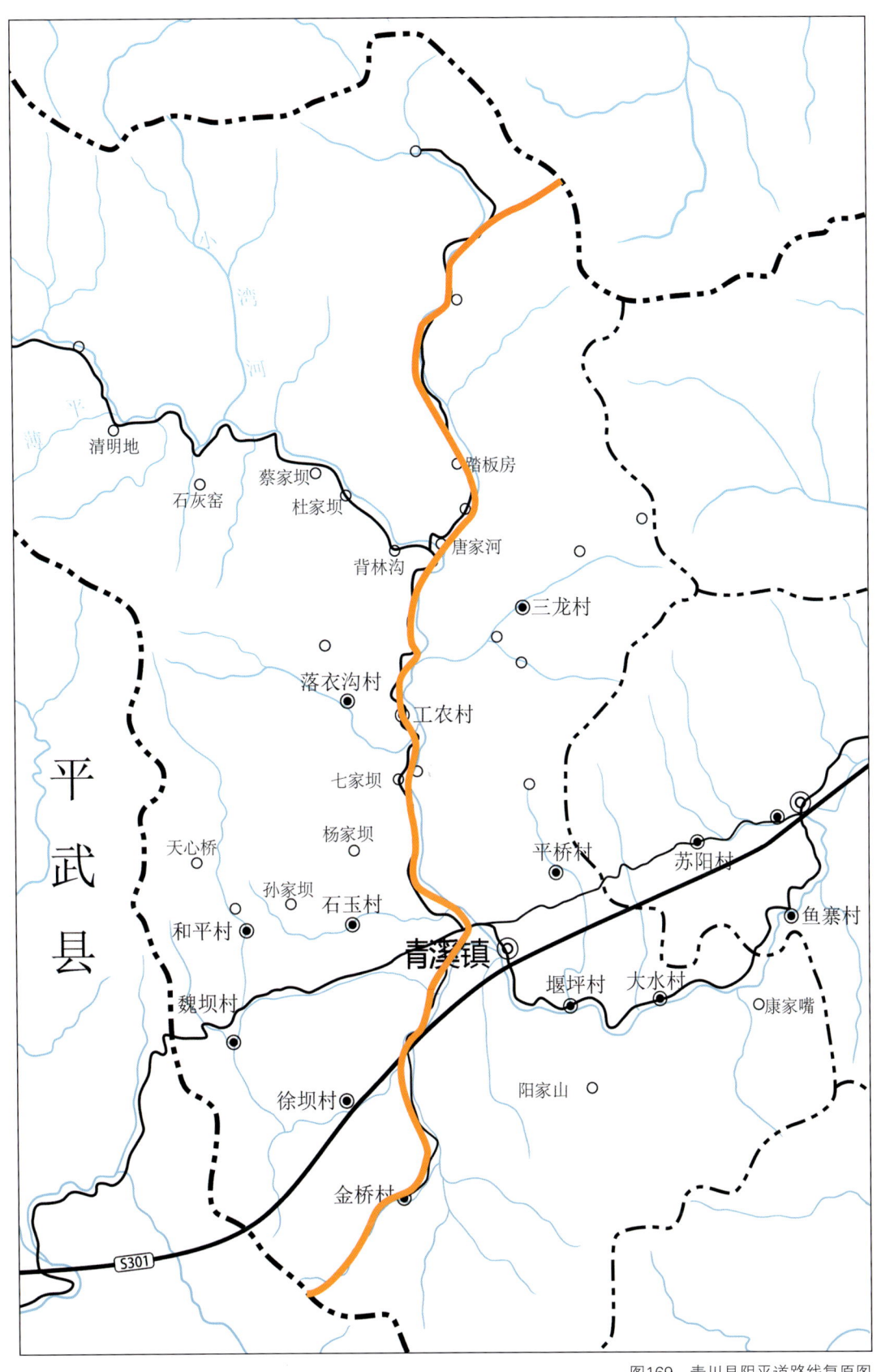

图169 青川县阴平道路线复原图

133

三、三国名将邓艾墓

邓艾墓位于四川剑阁县城北10公里北庙乡孤玉山南麓,墓为土垒,周缘用块石垒砌。墓侧有"彰顺王庙"(彰顺王是五代前蜀王建天汉元年给邓艾追封的谥号),其墓外表系墓冢高2.6米、长宽各7.4米的土堆,边缘用块石垒砌。土堆下是用青石修造的石墓,由于年久失修和人为破坏,墓道已垮塌不清。由墓道入内,有并列二石室,各长3米,宽1.4米,高1.8米,两室间隔3米。墓前有一石碑,其上阴刻"魏大将军邓艾之墓"八个大字,并有小字刻录李申夫《十三峰书屋全集》中有关邓艾被杀经过的记载。距邓艾墓右侧50米处是邓艾庙,其庙始建于唐以前,规模宏大,历代不断扩建维修。今仅存正殿,用作北庙乡小学学生宿舍。王象文《蜀碑》记唐时剑州已有邓艾庙碑,斯庙之兴在唐以前。《剑阁县续志》也有同样内容的记载。20世纪80年代发现的明弘治八年(1495)撰刻的石碑,也对邓艾的死因及邓艾庙祭祀的盛况做了较详细的记载。上述记载说明,邓艾葬于孤玉山在唐以前的文字中已有记载,加之现存坟墓的现状,可以确定剑阁邓艾墓很可能是真墓而不是衣冠墓。

历代的史书也对邓艾葬于孤玉山做了大量记载。明代史学家曹学佺著的《蜀中名胜记》载:"剑阁有《魏太尉邓公神庙记》,唐剑州刺史刑册题。唐刺史郭淮立石。"雍正《剑州志》记载:"彰顺王庙在县北二十里的孤玉山,魏征西将军邓艾庙及邓艾墓在焉(彰顺王是五代前蜀王建天汉元年给邓艾追封的谥号)。"一块明代弘治八年的石碑上也对邓艾的死因及邓艾庙祭祀的盛况做了详细的记载。清代诗人杨端留有《孤玉山吊邓艾墓》一诗。根据《三国志》《四川通史》等有关记载及墓穴被发掘,剑阁县文管所早在1988年第4期的《四川文物》上就曾专门以《剑阁邓艾墓真伪考》为题[22],论证了该墓埋葬邓艾的可能性较大。

攀崖阴平道

图170　平武县江油关镇金林村大地坪组鸣凤山魏家院子西北方向桥沟栈桥石立柱

 古道秘踪 —— 古蜀道（青川段）考古调查

图171 平武县江油关镇金林村大地坪组鸣凤山魏家院子西北方向桥沟栈桥石立柱现状

攀崖阴平道

图172　平武县江油关镇金林村大地坪组鸣凤山魏家院子西北方向桥沟拍摄记录栈桥石立柱

古道秘踪 —— 古蜀道（青川段）考古调查

图173　平武县江油关镇金林村大地坪组鸣凤山魏家院子西北方向桥沟保存石立柱

攀崖阴平道

图174　平武石马村"左担道"石碥道

图175 平武左担道石马村栈道

攀崖阴平道

图176 平武县阴平道上的"左担道"石马村栈道

图177 江油市阴平道上出土景初年号铭文铜弩机

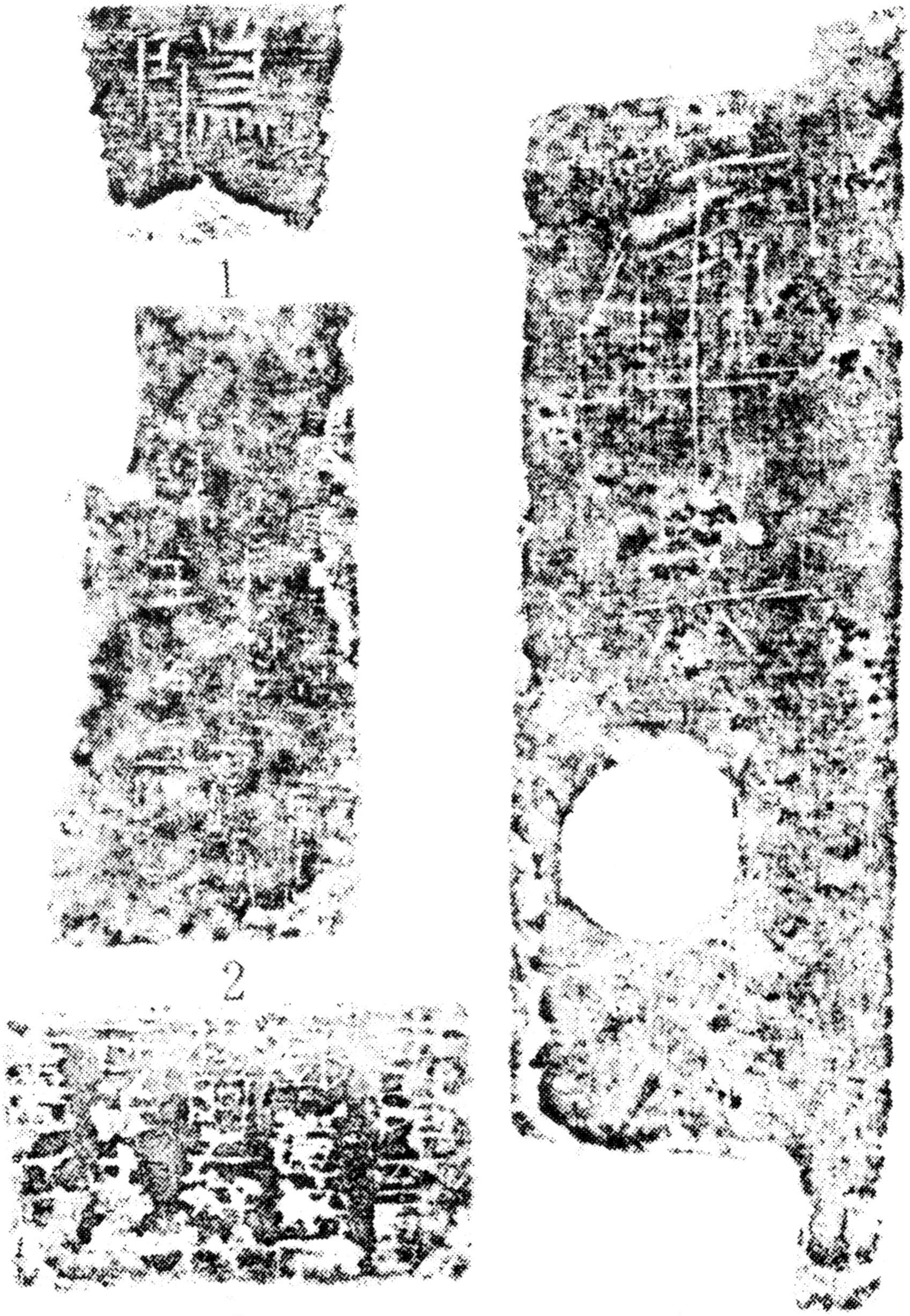

图178　江油市阴平道上出土三件景初年间铜弩机刻铭拓片

攀崖阴平道

图179　江油市阴平道上出土的铜弩机端头錾刻铭文

图180　剑阁县邓艾墓

古道秘踪 —— 古蜀道（青川段）考古调查

图181　剑阁县邓艾墓

注：

[1]《汉书》卷二十八上《地理志》"广汉郡条"，中华书局点校本，第1597页。

[2]《甘肃通志》卷三《建制沿革》："文县，晋阴平郡，永嘉后入氐。"《武阶备志》卷三《郡县治城邑考》："阴平故城在文县，西汉为北部都尉治，晋永嘉后，氐羌据之，不为正朔所颁，故江左诸志不载，西魏平蜀，始置文州于卢北郡，又置阴平郡治曲水。"

[3]张家山二四七号汉墓竹简整理小组：《张家山汉墓竹简》（二四七号墓）修订本。文物出版社2006年，第79页。

[4]李炳忠：《高颐阙图刻述略》，《书法丛刊》2013年3期，文物出版社，2013年，第47页。

[5]沈仲常：《四川昭化宝轮镇南北朝时期崖墓》，《考古学报》1959年2期，第109页。

[6]参阅龚熙春：《四川郡县志》卷一、二、三，成都茹古书局刊本。

[7]沈仲常：《四川昭化宝轮镇南北朝时期崖墓》，《考古学报》1959年2期，第123页。

[8]阴平村：又名阴平坝。据乾隆四十五年《梓潼县志》记载："阴平废县，县西一百六十里。汉置。按此则梁州之北阴平也。晋没于氐。梁天监十四年，魏入侵蜀。蜀将任太洪自阴平入魏晋寿，诱氐羌绝魏连路。十五年，将军王光昭与魏战于阴平，即此。后魏改郡曰阴平。县曰龙安。隋初废郡，仍改县为阴平，属普安郡。唐属剑州，宋因之。元废。"见1999年梓潼县地方志办公室重印本第6页，《古迹》阴平废县条。

[9]四川省文物考古研究所、江油市文物管理所：《江油小溪坝阴平遗址发掘报告》，《四川文物》2004年增刊，第144页。《读史方舆纪要》卷七十三《平武县阴平城》说："宋曰文州，为古阴平，魏晋之阴平郡及阴平县治也。永嘉末其氐羌并属杨茂搜，于是有南阴平郡属寓汉中者，亦于梁州立南北二阴平郡。剑州之阴平，即宋置北阴平郡也。"转引自李祖桓：《仇池国志》第227～229页。又见《江油》县志》，四川人民出版社，1999年，第68页。

[10]李龙：《阴平道考略》，《成都大学学报》〔社科版〕

2017年1期。

［11］黄家祥：《宝珠寺水库淹没区文物调查记》，《四川文物》1992年3期。

［12］［清］邓存咏等纂修：《（道光）龙安府志》卷二《舆地·关隘》，《中国地方志集成·四川府县志辑》第14册，巴蜀书社，1992年，第636页。

［13］［清］黄廷桂等监修，张晋生等编纂：《（雍正）四川通志》卷四《关隘》，文渊阁《四库全书》本，第559册，台湾商务印书馆，1983年，第181页。

［14］［元］李兰肸等撰，赵万里校辑：《元一统志》卷五《山川》，中华书局，1966年，第512页。

［15］［清］顾祖禹撰：《读史方舆纪要》卷七三《四川八》，中华书局，2005年，第3399页。

［16］［清］邓存咏等纂修：《（道光）龙安府志》卷二《舆地·关隘》，《中国地方志集成·四川府县志辑》第14册，第636页。

［17］黄家祥：《宝珠寺水库淹没区文物调查记》，《四川文物》1992年3期。

［18］《三国志》卷二八《魏书·邓艾传》，中华书局，1971年，第779页。

［19］鲜肖威：《阴平道初探》，《中国历史地理论丛》1988年2期。

［20］何鹏 任银：《蜀道文化上的阴平道——浅谈平武县的阴平道》，刊载《知识——力量》2018年9期。

［21］黄石林：《四川江油出土三件有铭铜弩机》，《文物》1994年6期。

［22］王兴志、杨仕甫：《剑阁邓艾墓真伪考》，《四川文物》1988年4期。

田野考察日记

古蜀道（青川段）田野考古调查日志

李 蓉

2020年11月17日　天气：晴

为调查厘清古蜀道"青川段"交通路线，更好发挥古蜀道的历史文化价值和学术研究意义，为青川旅游发展提供文化支撑，进一步推动青川更深层次融入大蜀道旅游环线，在县委、县政府的高度重视和大力支持下，我所邀请省、市考古专家会同县文物管理所人员，开展古蜀道（青川段）田野考古调查工作。

调查工作于今天正式启动。早上8点30分，县文化旅游和体育局局长杜建平召集调查人员开会。要求：一是全体调查人员要注意人身安全；二是每天通过微信公众号、媒体、电视台等做好新发现的宣传报道；三是县文物管理所要切实保障交通用车、吃、住等调查所需用品，规划好调查线路，与县域内相关部门及相邻市、州提前做好衔接，以便于调查工作顺利进行；四是全体调查人员与局相关领导集体合影。

参加本次调查的人员：

黄家祥　四川省文物局专家库专家、研究员

唐志工　广元市皇泽寺博物馆馆员

刘鹏成　广元市文物局硕士

李　蓉　青川县文物管理所所长、馆员

孙　禹　青川县文物管理所助理馆员

杨凯奇　青川县文物管理所职员

吴　涛　两届《中国国家旅游》"至所未致奖"获得者、"中国十大古道"评选负责人

吴义平　N3040古道联盟装备部部长

冷林蔚　《十月少年文学》责任主编、《行知笔记》项目发起人

周光虎　县融媒体中心记者

陈　杨　县融媒体中心记者

党官海　县机关事务服务中心司机

何兴顺　县机关事务服务中心司机

何代利　县机关事务服务中心司机

上午10点从青川县城乔庄出发，青溪午餐，今天的任务主要是调查青溪镇境内阴平古道唐家河保护区段。

唐家河保护区段新发现：

1. 裹毡亭段。古道位于唐家河保护站以北山谷地段。在现代小桥以北，沿新建步游道的右侧前行，长约70米、宽1.5米，梯步高0.2~0.28米、梯踏步宽0.26米。走向明确，每个梯步由2~3块青石板铺成，石板较小，踏步较窄，坡度较大。

2. 玄鹤亭段。古道位于唐家河保护站以北，在新建步游道左侧，长约30米、宽约1米。路基明显，保存较好，走向明确，古道内侧有青石砌筑较低矮的护墙。

3. 玄鹤亭段（河沟段）。古道位于唐家河保护站以北，在新建步游道右侧小河沟里，沿溪流并行，两侧山石陡峭，长约30米、宽约3米，走向明确。

4. 将军寨至玄鹤亭段。古道位于唐家河保护站以北山谷地段，在新建步游道左侧，长约50米、宽1.5米，路基明显，保存较好，走向明确，由2-3块青石板铺成。

青溪晚餐、入住、整理今天资料。

2020年11月18日　天气：晴

一早起床退房、早餐，今天继续青溪境内的调查。

1. 在市级文物保护单位——落衣沟桥下面新发现栈桥立柱孔。东经104°49′26.94″，北纬32°30′26.09″，海拔1076米。栈桥立柱孔开凿于小溪流与唐家河交汇处的一巨石上，巨石长4.1米、宽2.7米。邻近水面柱孔直径0.2~0.21米，孔深0.15~0.19米，上部栈孔直径0.23米、孔深

0.1~0.13米，两孔间距1.1米，初步分析年代与早期阴平古道栈桥有关。

2. 在青溪镇落衣沟村四组，新发现写字岩栈桥立柱孔。地理坐标东经104°49′32.44″，北纬32°32′28.64″，海拔1128米。在公路内侧崖壁上原刻有"邓艾过此"四字，于1964年修建青唐公路时损毁。此处现新刻"邓艾过此"，又称"写字岩"。栈桥柱孔遗迹分布在公路外侧下方的河滩基岩之上，现存三个柱孔，与河流走向一致，立柱孔平面呈圆形，直径0.34~0.56米、深0.2~1.3米，编号为1号的栈孔与2号栈孔间距3.6米，2号与3号栈孔间距4.6米。

3. 在唐家河保护区内的百雄关，又名控夷关、北雄关。坐标：东经104°47′3″，北纬32°34′18″，海拔1390米。关隘坐北朝南。

关门东西两侧关墙沿山脊砌筑保存完整。关门建筑用灰绿色云母岩石块砌筑而成。南门宽2.5米，长0.95~1.15米。北门宽1.7米，长1.05米。门厅长5.75米，宽3.32米，高3米，用石灰糯米浆砌筑。在关门东侧近关门处为夯土关墙，墙体中含有红烧土和木炭颗粒，长56.8米、高0.4米、宽0.9米，远处为石砌关墙，长34.9米、宽0.6~0.8米、高0.3~1米。在关墙的东侧近关门处有两道石砌带门道的墙体，高约1米不等。在关门的两侧，保存石砌关墙，墙体较长，沿山脊修筑至山峰，长55米、宽0.5~1.6米、高0.9~1.6米。在近关门处，局部地段利用自然岩石作墙体屏障。关门北侧为现代新修建的石板梯步道。关门南侧保留有古代"之"字形小道。在关门东侧存有清代嘉庆六年当地族人施舍、出卖鹅嘴地土地碑一通。

百雄关遗址是阴平道上保存最完整的关隘遗址，对研究明代川北地区汉、番、羌民族发展的历史极为重要。部分地段碥道保存完整，对研究川北地区古蜀道具有重要的参考价值。青溪古城对研究明代川北地区的民族历史，具有重要的研究价值。

4. 位于青溪镇以南，青溪镇金桥村一组徐坝河上，新发现栈桥立柱孔。

地理坐标为东经104°29′33.03″，北纬32°15′44.10″，海拔1029米。从徐坝河河口向上游依次分布1号古栈桥立柱孔，2号古栈桥横柱孔，清代石拱桥，3号古栈桥立柱孔，4号古栈桥横柱孔。

1号古栈桥立柱孔

位于新公路桥南端外侧南岸基岩上，仅存一个立柱孔，直径约0.35米。

2号古栈桥横柱孔

位于新公路桥内侧南北两岸。南岸栈桥柱孔呈圆形，直径0.17~0.2米，孔深0.2~0.35米。栈孔左侧有梯步两道，宽0.53米、高0.25米。北岸栈桥柱孔分布呈上、中、下三排，分布范围高1.3米、宽3.35米。下排栈桥柱孔为4个，呈圆形，横向等距分布，直径0.2米，深0.1~0.27米。中排栈桥柱孔为10个，右侧4个呈方形，直径0.2~0.35米，深0.11~0.14米，左侧6个呈圆形，直径0.16米，深0.17米。上排栈桥柱孔为10个，右侧4个呈方形，直径0.2~0.35米，深0.11~0.14米，左侧6个呈圆形,直径0.17~0.20米,深0.17米。

3号古栈桥立柱孔

位于清代石拱桥——青溪金桥（市级文保单位）上游,距下游2号古栈桥柱孔约10米。南岸栈桥柱孔2个,一大一小,邻河边为圆形柱孔,直径0.33米,深0.2米,内侧为大型的近方形柱孔,直径0.55米,深0.35米,方位北偏东30度。栈孔右侧有梯步两道。北岸栈桥柱孔位于紧邻河边的基岩上,4个大型柱孔呈一字形沿河流方向排列。左侧第一个柱孔近方形,直径0.45米,深0.25~0.5米。右侧三个呈圆形栈桥柱孔,直径0.4~0.45米,深0.34米,间距0.55~0.75米。栈桥立柱孔外侧为人工开凿的平台,长4.1米,宽0.5~0.65米,内侧壁高0.2~0.35米,距水面高0.55米。栈桥柱孔左侧有人工开凿的梯步七级,宽0.5~0.55米,梯步高0.1~0.2米,梯踏步宽0.15~0.3米,梯步高差1.5米。

下午2:30左右午餐,饭后在青溪古城墙等处进行调查走访,据原青溪小学校长段炳华介绍,青溪小学有一顶明代铜钟,小偷多次想进入青溪小学进行偷窃行为,未能得逞。为妥善保管,在自己退休之前交由青溪镇保管,以防丢失。

于是,调查人员来到青溪镇,在文化干部喻洁的多方沟通下,我们见到了保存于镇财税所库房铜钟。经黄家祥、唐志工等专家仔细查看,认为此件铜钟年代至少可以定为明代,应由县文物部门收集保管,便于妥善保存、研究。

下午6:00左右,驱车前往平武县,入住平武县,便于明天开展调查。

2020年11月19日　天气：晴

早上7点起床,早餐、退房。8:30准时出发,在平武县报恩寺博物馆馆长、文物管理所所长任银、郑昉、李诗嘉的陪同下,调查人员驱车前往平武与青川阴平道线路接壤的江油关镇（原南坝镇）金林村。

在金林村新发现:

栈桥石柱状桥墩。一号石柱高0.62米,宽0.3米,厚0.28米,方形柱孔宽0.34米,长0.35米,深0.28米;二号石柱,高0.84米,长0.4米,宽0.36米,方形柱孔长0.36米,宽0.32米,深0.22米。开凿于一巨大岩石顶部,成横向分布,为今后研究方形栈桥柱孔遗迹提供了实物例证,今天简直就是收获满满。

晚上8:30左右到达青溪。青溪晚餐、入住，整理资料。

2020年11月20日　天气：晴

今天真的是时间紧、任务重，调查组人员中的黄家祥、唐志工、李蓉三人至少下午6点左右要赶到广元报到，参加明天"第三届四川省武则天研究高峰论坛暨首届四川女性历史名人研究学术研讨会"。

8:30准时出发，今天还是在青溪境内的金桥村。

1. 在碑湾里新发现——栈桥柱孔。位于碑湾里下层古道中部偏北处，在碥道的外侧崖面分布一大一小成组的三组栈桥立柱孔，依次由北向南沿河流分布。碥道宽1.1米，北端栈桥柱孔，外侧为较大的圆形柱孔，直径0.18米，深0.25米。内侧相距0.24米处为小型的圆形柱孔，直径0.12米，深0.07～0.18米。内外柱孔略呈45度角倾斜。中部栈桥柱孔，外侧为较大的圆形柱孔，直径0.18～0.25米，内侧相距0.35米处为小型的圆形柱孔，直径0.13米，深0.05～0.15米。内外柱孔略呈45度角倾斜。南端栈桥柱孔，外侧为较大的近方形柱孔，直径0.2～0.22米，深0.16～0.25米，内侧相距0.17米处为小型的圆形柱孔，直径0.13米，深0.18～0.26米。

2. 在青溪镇金桥村三组新发现——水观音栈阁遗迹。栈阁位于金桥河西岸碥道的北端，栈阁位于碥道内侧壁面，上部中间为一较大的拱形方龛，龛底距碥道高1.6米，龛高0.74米，底宽0.85米，深0.75米。龛的左右两侧各有上、下两个方形横枋孔，左侧上部枋孔高0.17米，宽0.07米，深0.12米，右侧上部枋孔高0.16米，宽0.07米，深0.16米。左侧下部枋孔高0.16米，宽0.06米，深0.14米，与右侧相同。在龛底部外侧有左右对称的两个小型圆形枋孔，直径0.07米，深0.13米。两柱孔形制相同。在龛底部正下方有左右两个小型的方形枋孔，高0.09米，宽0.07米，深0.18米。

在拱形龛左右两侧上下方形横枋孔对应向下崖壁面，下部横方孔之下壁面凿有左右对称的立柱方槽，顶部向内收分，两立柱方槽相距1.4米，立柱方槽宽0.21米，高1.3米，深0.16米，距右侧立柱方槽3.5米处的碥道内侧下部有一个人工开凿的方形孔，高0.2米，宽0.18米，深0.18米。距左侧立柱方槽1.2米处的碥道内侧下部有一人工开凿的方形孔，高0.41米，宽0.35米，深0.32米。

3. 在青溪镇金桥村四组九龙口新发现——摩崖方形壁龛。开凿于金桥河西岸碥道内侧的崖壁上，地理坐标为东经104°29′39.30″，北纬32°14′40.77″，海拔1159.7米。为上下两个方形龛，龛内上下左右及正壁面平直，有人工凿痕，上下龛相距0.1米。上部大龛高0.76米，宽0.64米，深0.3

米。下部小龛高0.42米，宽0.32米，深0.1米。

6:30到达广元万达嘉年华酒店报到。

2020年11月21日　天气：晴

今天，按照会议安排准时参会，下午参观了皇泽寺博物馆。

2020年11月22日　天气：晴

按照会议议程，今天会期半天，上午参观了广元市博物馆、千佛崖博物馆。

调查人员一并考察了千佛崖园区内的金牛道遗址。感谢千佛崖博物馆馆长王剑平热情的讲解，并与调查人员合影。

在广元万达嘉华酒店午餐后，我们全体人员一行驱车到广元境内的昭化区天雄关查看金牛道遗址、遗迹。

下午6:30到达剑阁，剑阁晚餐、入住，便于第二天对相邻县剑阁县境内进行调查。

2020年11月23日　天气：晴

今天在剑阁县文物管理所所长王朝辉、薛玉辉的陪同下，在剑阁境内详细查看了解金牛道遗址、遗迹及走向情况。

下午2:30，剑阁午餐后开车前往江油李白纪念馆查看江油馆藏文物——弩机等相关出土文物情况，并了解江油境内阴平道等相关遗址遗迹，晚上住江油。

晚餐后，我回青川，第二天（24日）随同市领导到北京国家文物局出差。

2020年11月26日　天气：晴

今天中午13:00左右我返回青川，随同调查人员一起驱车前往陕西宁强县，宁强县原文物管理所所长窦友华在陕西宁强的安乐河镇接到了我们，在窦所长的带领下，沿途查看了沿线金牛道遗址、遗迹点（龙门洞、三泉县旧址、潭毒关遗址、阳平关码头遗址），详细了解了金牛道由宁强至青川的走向。

晚上8:30到达宁强，晚餐、入住宁强。

2020年11月27日　天气：晴

早上8:30出发，在宁强县文化和旅游局副局长周成华、县文物管理所所长李三煜、窦友华、彭艳的陪同下，今天在宁强境内详细了解并查看了古金牛道线路及遗址、遗迹（七盘关遗址、古汉源、金牛峡、禹王宫、石窝金等）。

随后驱车到汉中石门栈道，详细了解并查看石门栈道遗址、遗迹，晚上住汉中。

2020年11月28日　天气：晴

8:30到汉中市博物馆及汉台遗址等详细了解金牛道出土文物情况及碑刻记载，晚上住广元。

2020年11月29日　天气：晴

早上8:30广元出发，沿白龙江东岸至紫兰坝、飞鹅峡至三堆镇和白龙湖大坝、金洞乡偏桥子栈道、干龙洞栈孔，沿线栈孔遗迹已被水淹没。到文县县城已晚上7点半，住文县。晚上与文县文体广电和旅游局局长尤桃元、副局长符文学、文化馆长罗愚频、党史、县志办等领导、专家详细了解文县境内阴平道遗址、遗迹。

2020年11月30日　天气：晴

早上8:30出发，在文县文体广电和旅游局副局长符文学、文化馆副馆长池明赟的陪同下，实地查看了文县境内阴平道情况以及当地对古道的保护利用情况。

2020年12月1日　天气：晴

上午9:00，青川县行政中心二楼一会议室，召开古蜀道（青川段）田野考古调查工作成果汇报会。

青川县县委书记罗云，县委常委、宣传部部长陈明忠、县政府副县长段菲、县级部门、乡镇主要负责人，调查组全体专家、成员等参加了汇报会。

首先：会议由县委常委、宣传部部长陈明忠主持。

1、县人民政府副县长段菲同志介绍古蜀道的历史文化价值。

2、县文物管理所所长李蓉同志通过PPT汇报本次古蜀道（青川段）田野考古调查工作情况。

3、市文物专家、皇泽寺博物馆馆员唐志工对本次调查的初步成果、价值、学术意义作专业介绍。

4、省文物局专家库专家、研究员黄家祥对本次调查工作做阶段性小结。

最后，青川县县委书记罗云同志讲话。

罗云说，对各位专家和人员的辛勤付出表示衷心感谢！今天，我们在这里召开青川县古蜀道（青川段）田野考古调查工作汇报会，目的在于了解此项工作开展情况、听取古蜀道（青川段）田野考古调查成果，同时在各位专家、领导的指导下，群策群力，促进考察成效最大化，为推动青川早日实现"三大目标"提供强大文化力量支撑。

同时，要求所有参会人员要充分认识古蜀道所承载的历史、文化、社会及经济价值及意义，发扬"不畏艰险、勇于探索、百折不挠、无私奉献"的蜀道精神，以古道、城镇、景区为主要载体，积极推进蜀道文化和旅游深度融合，将青川蜀道文旅品牌建设纳入全省大蜀道文化旅游品牌体系，形成具有示范意义的通道型线性文化遗产廊道，为奋力推动青川加快建设成为嘉陵江上游大蜀道腹地高颜值高质量发展的生态硅谷而贡献文化力量。

古蜀道（青川段）田野考古调查日志

唐志工

2020年11月15日　星期天　晴

准备到青川县调查古蜀道（青川段）所需的工具。

2020年11月16日　星期一　阴

上午：到单位请公休假，中午12:50乘车（南河汽车站）到青川县城，到青川县城后又到宾馆与省考古院黄家祥老师见面。其后，到文管所与李蓉所长见面。李所长先谈了此次调查的计划和方案，黄老师指出了修改建议，计划先从青川以西的青溪镇、唐家河进行调查。再调查平武境内古道的走向。向北到甘肃文县、碧口、姚渡、沙州。又向东至陕西省宁强县广坪镇、燕子贬、略阳以南的宁强、勉县、汉中。沙州以南的白龙江流域至宝珠寺电站大坝以下的三堆镇、飞鹅峡段沿江古道，沿嘉陵江的行政区域，包括朝天区、利州区、昭化区、剑阁县及其境内的与青川相邻地域古道的走向与文物保护点及保护单位的情况。并对史前人类活动的遗址一起进行调查。其后又与县局王副局长见面，又交流了此次调查活动的行程与具体工作意见，最后形成了统一的意见。在调查后做一个PPT，一个综合汇报资料，一些能在省级专业期刊发表的成果。

晚上住青川县城。

2022年11月17日　星期二　阴

上午：8点又与县文旅体局局长见面并交流，在广场合影，其后又从县城出发到青溪古镇，于中午12点到达青溪古镇的阴平村。

下午：在阴平村吃过午饭，沿唐家河向北进入保护区，现在保护区内的公路基本沿古代的道路方向前行，多数路段重叠，局部保留有古代的道路。

至唐家河保护站，开始调查保护站以北至摩天岭地段的古道。

1. 在保护站以北不远处，右侧公路上方有一处洞穴，位置较高，公路距洞口高约10至20米，无法进洞调查。为岩体崩塌形成。

2. 裹毡亭段碥道

位于唐家河保护站以北山谷地段，在现代小桥以北沿新建步游到的右侧前行，为山坡地段，长约70米，宽1.5米，梯步高0.2米至0.28米，踏步宽0.26米，走向明确，每个梯步由2至3块青石板铺成，石板较小，踏步较窄，坡度较大。

在该段道路南端的左侧，发现一处人工石砌的建筑墙体，残高1.5米。原0.7米至0.8米。平面呈曲尺形，初步估计年代为明清时期，为古道沿线修建的人、畜歇脚之地点。

3. 将军寨自玄鹤亭段碥道

位于唐家河保护站以北山谷地段，在新建步游道左侧，长约50米，宽1.5米，路基明显，保存较好，走向明确，由2至3块青石板铺成。

4. 玄鹤亭段（河沟段）

位于唐家河保护站以北，在新建步游道右侧小河沟里，沿溪流并行，两侧山石陡峭，长约30米，宽约3米，走向明确。该段由黄家祥老师发现。

5. 玄鹤亭段

位于唐家河保护站以北，在新建步游道左侧，长约30米，宽约1米，路基明显，保存较好，走向明确，古道内侧有较低矮的青石砌筑护墙。

6. 玄鹤亭北端建筑基址

在玄鹤亭北端，现代步游道的右侧，发现一处人工砌筑的建筑基址，基址平面呈横长方形，外侧人工用石块砌筑一层基础，高约0.5米，面阔约10米。进深约5米，可能为摩天岭关南侧的第一处驿站点。

7. 驿站北古道

在驿站北的山坡地段，又发现一段位于步游道东侧河西侧的古道，方向、位置、长度明确。至摩天岭关有四处。

8. 摩天岭关，又名青塘岭。地理坐标为北纬32°22′31.83″，东经104°30′56.73″，海拔2211.6米。关楼为现代建筑，坐北朝南，东西两侧沿山脊新建有木栈道。北侧为甘肃文县境，南侧为四川青川县境唐家河自然保护区。南侧新建有石板阶梯道路，古道路基位于新建道路的右侧上方，局部保存较好。

通过观察。摩天岭关山脊北侧险要。南侧平缓，北寒南暖，为气候的分界线。

晚上住青溪古镇。

2020年11月18日　星期三　晴

1. 落衣沟

位于唐家河保护区，在青溪镇落衣沟村二组，新公路桥下巨石上。地理坐标为北纬32°30′26.09″，东经104°49′26.94″，海拔1076米。栈桥立柱孔开凿于小溪流与唐家河交汇处的一巨石上，巨石长4.1米，宽2.7米。巨石上部的栈孔直径0.23米，孔深0.1米至0.13米，邻近水面的柱孔直径0.2米至0.21米，孔深0.15米至0.19米。两孔间距1.1米。

2. 写字岩

位于唐家河保护区内，在青溪镇落衣沟村四组，地理坐标为北纬32°32′28.64″，东经104°49′32.44″，海拔1128米。内侧崖壁上原刻有"邓艾过此"4字，于1964年修建青唐公路时损毁。此处现新刻"邓艾过此"。

栈桥柱孔遗迹分布在公路外侧下方的河滩基岩之上，现存3个柱孔，与河流走向一致。立柱孔平面呈圆形。直径0.34米至0.56米，深0.2米至1.3米。1号孔与2号栈孔间距3.6米，2号与3号栈孔间距4.6米。

3. 百雄关

百雄关，又名控夷关，北雄关。地理坐标为北纬32°34′18″，东经104°47′3″，海拔1390米。关隘坐北朝南。方位15°。

关门由灰绿色云母岩石块砌筑而成。南门宽2.5米，长0.95米至1.15米，北门宽1.7米，长1.05米。门厅用石灰、糯米浆砌筑，长5.75米，宽3.32米，高3米。

关门东西两侧为石砌关墙，沿山脊修筑至山峰，西侧长0.55米，宽0.5米至1.6米，高0.9米至1.6

米。东侧进关楼处为夯土关墙，墙体中含有红烧土和木炭颗粒，长56.8米，高0.4米，宽0.9米。远处为石砌关墙。长34.9米，宽0.6米至0.8米，高0.3米至1米。

在关墙的东侧近关门处有两道石砌带门道的墙体，高约1米，进关门处，局部地段利用自然岩石作墙体屏障。

关门北侧为现代新修的石板梯步道，关门南侧保留有古代"之"字形小道，关门东侧存有清嘉庆六年（1801），当地族人施舍、出卖鹅嘴地土地碑1通。

4. 金桥栈桥立柱孔

位于青溪镇以南，青溪镇金桥村一组徐坝河上。地理坐标为北纬32°15′44.10″，东经104°29′33.03″，海拔1029米。从徐坝河河口向上游依次为1号古栈桥立柱孔、现代公路桥、2号古栈桥横柱孔。

1号古栈桥立柱孔

位于新公路桥南端外侧南岸基岩上。仅存1个立柱孔，直径约0.35米。

2号古栈桥横柱孔

位于新公路桥内侧南北两岸。南岸栈桥柱孔呈圆形，直径0.17米至0.2米，孔深0.2米至0.35米，栈孔左侧有梯步两道，宽0.53米，高0.25米。

北岸栈桥柱孔分布呈上、中、下三排，分布范围高1.3米，宽3.35米，下排注孔4个，呈圆形，横向等距分布，直径0.2米，深0.1米至0.27米。中排柱孔10个，右侧4个呈方形，直径0.2米至0.35米，深0.11米至0.14米。左侧6个呈圆形，直径0.16米，深0.17米。上排柱孔10个，右侧4个呈方形，直径0.2米至0.35米，深0.11米至0.14米。左侧6个呈圆形，直径0.17米至0.2米、深0.17米。

晚上住平武县城。

2022年11月19日　星期四　晴

上午：在平武县文物管理所任银所长陪同下参观平武报恩寺。于上午11点到达平武以南的江油关镇，参观了镇上新建的碑刻长廊和新建的关楼。其后，到达江油关镇北面的店房岭附近。参观了一段古道，为土路，局部地段为山沟，可见石梯与自然岩石上雕凿的梯步。

在江油关镇金林村大地坪组鸣凤山魏家院子西北方向桥沟里，由黄家祥老师发现了两块人工打制的石柱，立于小溪的巨型石块之上，为榫卯结构。当为新发现的，且保存较好的古道上栈桥石柱的原始状态。应该是目前四川境内唯一保存较好的栈桥石柱遗址。对研究古道栈桥立柱的结构、用材具有重要的参考价值。

1号方孔：宽0.34米，长0.32米，深0.22米，柱高0.84米，柱体平面近方形。长0.4米，宽0.36米。

2号方孔：宽0.35米，长0.34米，深0.28米，柱高0.62米，柱体平面近方形，长0.3米。宽0.28米。

晚上住青溪古镇。

2020年11月20日　星期五　阴天

上午：调查位于青溪镇金桥村四组碑湾里碥道。呈南北走向，可分上下两层古道，上层古道长约150米，路面宽1.9米至2.5米，高2.3米，内侧人工凿壁痕迹明显。上层路面与下层古道高差5米至10米，下层古道近小河水面，南北长约100米，内侧壁面人工凿痕明显，宽1米至1.1米，凿痕高0.5米至6米。

碑湾里栈桥立柱孔位于下层古道中部偏北处，在碥道的外侧崖面分布一大一小组成的3组栈桥立柱孔，依次由北向南沿河流分布，碥道宽1.1米。

北端外侧柱孔，呈较大的圆形，直径0.18米，深0.25米，内侧相距0.24米处为小型的圆形柱孔，直径0.12米，深0.07米至0.18米，内外柱孔略呈45度倾斜。

中部外侧柱孔，呈较大的圆形，直径0.18米至0.25米，内侧相距0.35米处为小型圆形柱孔，直径0.13米，深0.05米至0.15米。内外柱孔略呈45度倾斜。

南端外侧柱孔，近方形，直径0.2米至0.22米，深0.16米至0.25米。内侧相距0.17米处为小型的圆形柱孔，直径0.13米，深0.18米至0.26米。

水观音碥道位于青溪镇金桥村三组水观音地段，开凿于小河西岸的崖壁上，呈南北走向。地理坐标为北纬32°14′43.11″，东经104°29′39.11″，海拔1147.6米。保存完整，内侧有排水沟，宽0.11米至0.2米，深0.05米至0.14米。在土地庙以北的壁面开凿有栈阁建筑遗迹。古道长约80米，宽3.5米，内侧人工凿壁高2.4米，下距河平面7.8米。

水观音栈阁位于青溪镇金桥村三组，在金桥河西岸碥道的北端。栈阁位于碥道内侧壁面，上部中间为一较大的拱形方龛，龛高0.74米，底宽0.85米，深0.75米。底部距碥道高1.6米。

龛的左右两侧各有上、下两个方形横枋孔，左侧上部枋孔高0.17米，宽0.07米，深0.12米。右侧上部枋孔高0.16米，宽0.07米，深0.16米。左侧下部枋孔高0.16米，宽0.06米，深0.14米，与右侧相同。

龛底部外侧有左右对称的两个形制相同的小型圆形枋孔，直径0.07米，深0.13米。龛底部正下方有左右两个小型的方形枋孔，高0.09米，宽0.07米，深0.18米。

拱形龛左右两侧方孔对应向下的壁面，下部横方孔的下壁面凿有左右对称的立柱方槽，顶部向内收分，立柱方槽宽0.21米，高1.3米，深0.16米，两立柱方槽相距1.4米，距右侧立柱方槽3.5米处的碥道内侧下部，有1个人工开凿的方形孔，高0.41米，宽0.35米，深0.32米。

九龙口摩崖壁龛位于青溪镇金桥村四组九龙口，开凿于金桥河西岸碥道内侧的崖壁上，地理坐标为北纬32°14′40.77″，东经104°29′39.3″，海拔1159.7米。为上下2个方形龛，龛内上下左右及正壁面平直，有人工凿痕，上下龛相距0.1米，上部大龛，高0.76米，宽0.64米，深0.3米。下部小龛，高0.42米，宽0.32米，深0.1米。

中午在三锅镇吃完午饭后，返广参加川师大与广元举办的武则天学术研讨会报到。

2020年11月21日　星期六　阴

上午：开幕式演讲。

下午：参观皇泽寺，分组讨论。

2020年11月22日　星期天　小雪

上午：参观市博、千佛崖石窟及窟前古道。

中午：吃过午饭，又出发到昭华区天雄关，测绘了两个古道的踏步，位于天雄关北侧，踏步长1.45米至1.6米，宽3.2米，高0.2米。每个踏步前为门槛石，每级踩踏面由前后两组石板左右横向平铺而成，大致由四块或六块之间组成。当为较早时期修造的路面。

晚上住剑阁新县城。

2020年11月23日　星期一　阴

上午：沿雷鸣谷到剑门关考察古道至石洞沟。

下午：到江油市李白纪念馆参观三国时期的文物。

晚上住江油。

2020年11月24日　星期二　阴

上午：从江油到青溪镇，继续对金桥古代栈桥遗址作调查。

3号古栈桥立柱孔

位于清代石拱桥青溪金桥上游，距下游2号古栈桥柱孔约10米。

南岸柱孔2个，北偏东30度，邻河边为圆形柱孔，较小，直径0.33米，深0.2米，内侧为近方形柱孔，较大，直径0.55米，深0.35米，栈孔右侧有梯步两道。

北岸柱孔位于紧邻河边的基岩上，4个大型柱孔呈一字形沿河流方向排列。左侧第一个柱孔，近方形，直径0.45米，深0.25米至0.5米。右侧三个栈桥柱孔，呈圆形，直径0.4米至0.45米，深0.34米，间距0.55米至0.75米。北岸栈桥立柱孔外侧为人工开凿的平台，长4.1米，宽0.5米至0.65米，内侧壁高0.2米至0.35米，距水面高0.55米。左侧有人工开凿的梯步七级，宽0.5米至0.55米，梯步高0.1米至0.2米，梯踏步宽0.15米至0.3米，梯步高差1.5米。

4号古栈桥横柱孔

位于清代石拱桥上游约50米处。南岸崖壁上部分布3组呈横向排列的柱孔，分布在高2.3米、宽2.95米的范围内。

右侧组，呈倒"品"字形排列，上部横向排列3个较小的圆形柱孔，直径0.23米至0.26米，深0.25米，下部栈孔为较大的圆形栈孔，位于中部偏左侧（桥面内侧），直径0.23米至0.27米，深0.4米。

中部组，呈倒"品"字形排列，上部横向排列2个较小的圆形柱孔，直径0.23米至0.26米，深0.25米，下部栈孔为较大的圆形栈孔，位于中部，直径0.23米至0.27米。深0.4米。

左侧组，呈倒"品"字形排列，上部横向排列3个较小的圆形柱孔。直径0.23米至0.27米，深0.4米。

在中部组栈孔的上方，有横向分布的2个小型柱孔，直径0.15米，深0.2米，北岸与南岸崖壁的栈桥柱孔分布、数量、尺寸基本对称。

晚上住青川县城。

2020年11月25日　星期三　阴

上午：小刘、小杨整理资料，黄老师休息，我与小孙、小党一起到县城北面的乔庄河上游大沟村调查。

在大沟村东岸半山上，考察了一处洞穴，洞口约2米见方。深约50米，洞口外钙板较厚，未见动物化石和人类遗物。

中午：在县城吃过午饭，我与党师傅一起又到青溪镇以东的桥楼乡寨坪村小寨坪调查。收获较大，采集到几件打制石器，特征明显，年代较早。

下午：又到蒿溪地坪村做调查，在小河东岸台地断面（小桥北）发现有文化层堆积。面积较大，采集有红烧土块和石片。第三层为文化层，厚0.8米至1米。

晚上住青川县城。

2020年11月26日　星期四　晴

上午：整理资料。

下午：经沙州到姚渡，至广坪到安乐镇，又由陕西宁强县文管所原窦所长陪同一起考察。后经燕子砭镇到龙门寺看了"潭毒关"碑刻。碑刻仅存"潭"字的上半部分，与我们过去所了解的"潭毒关"在今七盘关的东侧有所不同，还尚待考证。

在龙门寺溶洞的两侧壁面，保留有较多的栈道孔以及宋以后的碑刻，较大的栈道孔在龙门寺溶洞的右侧（北边），直径约0.5米，深约0.3米，较小的栈孔直径约0.2米，深约0.25米至0.3米（横向）。南壁有上下两排较小的横向成排的栈孔，其相对年代可能晚于汉至三国时期。而较大的圆形栈孔的时代可能在三国时期。它与阴平道唐家河写字岩、青溪镇、金桥3号桥、白龙江铁索桥（现已淹没）、剑门关栈桥孔和东溪河甘肃省文县周家坝的圆形栈孔较一致，极有可能是同一时代背景下开凿的，即战争所需。

其后，又考察了阳平关镇以南的三泉县遗址。位于嘉陵江东岸的小山丘顶部，源于有三眼泉水而得名。接着看了阳平关镇嘉陵江边的码头和部分碑刻。

晚上住宁强县城。

2020年11月27日　星期五　阴

上午：先到七盘关右侧山沟里半山腰考察一段碥道遗址。碥道修凿痕明显，梯步较陡，在一条小河峡谷的半山腰开凿，应称为关门或溢门。其性质与青溪镇南的水观音栈阁性质相同，有门宛石，有明代青砖，有石灰糯米浆痕迹。初步估计年代为明代，两侧壁门道立柱凹槽。平面呈半圆形，与水观音阁道遗迹相一致，有可能水观音的栈阁年代还相对较早。

接着，又参观了宁强县羌族博物馆。

下午：先考察了金牛峡栈道遗迹，在小河对岸，有少量的一些栈道孔。直径不是很大，其后，又考察了汉水源山上的一段碥道，改变极大。又考察了山下的"禹王宫"旧址。现存一棵较大的桂花树，向东一路又考察了金窝石，为汉水上游小河里基岩上的凹坑，为流水冲击形成，基岩为白色花岗岩。

最后，于下午5点左右到达褒斜道、石门栈道遗址考察，沿栈道分布有小型的圆形栈孔与方形栈孔。

晚上住宿汉中市。

2020年11月28日　星期六　阴

上午：先参观汉台博物馆，重点看了石门栈道及古代褒斜栈道、连云栈道等等相关的石刻资料。

展馆内的资料反映出栈孔大多数为方形栈孔，只有留坝县一个地点有方形与中部的圆形栈孔，共同分布。圆形栈孔可能与龙门洞，特别是白龙江铁索桥东岸的大型圆孔一致，均为横向凿于山体悬崖上，不同于唐家河写字岩的栈桥立柱孔，也略异于剑门关的大型圆形立柱孔。

另外，方形栈孔宽高均等，宽高分别为0.38米至0.4米，深0.7米至0.8米。北栈是目前已知形式最丰富的栈道，有石条榫卯结构的年代定在唐代，但宽厚尺寸明显小于平武境内发现的栈桥立柱规格。

平武境内发现的可能相对年代早于北栈唐代栈道石柱。参观完汉台博物馆后，又看了拜将台汉中市博物馆。

下午返回广元。

2020年11月29日　星期天　晴

上午：从利州区石龙镇白龙江大桥的东岸沿白龙江调查到紫兰坝，又从西岸向上游调查到飞鹅峡，大多古道被水淹或被石渣淹埋。又从三堆镇到金阁乡北侧，看了偏桥子栈道水淹后的环境和干龙洞栈道的水淹后位置，以及南坝南与白鹤乡附近的栈道孔水淹后的情况。

又经过沙州镇、姚渡镇向西北方向的白龙江上游中庙乡考察。

下午：在中庙乡吃过午饭，又经碧口，沿白龙江左岸（西岸）上行经范坝镇、店坝乡及柏元村发现一组在小河对岸山崖的栈桥横柱孔（圆形）及其下部的圆形立柱孔。

调查至石磨河，又发现一处大型的栈桥立柱孔，位于小河对岸的基岩上，栈孔平面排列与小河流呈90度相交，明显为栈桥的立柱孔，时代应当为三国时期，与唐家河金桥3号栈桥柱孔相一致。为巨大型。

晚上住宿文县县城。

2020年11月30日　星期一　晴

上午：在甘肃省文县文体广电和旅游局与文管所的老师们带领下，先考察了文县西北方向的火烧关。在火烧关小河对岸，分布有上下5排横向的方形栈孔，最下层近水面的栈孔最大，宽0.34

米，高0.3米，深0.25米，该层栈孔之上的栈孔，大部分尺寸略小，在二层与三层中，有的方形栈孔下方有一竖长方形孔，初步估计是用于加固主栈孔横枋而起支撑作用的小枋孔。

据文献记载，为成吉思汗之子阔端太子下成都，1234年（1236）返回至此，火烧宋军占领下的关隘栈道，大火连天，其后改称为火烧关，为文县北边要隘。

其后，又考察了文县下游白龙江东岸的周家坝阴平古栈道遗址。为上下两层碥道，近底部为一排横向的圆形栈孔。孔径约0.25米至0.3米，深0.35米至0.4米不等。其中，下层碥道后曾经改做水渠。

最后，对周家坝南端的甘肃省重点文物保护单位阴平古栈道孔做了考察。栈孔开凿于山体下部，为较大型的圆形横柱孔。口径0.5米至0.6米，深0.3米至0.5米不等，左右两孔之间间距为2至3米，较大距离的有六米左右，距地面高4.5米左右。

于中庙乡吃过午饭，返回青川县城。

下午：整理此次调查资料。

晚上住青川县城。

2020年12月1日　星期二　小雨

上午：在青川县委会议室参加"古蜀道(青川段)田野考古调查工作汇报会"。李蓉所长讲PPT，本人讲调查的新收获，黄家祥老师进行总结。

下午：返回广元。

古道秘踪 —— 古蜀道（青川段）考古调查

古蜀道（青川段）田野考古调查日志

孙 禹

2020年11月17日　天气：晴

　　古蜀道（青川段）田野考古调查于今天正式启动，上午09:30，县文旅体局局长杜建平召集全体考古调查队员在文化中心广场留影出发，调查人员顺着543国道行至转嘴子桥，沿右手方向前往青溪镇，车辆沿着弯曲的山路行驶了100分钟到达阴平村。阴平村是一座典型的山脚下村庄，因为此处夏季是避暑的绝佳之地，故整个村形成了具有特色的农家乐。除了避暑，这里四季都能感受到与大自然的亲密接触，体会到春季赏花、夏季戏水、秋季摘果、冬季赏雪的四季美景。在阴平村吃完午餐，稍作修整，调查队便前往唐家河自然保护区调查阴平古道唐家河保护区段，13:49调查队到达唐家河自然保护区摩天岭山脚下，海拔1675米。在这里有一块标志，它用青砖白缝的基角，上面一块不规则长方形大石板，刻着阴平古道四个字。

　　调查队顺着阶梯向摩天岭进军，分别在海拔1697米、1824米、1848米、1993米处发现4段碥道，分别是裹毡亭段碥道、将军寨至玄鹤亭段碥道、玄鹤亭段（河沟段）碥道、玄鹤亭段碥道，其中玄鹤亭段碥道段保存最为完整，路面长70米，宽1.53米，踏步宽0.26米、高0.2～0.28米，此路段台阶8步一提高，共计137步台阶。在海拔1844米处发现高1.5米宽内径4.5米进深8米，墙宽0.7～0.8米的L形石砌墙体等遗址遗迹。最后，全体考古调查队员登上摩天岭，并在摩天岭现代关楼前合影留念。在青溪吃晚饭，住宿青溪，并整理今天的调查资料。

古蜀道（青川段）田野考古调查日志

杨凯奇

2020年11月17日　天气：晴

古蜀道（青川段）田野考古调查于今天正式启动，上午08:30，县文旅体局局长杜建平召集全体考古调查队员在会议室座谈交流，要求：一是全体考古调查队员要注意人身安全；二是每天做好新发现的宣传报道；三是县文物管理所要切实保障交通用车、吃、住等调查所需用品，规划好调查线路，与县域内相关部门及相邻市、州提前做好衔接，以便于调查工作顺利进行。座谈会结束后，全体考古调查队员与局相关领导在文化中心广场上合影。上午10:00左右，全体考古调查队员从文化中心驱车出发前往青溪镇，在青溪镇阴平村吃午饭。午饭后，前往唐家河自然保护区调查阴平古道唐家河保护区段，调查队在唐家河自然保护区内发现4段碥道，分别是裹毡亭段碥道、将军寨至玄鹤亭段碥道、玄鹤亭段（河沟段）碥道、玄鹤亭段碥道，还发现L形石砌墙体等遗址遗迹。最后，全体考古调查队员登上摩天岭，并在摩天岭现代关楼前合影留念。在青溪吃晚饭，住宿青溪，并整理今天的调查资料。

2020年11月18日　天气：晴

早上起床退房、早餐，今天的任务是继续青溪境内的考古调查。吃过早饭后，前往百雄关、落衣沟桥等文物保护单位（点）处调查。在落衣沟新桥桥下，调查队员（黄家祥老师）新发现1处栈桥柱孔遗迹；两个栈桥立柱孔开凿于小溪流与唐家河交汇处的一巨石上（落衣沟新桥桥下），其形制、规格相对较小，初步判断其年代下限为唐、宋时期。在写字岩处（邓艾过此），调查队员（唐志工老师）新发现1处栈桥柱孔遗迹，保存的栈桥柱孔遗迹分布在青唐公路外侧河道基岩之上，三个柱孔与河流走向一致，为大型栈桥立柱使用的圆形柱孔。随后，调查队前往唐家河保护区蔡家坝百雄关处调查，在百雄关上，调查队测量百雄关遗址规模大小，拍摄照片，并在关门东侧发现保存的清代嘉庆六年当地族人施舍、出卖鹅嘴地土地碑一通。调查结束后，返回青溪吃午饭。午饭后，在青溪古城墙等处进行调查走访，并在青溪镇财税所库房发现一铜钟，经黄家祥、唐志工等专家仔细查看，认为此件铜钟年代至少可以定为明代，应由县文物部门收集保管，便于妥善保存、研究。随后，前往金桥村调查，在市级文物保护单位金桥处新发现三处栈桥柱孔遗迹，1号古栈桥立柱孔位于新公路桥南端外侧南岸基岩上，仅存一个立柱孔；2号古栈桥横柱孔位于新公路桥内侧南北两岸，南岸栈桥柱孔呈圆形，北岸栈桥柱孔分布呈上、中、下三排。3号古栈桥立柱孔距下游2号古栈桥柱孔约10米，南岸栈桥柱孔2个，北岸栈桥柱孔位于紧邻河边的基岩上，4个大型柱孔呈一字形沿河流方向排列。下午18:00左右，驱车前往平武，入住平武，整理资料，明天将调查阴平古道平武段。

2020年11月19日　　天气：晴

　　早上起床、早餐、退房。上午08:30左右，在平武县报恩寺博物馆馆长、文物管理所所长任银等相关负责人陪同下，调查队员参观了全国重点文物保护单位——平武报恩寺。参观完后，调查队在平武文物管理所相关同志的带领下，驱车前往平武与青川阴平道线路接壤的江油关镇（原南坝镇）金林村调查，沿着金林村老路调查，调查队员（黄家祥老师）新发现1处方形柱状栈桥桥墩遗迹，有2根桥墩石柱，开凿于一巨型浅绿色云母岩石顶部，方形栈桥石柱状桥墩为青灰色石英岩，呈横向分布，为今后研究方形栈桥柱孔遗迹提供了实物例证。下午返回青溪，在青溪吃晚饭，住宿青溪，整理资料。

2020年11月20日　天气：晴

　　早上起床、早餐、退房。上午08:30出发前往青溪镇金桥村调查。在金桥村碑湾里新发现碥道及栈孔遗迹，碥道长约150米，宽1～1.5米，呈南北走向，人工凿痕明显。栈孔有3组，均由一大一小两个圆形栈孔组成，大栈孔直径20～25厘米，小栈孔直径12～13厘米；在金桥村水观音新发现栈阁遗迹，栈阁位于金桥河西岸碥道的北端，保留有碥道、排水沟、圈拱形壁龛遗迹，分布在总宽3.5米，高2.4米的范围内。碥道距离河道7.8米，碥道长80米，宽3.3米；排水沟保存完整，长80米，宽11～20厘米，深5～14厘米；壁龛两侧分布有多处梁孔、立柱孔遗迹，上方为主龛，下方为小龛，痕迹明显，推测为旧时木构架避风亭等物。在金桥村九龙口新发现壁龛遗迹，开凿于金桥河西岸山腰崖壁上，残存两方形龛，上大下小，下龛紧靠地面，两龛相距0.1米，上部大龛高76厘米，宽64厘米，进深30厘米，下部小龛高42厘米，宽32厘米，进深10厘米。金桥村调查完后，在三锅镇吃午饭，前往广元，黄家祥老师、唐志工老师、李蓉所长将参加明天"第三届四川省武则天研究高峰论坛暨首届四川女性历史名人研究学术研讨会"，晚上住宿广元。

2020年11月21日　天气：晴

　　上午在宾馆房间内整理资料，下午前往皇泽寺参观学习，晚上住宿广元。

2020年11月22日　天气：晴

　　上午参观学习广元市博物馆，千佛崖博物馆及崖前的古蜀道遗址。午饭后，调查人员出发前往昭化区天雄关遗址调查，对天雄关遗址进行了测量拍照。调查完后，前往剑阁。剑阁县文管所一行接待我们，住宿剑阁。明天将调查剑阁蜀道遗址遗迹。

2020年11月23日　天气：晴

早上起床、早餐、退房。上午，在剑阁县文管所有关负责人带领下，调查队调查了剑门蜀道遗址、金牛道经青川白水关碑刻、汉源桥、剑阁关关隘、剑溪桥、拦马墙、翠云廊、抄手铺等地。午饭后，调查队前往江油市，在江油李白纪念馆参观了三件三国时期的铜弩机，弩机出土于江油市河西乡普照村汉王台，在邓艾袭取江油关后直取涪城的线路上，2号弩机上有明确年款，为曹魏弩机；据清代所修地方志记载，相传汉王曾驻兵于汉王台，说明三国时期这里确曾驻扎过军队。推测这三件弩机可能与邓艾伐蜀有关。调查队还询问了解了江油境内阴平道等相关遗址遗迹。

晚上，江油市文管所一行接待我们，住宿江油。李蓉所长晚餐后，回青川，明天将随同市领导到国家文物局出差。

2020年11月24日　天气：阴

上午从江油市返回青溪，在青溪金桥补充完善栈桥柱孔资料时，又新发现1处栈桥栈孔遗迹，位于金桥上游50米处南岸崖壁上部，分布有三组呈横向排列的柱孔。邻近水面第一排三个，第二排八个，第三排两个，均为圆形柱孔，直径23～27厘米，深25～40厘米。测量完善资料后，调查队返回青川县城乔庄。

2020年11月25日　天气：阴

在宾馆整理汇总这几天调查资料。唐志工老师去三锅、蒿溪调查。三锅镇桥楼社区小寨坪的二级台地顶部，发现疑似古墓葬遗迹，保留有两个残存的封土堆，在多处断壁剖面露出有疑似墓葬的痕迹，具体年代还需进一步考古勘察。在蒿溪回族乡地坪村小河的东岸台地上，发现疑似古文化遗址，约有500米×500米，面积较大。在小河东岸台地的切面，发现有石片、红烧土颗粒、木炭等约0.8～1米的文化堆积层，疑似人类活动的遗迹，具体年代还需进一步考古调查钻探。黄家祥老师在县城乔庄周边调查。

2020年11月26日　天气：晴

上午在宾馆整理汇总调查资料，下午13:00左右，李蓉所长从北京出差回到青川，午饭后驱车前往陕西省汉中市宁强县，经过沙州镇、姚渡镇、广坪镇、安乐河镇，宁强县文管所原所长窦友华在安乐河镇与我们汇合。窦所长带领我们调查了沿途的金牛道遗址遗迹，如龙门洞、三泉县旧址、潭毒关遗址、阳平关码头遗址等。晚上宁强县文旅局、文管所接待我们，住宿宁强。

2020年11月27日　天气：晴

早上起床、早餐、退房。上午在宁强县文旅局副局长周成华、县文物管理所所长李三煜、窦友华、彭艳的陪同下，调查了七盘关遗址、古汉源等遗址遗迹，参观学习了羌族博物馆，午饭后，调查了金牛峡、禹王宫、石窝金等遗址遗迹。调查完宁强境内后，调查队赶赴汉中，详细了解并调查参观了石门栈道遗址遗迹，与青川境内的遗址遗迹形成对比。在汉中吃晚饭，住宿汉中。

2020年11月28日　天气：晴

早上起床、早餐、退房。08:30到汉中市博物馆及汉台遗址等详细了解金牛道走向、出土文物情况及碑刻记载，在博物馆内发现一栈道石梁，与在平武县江油关镇金林村发现的2根方形柱状栈桥桥墩石柱形成对比。参观完后，中午返回广元，在广元吃午饭，住宿广元，整理相关调查资料。

2020年11月29日　天气：晴

早上起床、早餐、退房。从广元出发，在石龙白龙湖大桥与李蓉所长汇合，沿白龙江东岸向前走至紫兰坝北，又返回到白龙江西岸老路前行，沿江而上，再向上游到飞鹅峡，至三堆镇和白龙湖大坝内，到金洞乡北侧，偏桥子栈道、干龙洞栈孔。沿线栈孔遗迹已被水淹没。接下来经沙州、姚渡向东北方向白龙江上游前行，在中庙吃午饭，经碧口沿江上行经范坝镇，在范坝柏元村上游500米处，发现一组古代栈桥柱孔。之后，调查队又在范坝对树沟村对树湾发现一组栈孔；由于时间关系，驱车前往文县县城，到达文县县城已晚上19:30左右，文县文体广电和旅游局、文管所接待我们，住宿文县。

2020年11月30日　天气：晴

早上起床、早餐、退房。在文县文体广电和旅游局副局长符文学、文化馆副馆长池明赟的陪同下，上午参观调查了甘肃省省级文保单位火烧关栈道遗址，之后又前往文县东南方向周家坝调查了甘肃省省级文保单位阴平栈道遗址。调查队在中庙乡吃午饭，返回青川县城乔庄，准备明天汇报会PPT、会议资料。

2020年12月1日　天气：晴

上午09:00，县行政中心二楼一会议室，召开古蜀道（青川段）田野考古调查工作成果汇报会，县文管所承办并做好古蜀道（青川段）田野考古调查汇报会会务工作。

论

文

四川与甘肃秦墓蠡测

甘肃省文物考古研究所　何双全

1979年以来，四川省博物馆、四川省文物考古研究院、青川县文物管理所发掘了广元市青川县城西郝家坪战国墓群。1986年以来，甘肃省文物考古研究所和地县博物馆发掘了天水市麦积区放马滩、甘谷毛家坪、张川县马家塬、清水县李崖，陇南市礼县、成县等地秦墓，获得了一批重要文物。这些墓葬虽在四川、甘肃两省辖地，但地域相邻，时代相近，亦有着共同的文化特征，考察这些墓的情况，对研究秦人与秦文化有重要意义。

一、四川青川郝家坪墓群[1]

1979、1980、2010年三次为配合学校建设，发掘墓葬106座，根据M50号墓纪年木牍断定为战国中、晚期墓葬。其基本特征是：

1. 从地形地势看，处于山梁半腰及山体缓坡地带，既不上山，也不近河。坐北向南，山前即为平整台地。东邻河，西连缓沟。

2. 墓群排列未见叠压打破关系，排列有序。地表无坟土，墓口开于地表之下，直入生土层。长方或方形，部分筑二层台。墓圹内填白膏泥和黄沙及花土，用以封闭棺椁和填埋墓圹。

3. 形制有甲类（有椁）、乙类（无椁）、土坑三类，其中甲类墓稍多。

甲类有棺椁墓的结构，外椁内棺，椁由盖、墙、档、底板构成。档与墙板榫卯套合，盖与底板则平铺而就。形成一个大的密闭空间。棺置中间或一侧。盖、底、档、壁卯合而成，呈长方形体。棺上面与椁盖下之间纵向垫铺若干木板。木工制作工艺较精细。

乙类无椁墓则简单。土圹中置棺。土圹口大底小，直壁或弧壁。土坑墓，即无棺椁的墓。

4. 出土器物置于边箱内或边侧空间。

5. 出土器物

（1）陶器：罐、壶、蒜头壶、釜、鼎、豆、钵、盒盆。纹饰有绳、弦、竖条纹。

（2）漆器：壶、杯、扁壶、鸱鹗壶、双耳长盒、碗、奁、卮、匕、圆盒等。

（3）木器：人俑、马俑、车轮、木牍、梳、篦。

（4）竹器：筐、簪、笄等。

（5）铜器：鼎、铃、带钩、铃形器、桥形饰、环、镜、半两钱、印等。随葬器物在各墓中的数量多少不一。如79M1，较大，随葬品达30余件，一般5—10件。也有无随葬品的。79M50号墓属中型墓，一棺一椁，随葬器物24件。陶、木、漆、铜、半两共存。木牍两枚，其中纪年牍1枚。是整个墓群断代的唯一证据。墓群尸骨大都不存，无法得知尸骨情况。随葬器物中陶、漆、铜器普遍。大型礼器少见。

以上为青川墓的主要特征。

二、甘肃天水、陇南墓群

1. 天水放马滩[2]

放马滩墓群，位于甘肃省天水市麦积区党川乡，东距陕西宝鸡界80余公里，南邻陇南两当和陕西凤县。地处秦岭深处，属嘉陵江上游地区，也是小陇山林区。因林场建房而发现，进行抢救发掘。钻勘发现墓葬百余座，发掘14座，其中秦墓13座，西汉墓1座。从M1号墓出土《墓主记》竹简纪年推测，其时代约在秦始皇八年（前239）以后。其特征：

（1）从地理形势看，均葬于南北向山体南坡前缓坡地带，上中下三层排列，头向东。东西两侧为高峰，北靠大山，南临小溪，汇于花庙、永宁河而入嘉陵江。

（2）墓葬排列整齐，无叠压打破关系，亦未发现盗掘扰乱现象。地表无坟土，墓口开于厚50厘米地表之下红褐色黏土层中。长方形竖穴土坑，无二层台，墓内填五花土和白膏泥，白膏泥是填充、封闭墓室的主要材料。

（3）形制可分为单棺和一椁一棺两种。单棺即单人葬，有大小之分。大人棺，长方体，榫卯套合。小孩棺则用圆木挖凿成槽。一次埋入土圹内。一椁一棺即外椁内棺。先在土圹内安装椁室，椁底用木板平铺，两档及两边榫卯套合，而椁盖则用圆木稍加削平后竖向铺盖。内棺做工较细，长方体，加工平整，榫卯套合，置于椁内一侧，形成边箱和头箱。棺底与椁面之间垫横向方木，将棺支起。棺内尸体上竖向置一块与尸体长度相等的木板。棺椁均用柏木。木工制作工艺较精。

（4）随葬品置于边箱、头箱和棺内头侧。尸骨保存不好，皆腐朽。个别存少量头发和牙齿。

有关人骨的资料全失。

（5）随葬器物：

陶器：罐、壶、瓮、茧形壶。

漆器：盘、耳杯。耳杯底有刻字。（贷）

木器：梳、木尺、木锤。板画、地图。

铜器：半两钱、镜、桥形饰、带钩。

竹器：算筹21根。竹简460枚。《日书》甲、乙本。《墓主记》。

毛笔与笔管。

由于发掘数量少，不能获得更多信息。从现有资料看，该处墓地是一处公共墓地，也不排除家族墓地的可能。死者明显有等级之别。13座墓葬中，单棺6座，一棺一椁7座。一棺一椁有大小之分。随葬品多少不一。最大M1号，多达30余件，一般在5—13件。也有无葬品者。不见大型铜器、礼器。基本情况与郝家坪相同。

2. 成县尖川墓[3]

该墓位于陇南市成县沙坝镇尖川村。东距西狭颂石刻10公里、县城30余公里，2003年8月修建上山公路时发现。经勘查为一处较大的墓地。限于多种原因，仅发掘2座。基本特征是：

（1）墓葬坐落在南北向山峰半山腰至山体缓坡地带，从山梁至山湾下分上中下三层排列。背靠山峰，面临河川。两侧与它山相连。

（2）墓葬地表无坟土，亦无盗扰现象。墓口开于地表30厘米下褐色黏土层中。长方形竖穴土坑，五花土与白膏泥填充墓室。

（3）2座墓均为一椁一棺形制。外椁内棺。椁木厚重，椁底用枋木竖向排铺，两档及两侧横向安装，转角处用槽榫套合，椁盖用方木竖铺。内棺呈长方形，榫卯套合，做工较细。置椁内一侧，构成头箱。尸骨无存，棺椁用柏木制做。

（4）随葬器物：仅有陶器和漆器。漆器有盘、卮、长耳盒。长耳盒与青川郝家坪相同。

3. 马家塬墓群[4]

位于甘肃省天水市张家川回族自治县木河乡桃园村马家塬上，地处渭河之北，东与陕西陇县接。20世纪70年代修梯田时发现。2002—2006年始有盗掘，后即抢救发掘。已发掘墓葬32座，祭祀坑2座。碳14测定为公元前350年左右，属战国晚期墓葬。主要特征：

（1）墓地北依马家塬山梁，东西两侧为毛家梁和妥家梁，地势呈马鞍形。

（2）墓地分布于马鞍形中部，以M6大型墓为中心，中小型墓分布于上部及左右两侧。墓向均为东西向。存在殉牲、墓祭现象。祭品为马牛羊。

（3）墓葬形制有4类：1.甲字形木椁墓（M6），形制较大，结构复杂。中间为长斜坡墓道，两侧依附九级台阶直通上下。距地表深14.4米，墓口面积400平方米。墓道内随车3两，马4匹。2.竖穴阶梯式墓道偏洞墓。3.竖穴洞式墓。随有车辆。4.竖穴木棺墓，随有车辆、殉牲。尸骨头向北，仰身直肢、侧身直肢。

（4）随葬器物

铜器：鼎、壶、瓿、茧形壶、鬲、敦、盆、釜、耳杯、匜等。茧形壶底刻铭"鞅又"。

陶器：数量较少，有灰陶高领罐、弦纹红陶瓿、单耳罐、铲足鬲等。

兵器：铜戈、矛、镞、短剑、错金铜柄铁剑及鋄金银铁矛。

工具：铜斧、锛、削刀及铁削刀。

车马器及其装饰品。其中以各类镂空花纹的金、银、铜、锡质饰件为大宗。

多种文化共存，内涵丰富而复杂，为秦人与戎人及外来文化的共同体。

4. 清水李崖墓群[5]

清水李崖墓群位于天水市清水县城北李崖村，地处渭河以北，分布在牛头河与樊河交界之西岸台地上。2010、2011年两次发掘，发掘墓葬19座，均为竖穴土坑墓，可分大中小三种，大墓长3.8、宽1.3米，有棺椁。中墓长3、宽1米，亦有棺椁。小墓长2.5、宽1米以下，无棺椁。头西，仰直式。随葬品以陶器主，铜器次之。其数量多者达26件，一般5—10件，少者仅1件。也有无随葬品者。陶器多为泥质灰陶鬲、簋、盆、罐为组合，铜器为戈。时代为西周。所在地有同时期城址。除外在本县刘坪发现较晚的墓葬群，惜被盗，收回大批金银饰品，风格与马家塬出土的相似。

5. 甘谷毛家坪遗址[6]

位于天水市甘谷县磐安镇。地处渭河南岸。既是一处遗址与墓地共存的遗址，也是秦人与戎人同生共葬的地方。时代为春秋晚至战国晚期。20世纪80年代进行过调查发掘，2012—2014进行大规模钻探和发掘。发现墓葬千余座。以自然河沟为界，分布于河沟东西两区。已发掘墓葬199座，车马坑5座。根据墓葬形制和出土器物分为A、B两组。A组为秦人墓，B组为戎人墓。

A组秦人墓：竖穴土坑，一棺一椁、重棺，屈肢葬。随葬品有铜、陶两类，铜器有铜鼎，有3鼎墓，也有1鼎墓。陶器有鬲、豆、甗、鼎，皆为绳纹灰陶。有3鼎墓，也有1鼎墓。更有车马器和殉狗、殉人墓。时代为西周早期至战国早期。

B组戎人墓：以洞室墓为主，也有少量竖穴墓。无棺椁，屈肢葬。随葬品为夹砂红褐陶，器型有铲足鬲、双耳罐、壶等。时代为春秋晚期至战国晚期。

6. 礼县大堡子秦公墓[7]

位于甘肃省陇南市礼县永坪乡赵坪村。1992—1993年，这里发生了大规模盗墓事件，出土了一大批重要文物，有刻铭文为秦公、秦子的铜鼎、铜簋、铜壶、铜钟、铜镈等大型礼乐器物以及大量金饰片等。可惜大多都流散海外。1994年，甘肃省考古所对被盗的两座大墓（M2、M3）和一座车马坑（M1）以及周围的中小墓进行了却后清理。其中M1、M2规模大，均为"中"字形大墓。M2，东西向，全长88米，有东西两条墓道，东墓道长37.9米，宽6米，深11米。墓室呈斗状，长6.8—12.1米，宽5—10米，深15.1米。墓室内设二层台，其中东、北、南三面台上殉葬7人。西墓道长38.2米、宽4.5—5.5米。斜坡带台阶。填土中殉葬12人。M3，东西向，全长115米。亦有东西两条墓道，东道长48.85米、宽8.3米、深13.5米。墓室长6.75—24.65米、宽3.35—9.8米、深16.5米。北侧二层台上殉葬1人。西道长41.5、宽8.2米，填土中殉葬7人。两墓内残存较多的漆黑残片、铜饰件及金饰片。完整器无一件，盗掘很彻底。后均陆续出现在海外市场。经研究认定，这两座大墓应在襄公、文公、宪公之间来确定。除此外在大堡子山对面的圆顶山，勘探发现也有大墓存在。

三、比较研究

图1-1　大堡子山

论 文

图1-2 马家塬

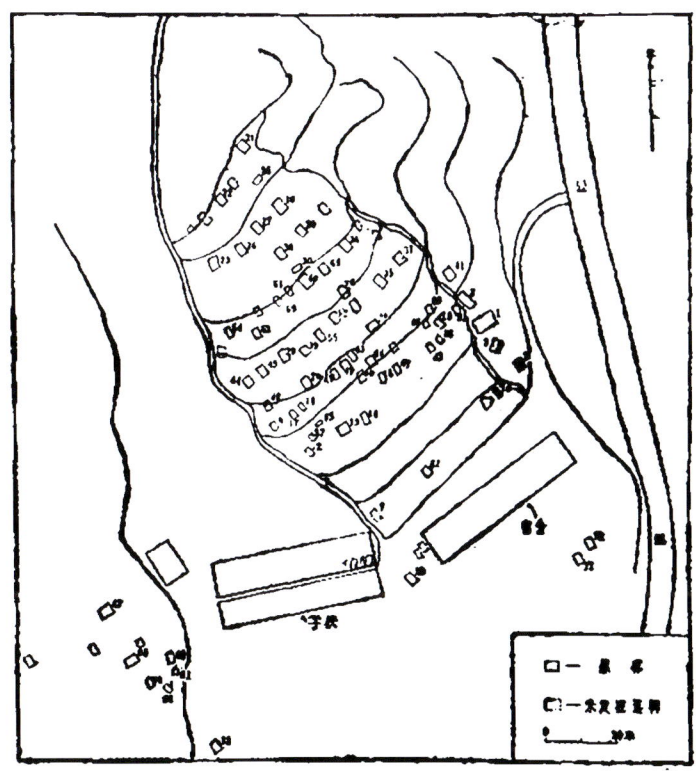

图1-3 郝家坪

181

图1-4 尖川

图1-5 放马滩

以上川甘两省发现的墓葬资料，除青川和放马滩的全部发表外，其他资料尚未全部发表，只见有文章和部分器物的图片公布，根据有限的资料，仍有可讨论之处。我觉得他们的时代早晚关系应是：清水李崖——礼县大堡子秦公墓——毛家坪A组——马家塬——青川——成县尖川——天水放马滩。清水李崖最早，秦公大墓相近（前766—前704），毛家坪（前688—前623）居中，马家塬（前361—前338）稍后，青川与尖川（前310—前273）同时，而放马滩（前239以后）为最晚。他们之间互相有无关联呢？根据现有资料的部分特征，试作以下粗浅比较，以便了解其文化现象。

1.从墓地的选址上，有共同特征，除毛家坪外，其他均选在靠山峰的缓坡地带，有山皆依，有坡皆用。高而不露，低而藏之。有水而环，但又不近之。是否有堪舆风水之意呢？（图1：1—5）

2.从墓葬形制上，都是竖穴土坑加白膏泥。棺椁制度上，一棺一椁或单棺。（图2：1—3）

图2-2 尖川

图2-2 尖川

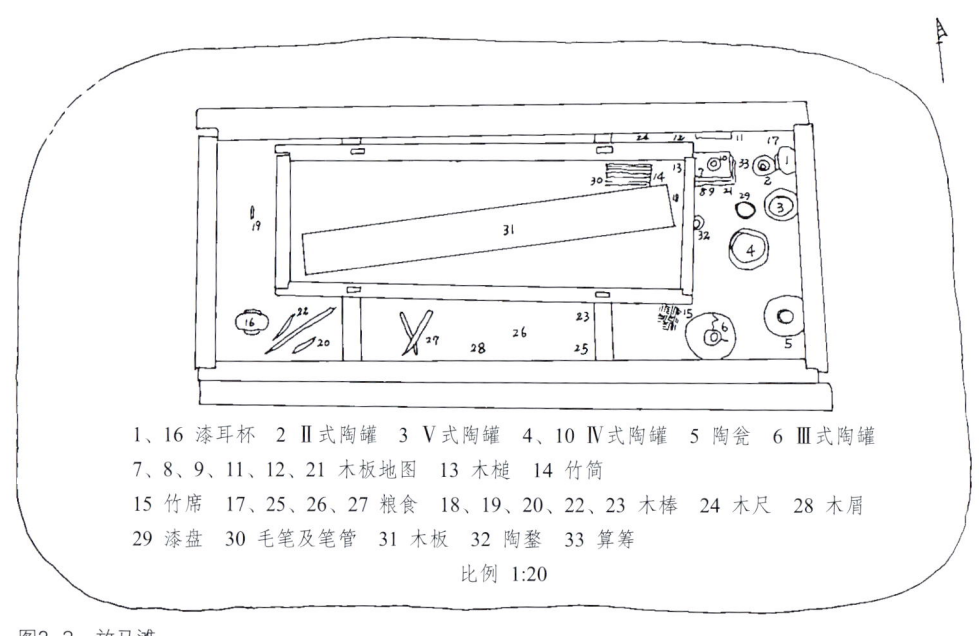

1、16 漆耳杯　2 Ⅱ式陶罐　3 Ⅴ式陶罐　4、10 Ⅳ式陶罐　5 陶瓮　6 Ⅲ式陶罐
7、8、9、11、12、21 木板地图　13 木槌　14 竹筒
15 竹席　17、25、26、27 粮食　18、19、20、22、23 木棒　24 木尺　28 木屑
29 漆盘　30 毛笔及笔管　31 木板　32 陶鍪　33 算筹
比例 1:20

图2-3 放马滩

3.随葬器物上，有以下特点：

礼县秦公大墓，虽遭毁灭性破坏，但从发掘情况看、规模宏大，又有秦公钟、秦公鼎等重器

 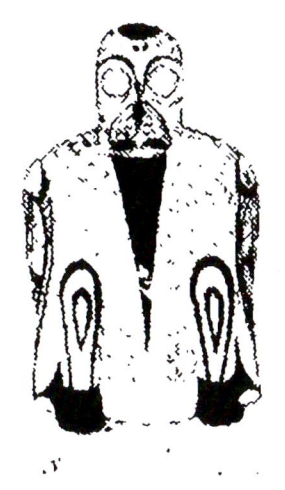  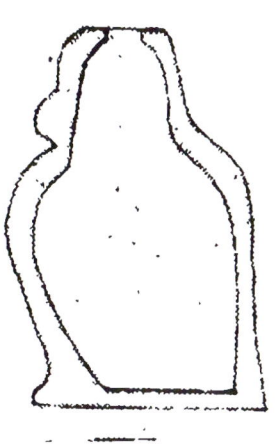

图3-1 鸱鸮壶　　　　　　　　　　　　　　　　　　　图3-2 鸱鸮壶

以及殉人现象存在看应是级别最高的墓葬，也只能是秦国公之墓，但是哪个秦公难以确定。据《秦本纪》载死后葬于西垂的只有三公：秦襄公十二年（前766）襄公卒葬西垂。秦文公五十年（前716）文公卒，葬西山。秦宪（宁）公十二年（前704），宪公卒葬西山。其他诸公均未葬西垂，故礼县大堡子秦公大墓只能在襄、文、宪三公中去确认，但因盗掘，资料皆失，可能成为不解之

图3-3 鸟形金饰片

谜了。大墓所获文物中，与上述各墓无一能比者，唯青川M1出土漆器鸱鹗壶与秦公墓金鹰饰片有某种联系。鸱鹗壶，木胎表漆、彩绘，通高32厘米、腹径22厘米、口3厘米。是一件完整的鸟形器物，侧面像一只蹲坐的鸟。（图3：1、2）金鹰饰片，用黄金打造而成的片状物，高45.8厘米、宽26.1厘米，是端坐的侧面形象（图3：3），推测是棺材外表装饰物。一器一片，本无可比性，但从侧面看，又很相像，时代相距450余年，他们之间有联系吗？《诗·秦风·黄鸟》："交交黄鸟，止于棘。谁从穆公？子车奄息。维此奄息，百夫之特。临其穴，惴惴其栗。彼苍者天，歼我良人。如可赎兮，人百其身。"

铜器中的铜鼎，礼县圆顶山、马家塬与郝家坪出土的铜鼎、陶鼎也有相似之处。如郝家坪陶鼎（图4：1）、铜鼎（图4：2）。礼县圆顶山铜鼎（图4：3）、马家塬铜鼎（图4：4）。其器形、双

图4-1 陶鼎

图4-2 铜鼎

图4-3 铜鼎

图4-4 铜鼎

耳、马蹄足及圜、平底部都有相似之处。

陶器中，郝家坪与放马滩有更多相似之处，如郝家坪（图5：1、2）、放马滩（图5：3）的壶、罐、釜三种器物很相似。

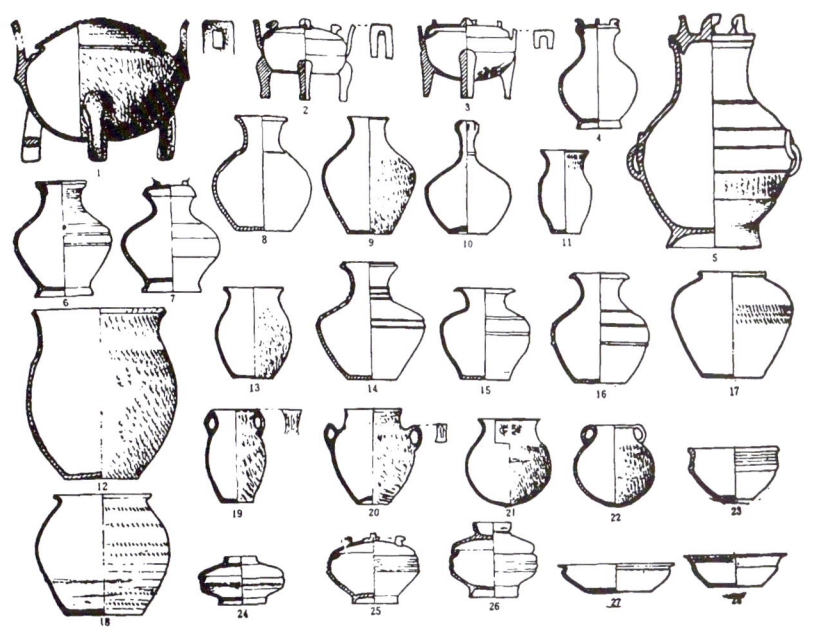

图5-1 郝家坪陶器

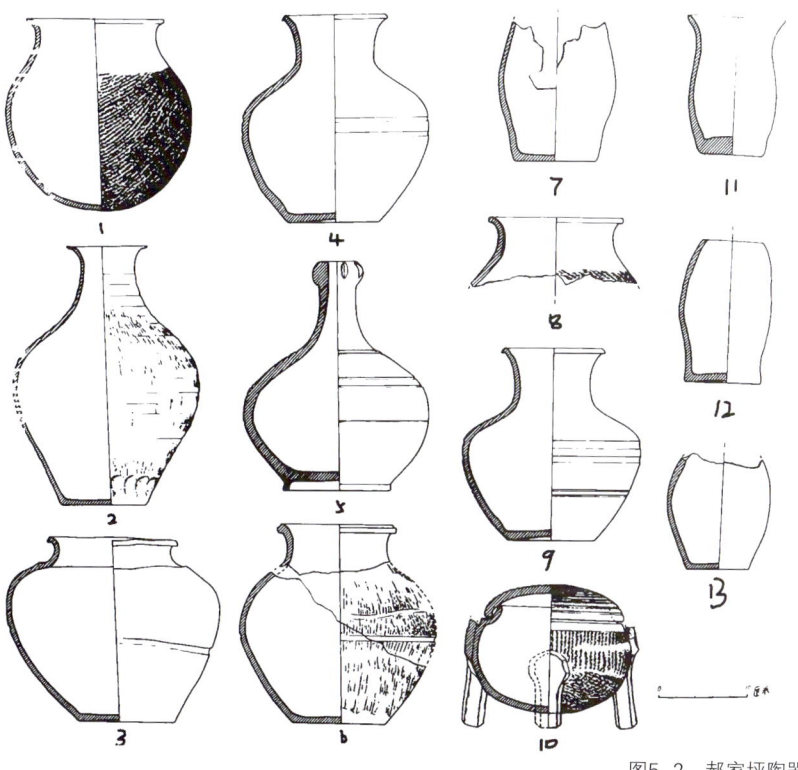

图5-2 郝家坪陶器

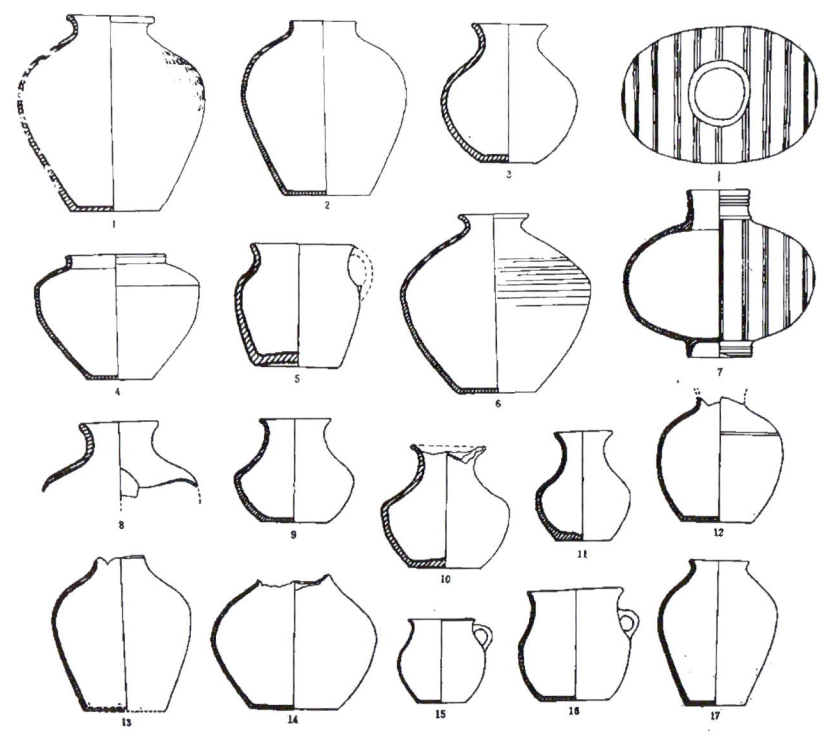

图5-3 郝家坪陶器

图6-1 长盒

图6-2 长盒

图6-3 长盒

图6-4 长盒

漆器中，双耳长盒，郝家坪与尖川出土的更接近。郝家坪（图6：1、2），尖川（图6：3、4）铜质桥形饰也相似，如郝家坪（图7：1、2）、放马滩（图7：3）。

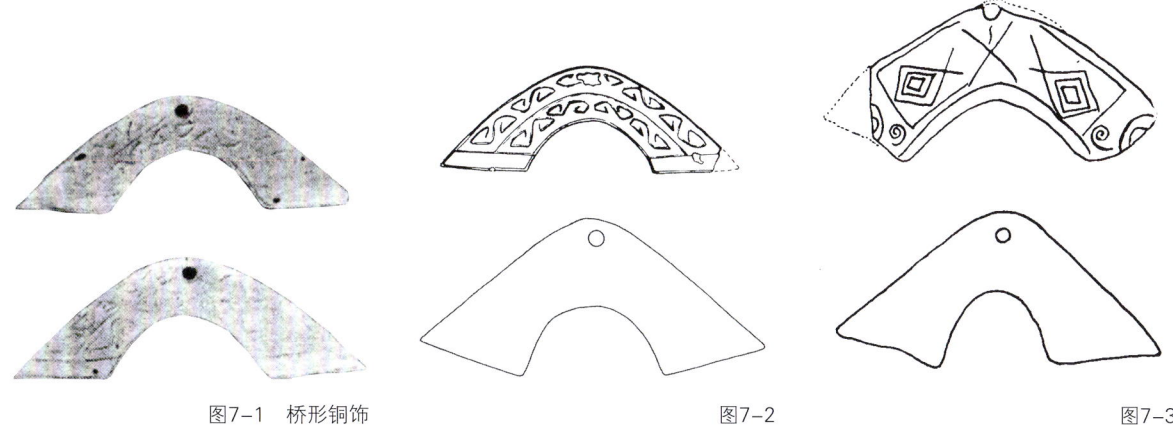

图7-1　桥形铜饰　　　　图7-2　　　　　图7-3

铜半两钱，郝家坪（图8：1、2），钱径3.2厘米，孔径0.8厘米，肉厚0.11厘米。重4.3克。放马滩（图8：3），钱径2.3厘米，孔径0.8厘米，肉厚0.2厘米。半两二字，前者笔画较细且规整，后者则反之。形制相同，但前者大而后者小。二者时代相差70余年，可能是时代早晚之别。

木牍与竹简。郝家坪M50出木牍2枚，保存较好的M50：16一枚。（图8：1、2）牍长46厘米、宽2.5厘米、厚0.4厘米。正背两面书写。内容为更修后的《田律》。放马滩竹简M1出土竹简460枚，内容有甲乙两种《日书》和《志怪故事》。甲种《日书》简长27.5厘米、宽0.7厘米、厚0.2厘米。乙种《日书》和《志怪故事》简长23厘米、宽0.6厘米、厚0.2厘米。均单面书写。甲种《日书》书体较古，与乙种稍有不同，可能

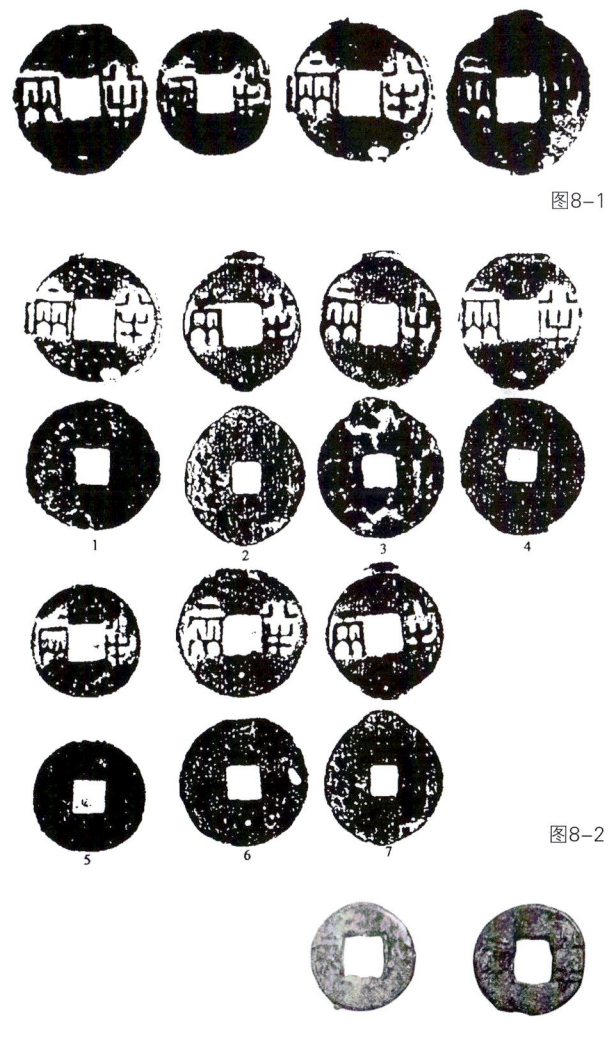

图8-1

图8-2

图8-3

抄成的时间或书写者不同所致。（图9：1、2）木牍与竹简这部分文字文献从内容上毫无关系，但在字体与书风上有同工异曲特点，从总体面貌看是一致的，都是始皇统一之前的风格，大篆、小篆、隶书三体混杂，字体结构、书写风格趋同。放马滩M1同时出土有毛笔，笔杆长，毛锋短而锥，有弹性，推测为狼毫笔，从字体韵味看，全部文字当用该笔写成，排除硬笔书写之可能。细比较可以看出木牍文字比竹简文字要古老一些，二者对研究秦文字和秦人书法发展演变均有重要价值。从内容上看，木牍所书，是更修秦国《田律》的律文，与秦国土地制度相关。孝公时期（前361—前338）商鞅变法，

图9-1 木牍　　　　　　　　　　　　图9-2 木牍

废井田，开阡陌，但具体做法无从知，且后来亦无再修田律的记载，青川木牍为《田律》的出土，填补了自商鞅之后近30年又一次修改《田律》的史实，是伟大的发现。而竹简《日书》则是民用的文化典籍，尽管与湖北云梦睡虎地秦墓竹简《日书》时代相近，但内容上有相异之处。睡虎地《日书》中有一半是楚人使用的日书，一半是秦人使用的日书，放马滩竹简则是纯秦人的日书。它的发现填补了秦文化的典籍。同时我们从两地发现的《日书》中可以看出战国中后期秦楚两国的交往关系。郝家坪木牍背面的文字是禁忌动土的日子，与秦、楚《日书》相关条文相符合，推测郝家坪秦人可能也在使用秦《日书》来制约生活行为。只不过没有作为随葬之物去陪葬罢了。

四、几点思考

秦国的历史是很复杂的。史学界一般认为以（前770年周平王元年、秦襄公八年）为界，分立国前和立国后。立国前为秦之先，立国后至始皇帝二十六年（前221）为秦国。跨越了夏、商、周、春秋、战国等五个历史时期。秦之先即夏商周的秦人，历史很混乱。据文献记载，夏朝时还没有秦人或秦族名称的出现，只是说秦的祖先伯益曾帮助禹治水，并为舜驯服鸟兽，舜赐姓"嬴氏"。司马迁也说："秦之先为嬴姓。"（《史记·秦本纪》）有学者认为此与秦人崇拜玄鸟图腾有关。玄鸟即燕子，嬴、燕声同，嬴就是燕，嬴姓即燕姓。商灭夏，秦人去夏归商，为汤御，做了商王的奴隶，自首领中潏以后，在西戎，保西陲，助纣为虐，顺从于殷商。周灭商，周人将商民及原顺服于商的各族人当成了奴隶，秦人必在其中。周初，武王死、成王继位，商纣的儿子武庚发动反周叛乱，当时居于东方的秦人也参加了反叛。辅佐成王的周公姬旦率军东征，平定了叛乱。平叛之后，周王朝对判

图10　清华简

乱者进行了严厉镇压,杀一部分、流放一部分,嬴姓之民也无例外,一部分被迁于黄、淮流域,一部分迁往遥远的西陲。这段历史,《逸周书》《史记·秦本纪》中都有记载。但有很多存疑或不甚明了之处,20世纪清华大学收藏的楚简《系年》正好补充了这段史实,记载曰:"周武王既克殷,乃设三监于殷。武王陟,商邑兴反,杀三监而立禄子耿。成王践伐商邑,杀禄子耿,飞廉东逃于商盖氏,成王伐商盖,杀飞廉,西迁商盖之民于朱圉,以御奴虘之戎,是秦之先,作周陪。周室既卑,平王东迁,止于成周。"(图10:清华简)朱圉,地名,现今仍存,当今甘肃天水市甘谷县城西10公里之朱圉乡,在渭河北岸,南岸山脉即朱圉山,南与陇南市礼县相连。依此记载当时迁于此地的嬴姓人就是秦人的祖先。(过去属天水地区,80年代撤区设市,部分县归陇南市)秦姓即始。西周末(约前890),秦人还过着游牧生活,居于犬丘(今天水)的首领非子,因善于养马被周孝王看中,为周王室养马于汧渭间,后封为附庸并邑之秦(今天水市清水县秦亭),过上了定居生活,复续嬴氏祀,登上了历史舞台。其后又封首领秦仲为大夫,率领秦人与戎狄作战,最后命丧西戎。秦仲死,周宣王又看中其大儿子庄公昆弟五人,征召领兵继续攻打西戎,取胜占领犬丘。被封为西垂大夫,专为周室作战,从此开始逐步强大起来。后来其弟襄公即位,前770年、平王元年、襄公八年,戎、狄更加猖獗,围犬丘,攻镐京,杀幽王,加之国人皆怨,周室走到了尽头,西周一朝结束了统治。历史进入春秋时代。周室诸侯拥立幽王太子为周平王。平王即位,戎、狄势力有增无减,迫其东迁都城于洛阳,秦襄公领兵护送,因功封为诸侯,并把歧以西之地赐给襄公,从此秦始建国。

春秋时期,从周平王元年、秦襄公八年(前770)始,至周敬王四十三年、秦悼公十四年(前477)止,凡293年,秦国先后有16公执政:襄5、文50、宪12、出子6、武20、德2、宣12、成4、穆39、康12、共5、桓27、景40、哀36、惠10、悼14。其中文公时间最长,其次景、穆、哀、武居中,德、成最短。经历了从艰苦立国、苦心经营、五霸争雄、逐渐衰落的全过程。其中襄、文、宪三公,生营西垂,死葬西垂。武公伐邽、冀之戎,首建戎中之县。德公迁都,宣、成东扩。穆公开地千里,遂霸西戎。不但稳固了西部地盘,而且将秦国从一个小诸侯国引进了奴隶社会,促进了秦国社会的进步与发展。

战国时期,从周元王元年、秦厉共二年(前475)始,至秦始皇二十六年(前221)止,凡254年,又先后有15公执政:厉共34、躁14、怀4、灵10、简15、惠13、出子2、献23、孝24、惠文27、武4、昭56、文1、庄3、始皇26。其中昭王最长,惠、始皇、孝、献次之。经历了诸侯纷争、三家分晋、七雄相争,逐渐占地,改革变法,并兼天下的全过程。其中厉共时期,屡战屡败、被动挨打。献公始行改革,止从死,初行市,籍为伍,推县制,迁国都(栎阳)。孝公招卫鞅,推变法,迁国都(咸阳),行县制,建军制,兴赏罚,统一度量衡,将秦国推向了封建社会。惠文王,杀商鞅，固封建。取河西，定巴蜀，秦有天下之半，自称为王。武王袭位，固秦魏之盟，南镇压巴蜀割据势力及少数民族，北伐义渠之戎，更壮秦之雄威。昭王继位，宣太后秉政，施行远交近攻之策，秦楚结盟、出兵救赵，秦、齐、楚、赵互战，灭义渠，筑长城，界秦国，欲称帝。至始皇，大兴兵，多征战，灭六国，二十六年并天下。战国结束，建立秦朝，将全国推向封建社会。[8]

秦人本是一个落后部族，夏商周三代时仍处于原始社会的游牧阶段，经过春秋战国，从奴隶社会跃向了封建社会，变成强国并新立王朝。与此相关的地下考古资料也证实着其历史的发展，但在秦人发迹的甘肃东南部地区内，所发现的资料较少、缺环很多，不连贯，更不能全面证实历史发展的轨迹。秦之先的遗存至今未发现。目前可知最早的礼县大堡山两座大墓，因被狂盗而不能确认墓主，后来在附近的圆顶山勘探发现也有大墓存在，看来春秋时的襄、文、宪三公之墓定在此处。清水县的墓葬亦当同时或稍早。甘谷毛家坪的墓群推测应是武公十年（前688）伐邽冀戎、初设县以后的遗存。马家塬墓群，从出土的青铜茧形壶底部铭文"鞅又"推测，应是战国时期孝公推行商鞅变法以后时的墓葬。青川郝家坪墓群从出土木牍文书的纪年断定，是战国武王四年（前307）以后的遗存。成县尖川墓地，出土东西较少，但漆器中的双耳长盒与郝家坪的长盒相同，应是同时期的墓地。而放马滩墓群时代最晚，是始皇八年（前239）以后的遗存。上述发现尽管不连贯，但其互相关系和脉络还是清晰的。特别是青川墓群，不仅将广元、成县、天水三地墓群串联起来，而且扩大了对秦人分布的地域的认识。如果说青川秦人是周赧王元年、惠文王后十一年（前314）封通国为蜀侯时移秦民万家之民的话，那这些秦人来自哪里呢？我拙以为，从青川、成县、礼县、天水四地的墓葬情况看，青川秦人很可能来自天水，经陇南而达广元地区。从地理上看很接近，不管是沿西汉水还是白龙江皆可通途，而且自然生活条件也优于天水、陇南。从历史上看也是秦人的势力范围之内。结合湖北张家山M247号墓出土的西汉吕后二年（前186）律令《行书律》："复蜀、巴、汉中、下辨、故道及鸡创中五邮"的律文，可知西汉初期下辨（今陇南成县）已有驿道开通，并有官方驿站的设立，这条驿道必起于天水，西南经陇南而达广元市域。那么这条驿道应是后来阴平道的前身，上溯历史可推至秦至战国后期。甘肃省天水、陇南市与四川广元市应是战国秦汉考古的重点地区。

注：

[1] 青川县文物管理所编：《青川郝家坪战国墓木牍考古发现与研究》，巴蜀书社，2018年。

[2] 甘肃省文物考古研究所：《甘肃天水放马滩战国秦汉墓群的发掘》，《文物》1989年第2期。《天水放马滩秦简》，中华书局，2009年。

［3］尖川资料未发表，出土文物在成县博物馆展出。本文照片由该馆原馆长张建文先生提供，此表谢意。

［4］甘肃省文物考古研究所编著：《西戎遗珍》，文物出版社，2014年。

［5］［6］甘肃省文物考古研究所编：《秦与戎》文物出版社，2021年。《清水刘坪》，文物出版社，2014年。

［7］戴春阳：《礼县大堡子山秦公墓地及有关问题》《文物》2000年第5期。

［8］林剑鸣：《秦史稿》，上海人民出版社，1981年。

［9］王云度：《秦史编年》，陕西人民出版社，1986年。

青川秦牍新解

李均明

(清华大学出土文献中心、"古文字与中华文明传承发展工程"协同攻关创新平台)

1979至1980年间,四川省博物馆、青川县文化馆对郝家坪战国墓葬群的发掘中,于其中50号秦墓获木牍两枚,数量虽少,内容却非常重要。资料公布以后,已见诸多讨论,但观点不一,尚存悬而未决的议题,今解析如下。

16号木牍

正面:

二年十一月己酉朔朔日,王命丞相戊(茂)、内史匽。民臂(辟)更修《为田律》:田广一步,袤八则,为畛。亩二畛,一百(陌)道。百亩为顷,一千(阡)道,道广三步。封高四尺,大称其高;捋(埒)高尺,下厚二尺。以秋八月,修封捋(埒),正强(疆)畔,及癹千(阡)百(陌)之大草。九月,大除道及阪险;十月为桥,修波(陂)堤,利津隥,鲜草离(蓠)。非除道之时,而有陷败不可行,辄为之。 章手

背面:

四年十二月不除道者:

囗二日,囗一日,□九日,□一日(以上为第一栏)

凡□□田囗……　□一日,丹一日(以上为第二栏)

章一日,辰一日　章手

"二年十一月己酉朔朔日"之朔日与汪曰桢《历代长术辑要》所推合,整理者及多数学者皆认为此"二年"指秦武王二年,当是。故下句"王命"必然是秦武王的命令。

丞相戊,指秦武王的左丞相甘茂。[1] 内史匽,李学勤云:"'匽'为人名。秦的内史源于周制。《周礼》云内史'执国法及国令之贰,以考政事,以逆会计',有掌管法令副本的职责,因此

秦武王改定法律，所命除丞相甘茂外，还有内史。"[2]据牍文所见，内史业务还涉及农业生产，故职责当含盖西汉时大司农所掌事。

"民臂（辟）"为关键词，是悬而未决的议题，对认识文书的性质有着举足轻重的作用，已见主要观点如：

李学勤先释"民臂"。读"臂"为"邪僻的僻"。[3]后释"丞臂"，云："丞臂是内史匽的助手"。[4]

于豪亮释"民颔"。读"颔"为"愿"。[5]

李昭和释"取臂"。读"臂"为"譬"，通读云："取譬（秦律），更修（蜀地）田律"。[6]

黄盛璋亦释"取臂"。云："李释'取臂（譬）'可信，但仍当为人名。"[7]

胡平生通读为"内史匽民、臂"，认为应是两个人名，云："当读作'内史匽民、臂'。'匽'通'晏'。《说文》：'晏，安也。''晏民'即安民。意与汉人之名'安国''安世'等相近。"[8]

徐中舒、伍士谦释"吏臂"。认为："在丞相、内史署名之下，最基层的行政官员'吏'也要同时署名。由此可以推断此残文为吏字，而臂即吏之名。"[9]

黄文杰将"匽"下一字释"氏"，再下一字未释。云："牍文'内史匽（燕）氏'应是一位颇有地位的姓燕的官员。'氏'以下一字字形虽不清楚，但它是这位官员的名则无疑问。"[10]

上述讨论为我们提供许多视角及切入点，从而产生新的认识，述如下。

就字形而言，此二字当释"民臂"。

"民"字字形与它简比较：

《青川木牍》　《岳麓秦简》　《张家山汉简·盗律》

据形态，此字确为"民"字无疑。

"民臂"之"臂"当读为"辟"，开辟的意思，古书写作"闢"，亦作"辟"，多指辟土垦田。《孟子·告子下》："我能为君闢土地，充府库。"[11]《商君书·壹言》："则上令行而荒草辟，淫民止而奸无萌。"[12]《商君书·弱民》："农、商、官三者，国之常设官也。农辟地。商【致】物。官法民。"[13]《吕氏春秋·上农》"地未辟易"，夏纬英曰："辟與闢通。"[14]《汉书·文帝纪》"而野不加辟"，师古注："辟，开也。"[15]《新语·道基》："闢土殖谷，以用养民。"[16]"民辟"乃为"民辟田"或"民辟地"的省略，犹言"民耕辟"，指称垦田老百姓。"辟"的这种省略用法亦见《管子·五行》"春辟勿时",房玄龄注:"春当耕辟,无得不及时也。"[17]在牍文"民辟更脩《为田律》"句中,由"民辟"构成的主谓短语为主语,"脩"为谓语,"为田律"为宾语。

多数观点认为,"更脩"是更改修订的意思,固然无误,但也要了解它还有其他的含义。每亩二百四十步的亩制不是秦武王时才有的,而是秦孝公时商鞅改革的成果。《战国策·秦策三》:"夫商君为孝公平权衡,正度量,调轻重,决裂阡陌,教民耕战,是以兵动而地广,兵休而国富,故秦无敌于天下,立威诸侯,功已成矣,遂以车裂。"[18]《史记·六国年表》秦孝公十二年,"为田开阡陌。"[19]时当公元前350年。《汉书·地理志》"孝公用商君,制辕田,开阡陌,东雄诸侯",注引张晏曰:"周制三年一易,以同美恶,商鞅始割裂田地,开立阡陌,令民各有常制。"[20]表明了秦孝公时商鞅改革的事实。《说文》"畮,六尺为步,步百为畮。秦田二百四十步为畮",段注:"秦孝公之制也。"[21]《风俗通义》佚文:"秦孝公以二百四十步为亩,五十步为畦。"[22]证实秦孝公时二百四十步为亩的制度已确立。况且"更修"有继续执行的含义。《国语·晋语四》"姓利相更",韦昭注:"更,续也。"[23]《管子·侈靡》"缘故脩法",王念孙云:"'脩'当作'循','缘'亦'循'也,'政'与'正'同,言缘循故常,遵循法度,以正治道也。张佩纶云:"'缘故脩法',言循故以脩新法。"[24]青川木牍之"更脩"当即"缘故脩法"的行为。但修订的程度有多少,由于没有旧条款可比对,也就不得而知了。

牍文"田广一步"以下至"下广二尺"是《为田律》的具体规定与实施标准。由于阜阳双古堆汉简中有"卅步为则"的记载,[25]知八则为二百四十步,与《岳麓秦简·数》简63"以从(纵)二百卌步者,除广一步,得田一亩"之每亩田的长度吻合。[26]汉承秦制,《张家山汉简·二年律令·田律》:"田广一步,袤二百卌步,为畛,亩二畛,一佰(陌)道;百亩为顷,十顷一千(阡)道,道广二丈。"印证了牍文"八则"的长度恰为二百四十步。[27]表明秦亩面积的问题可以做出定论了。

关于"畛",众说纷纭,古书也有多种解释。主要如道路说:《周礼·地官·遂人》"凡治野",郑氏注:"径、畛、涂、道、路皆所以通车徒于国都也。"[28]《诗·周颂·载芟》"徂隰徂畛",郑氏笺:"畛谓旧田有径路者。"[29]界限说:《庄子·齐物论》"为是而有畛也",成玄英疏:"畛,界畔也。"[30]又与沟相关说,《周礼·地官·遂人》"沟上有畛。"[31]即畛设于沟面之上。其实,古人的解释都没有错,只是视角不同罢了。寻找出兼具上述功能的事物,就不难理解"畛"的具体形象。"畛"与"畦"息息相关,不妨从"畦"谈起。《急就篇》"顷町界亩畦埒封",师古注:"田区谓之畦。今之种稻及菜为畦者,取名於此。"[32]畦之两边即为"畛",是为方便耕作而设的踏步道,双脚踏步能通过的宽度即可,通常低于畦面,形成沟形,深浅视农作物的品种及南北环境而异。所以它即是通道，又是畦与畦之间的界限，同时它的沟形结构又利于引水与排水，兼具古人所说的几个功能。

畦与畛横截面图示：畛⌐————畦————¬畛

畛之俯视图：

现代畦宽在1米至1.5米之间，与农具及耕作的需要相符，古代亦如此。《吕氏春秋·任地》："是以六尺之耜，所以成亩也。"[33]与牍文"田广一步"的宽度合，秦时一步为六尺，则一畦之宽度亦当为六尺，合今1.38米左右，亦知两畛之间距为六尺。与长八则（二百四十步）相乘，一畦之面积正好是秦之一亩。由于以畛为界限的土地面积与亩相符，故先人也常以"畛"代替"亩"，如《战国策·楚策一》："叶公子高食田六百畛。"[34]"六百畛"即等同于六百亩。需要说明的是牍文所云"亩二畛"是对单独的一畦（亩）地而言，指每畦（亩）两边都有畛，如果是并列的两畦（亩），则必然共用其间之田畛。

百道和千道是设于田亩间的道路，当无异议，但尚需明其布局：《汉书·食货志》"及秦孝公用商君，坏井田，开阡陌"，师古注："阡陌，田间之道也。南北曰阡，东西曰陌。"[35]《汉书·地理志》"孝公用商君，制辕田，开阡陌，东雄诸侯"，师古注："南北曰阡，东西曰陌。皆谓开田之疆亩也。"[36]则亩之北端为陌之所在，与二畛垂直，故律文云"亩二畛，一百（陌）道。"百亩田横排构成"顷"（即律文所云"百亩为顷"），所以亩与亩北端之陌相连接，便形成顷之百（陌）道，所以可以说"陌"即百亩田之东西向通道（牍文称"百道"）。顷之南端则共用其下顷田北端之陌道。每亩田广一步，则顷之陌道长百步，路程短，当为步行道，故律文未规定其宽度，可因地制宜，不必与阡道同宽。顷之南北向边长处设通道即"阡"。每亩长240步，则每顷之阡道长亦为240步。青川木牍律文云"百亩为顷，一千（阡）道"，《张家山汉简·二年律令·田律》："百亩为顷，十顷一千（阡）道。"[37]前者每顷一阡道，后者十顷一阡道，似乎有矛盾，其实不然：前提是必须把十顷田纵向排列，则每顷之阡道必然与其他阡道连接在一起，形成一条长2400步的通道，故称"一千道"（如果横向排列则形成十条阡道），含千亩通道的意义。律文云千（阡）道广三步，合今4米多，已可用于车辆运输。

关于封、埒已有大体一致的意见，认为"封"是分界的标志，"埒"是分界的矮墙。《急就篇》师古注："封，谓聚土以为田之分界也。"[38]《睡虎地秦简·法律答问》："盗徙封，赎耐。可（何）如为封？'封'即田千（阡）陌顷半（畔）封也。"[39]青川木牍律文云"封高四尺，大称其高"，乃指封土高四尺，大小与高度相称即可，对于形状没有具体要求，强调的显然是其高度，以便一目了然。《说文》："埒，卑垣也。"[40]《周礼·天官·掌舍》"为坛壝宫"，郑氏注："谓王行止宿，平地筑坛，又委壝土起堳埒以为宫。"[41]律文云"埒高尺，下厚二尺。"知埒为底座宽二尺，高一尺的矮土墙。封与埒的关系，《古今注》云："封疆画界者，封土为台，以表识疆境也。画界者于两封之间又为壝埒以画分界域也。"[42]则"埒"是连接封土堆之间的小矮墙。律文云"以秋八月脩封埒，立疆畔"表明脩封埒是立疆畔的前提。《国语·周语》"修其疆畔"，韦注："疆，境也。畔，界也。"[43]知"疆畔"指地界，地界是以封埒分隔的。

牍文"叜千（阡）百（陌）之大草"，当与《张家山汉简·二年律令·田律》"恒以秋七月除千（阡）百（陌）之大草"义同，指清除阡陌通道上阻碍秋收运输的杂草等。《吕氏春秋·任地》"大草不生"，高诱注："草，秒也。"[44]下文之"九月大除道"之"道"指交通大道而非阡陌通道。大除道，大规模整修道路。"阪险"从于豪亮释解，指道路险峻之处。[45]或包括道路本身及路边险坡之塌方。《吕氏春秋·孟春纪》"阪险原湿"，注："阪险，倾危也。"[46]

波（陂）堤，储水库之堤防。"波"读"陂"，《国语·周语下》"陂塘汙庳"，韦昭注："畜水为陂，塘也。"[47]堤，堤防。

牍文"津"下一字歧义最多，陈伟、高大论做过归纳，[48]主要观点如：

李昭和释为"深"。

于豪亮、李学勤、周波释为"梁"。

黄盛璋释为"隘"。

田宜超、刘钊释为"窾"，读"康"。

胡平生、韩志强释为"沱"，读"渡"。

陈世辉、汤余辉释为"涧"。刘洪涛亦释为"涧"，读"关"。

李零释为"衍"读为"干"或"岸"。

禤键聪释为"渊"。

何有祖疑为"隧"字。陈伟、高大伦释为"隧"。

本文认为陈伟、高大伦释"隧"近是。此字原字形如下：

依字形，此字上从"隧"，下从"水"，当隶定为"㒸"，涉水通道专用字。上旁"䢦"为"隧"字异体。《玉篇》䏍部第三百五十五："䢦，似醉切，延道也，今作隧。"[49]字形与木牍文上旁类同，"隧"下加水旁，只是为了表明它是与水有关的通道而已。"㒸"亦可读"遂"。《广雅·释宫》"队，道也"，王念孙曰："队，或作隧。"[50]《荀子·大略》"迷者不问路，溺者不问遂，亡人好独"，杨倞注："遂谓径遂，水中可涉之径也。"[51]《张家山汉简·二年律令·田律》此句作"利津梁"之"梁"，当指水中之梁。《诗·候人》"维鹈在梁"，毛疏："梁，水中之梁。"《诗·谷风》"毋逝我梁，毋发我笱"，朱熹集传："堰石障水而空其中，以通鱼之往来者也。"[52]鱼梁可通水、通鱼，亦可行人，汉简所指无疑指涉水通道。则青川木牍之"利津㒸"与《张家山汉简》之"利津梁"一脉相承，并无歧义，只是前者为泛指而后者有具体形式。当然，水中通道可有多种样式，即可以排列石墩为通道，也可选择浅滩隆起处涉水，或还有其他形式，当因地制宜。

关于石墩涉水通道，见下图及文后图。

前文已见"十月为桥"，则"㒸"有别于桥，或适用于较浅的河溪中，设施简易，水流大的时候可漫过。《国语·周语》："雨毕而除道，水涸而成梁，草木节解而备藏，陨霜而冬裘具，清风而修城郭。故夏令曰：'九月除道，十月成梁。'"[53]重庆市重点保护文物白鹤梁即为"水涸而成梁"的典型，表明十月水流干涸时有利于修治渡口及水中通道，与木牍文十月"利津㒸"合。

关于"鲜草离（莱）"赞同于豪亮释解："'鲜草离'意思是除去草莱。这是指除去桥上和陂堤上的草，与上文'癹千（阡）百（陌）之大草'，自然是有区别的。"当泛指十月对道桥陂堤津梁进行大整治时，亦弃除其间的杂草灌木等障碍物。

上述于十月修道桥等的规定是必须做的，"非除道之时，而有陷败不可行，辄为之"则指虽非十月而道桥等受损影响使用时，亦须及时修治，不必等到十月。

"章手"从陈伟、高大伦释解："章当为人名，手指手书、记录。"

16号牍背未见清晰照片，暂从陈伟、高大伦释读。内容为未参加除道者的名单和天数。据此牍正面所见，垦田者有除道义务，不除道当有相应的惩罚或赔偿。而17号木牍所见为不除道者交钱的记录当与之相关，今录陈伟、高大伦释文如下：

正面：

□二□不除然道□十二□口□田者□一亩当十八钱。取𥅽

□□□□□□□一□□三□钱十五。□□一日二户，户六□□卅□。凡□。

年不□□五日，日六□钱卅。不除道二日，日十二橡□□□□□一日，日六。□，一日，日六。凡六十六钱。

□□八。年……□□□□不出……

背面：

□□□□

以上仅抄录陈伟、高大伦释文。大多字迹已磨灭，且未见照片，不能一一考证，但可知其大意必与不除道需交钱相关，又与户及田亩挂钩。

由此可知，16号木牍正面之内容与其背面及17号木牍是有关系的：即前者是执行后者的法律依据。

关于16号木牍正面内容的性质。此牍正面当定性为秦武王二年十一月己酉命书，如果按汉代诏书的命名习惯，或可简称为"己酉命书"，是迄今所见最早的"命书"抄本墨迹。《尚书》所见，商周王的指令已有誓、诰、命三种：誓用以动员、训诫军旅，诰用以发布政令，命用于封官授爵。至战国时期，"命书"功能扩大，成为王室指令文书的专用称谓。出土秦简中屡见"命书"之称谓，如《睡虎地秦简·秦律十八种·行书》："行命书及书署急者，辄行之；不急者，日毕，勿敢留。留者以律论之。"《睡虎地秦简·秦律杂抄》："为（伪）听命书，法（废）弗行，耐为侯（候）；不辟（避）席立，赀二甲，法（废）。"《睡虎地秦简·为吏之道》："命书时会，事不且须。"上述秦律条款当形成于秦统一六国前，从律文所规定，亦知秦王室文书地位极高。秦并天下，"命"改称"诏"与"制"，至西汉又分为四：曰策书、制书、诏书、诫敕。《史记·秦始皇本纪》："臣等谨与博士议曰：古有天皇、有地皇、有泰皇，秦皇最贵。臣等昧死上尊号，王为泰皇。命为制，令为诏，天子自称曰朕。"[54] 其实秦汉皇室虽然已经不再使用"命书"的称谓，但

诸侯王还继续使用，如长沙走马楼西汉简仍见长沙王使用"命书"的实例。

秦武王"己酉命书"的内容可分为两大部分：

一是严格执行《为田律》规定的造田标准，以二百四十步为亩是核心内容，属硬性规定。而关于长宽及阡陌的设置规格，应当只是一般性要求，在大平原容易做到，但在不同的地形地貌下，如丘陵、山地或可变通。

二是垦田者有整修道路、桥梁、津渡、水利工程的义务。其中规定了集中整修的时间，以八至十月为主，临时有"陷败"者则不受时间限制。这些义务等同于额外的劳动，不计入徭役范围。把义务劳动与垦田者挂钩的做法亦见《睡虎地秦简·秦律十八种·䌛律》："其近田恐兽及马牛出食稼者，县啬夫材兴有田其旁者，无贵贱，以田多少出人，以垣缮之，不得为䌛。"因为这些措施是直接为拥有田地者服务的，所以其劳动不能计入正常的徭役份额。秦武王命书关于垦田者修道桥的规定亦当如此。所以17号木牍所见记田亩数与交钱数的简文，或为未参加义务劳动者按缺勤天数、拥有田亩数交钱抵偿的记录，可惜简文磨灭过甚，未能弄清各种数据之间的关系。

到了汉代，已将以上两部分内容二者合并为《田律》的一个条款，其后又加惩罚性规定，明确垦田者及各级官吏的责任，对违规者罚款，使内容更加完善。《张家山汉简·二年律令·田律》："田广一步，袤二百卌步，为畛，亩二畛，一佰（陌）道；百亩为顷，十顷一千（阡）道，道广二丈。恒以秋七月除千（阡）佰（陌）之大草；九月大除道□阪险；十月为桥，修波（陂）堤，利津梁。虽非除道之时而有陷败不可行，辄为之。乡部主邑中道，田主田道。道有陷败不可行者，罚其啬夫、吏主者黄金各二两。□□□□□及□土，罚金二两。"则知此《田律》所见垦田者只承担维护乡级以下道桥设施的义务，秦武王时的情形亦当相类。

（本文写作过程得到学友郑子良、郭伟涛、王博凯的资料支持，特此致谢）

图为浙江省泰顺县仕阳镇溪东村之仕水矴步,初造于明代,后多次翻建。长136米,宽1.9米。2006年列为第六批全国重点文物保护单位。[55]

注:

[1] 详见李昭和:《青川出土木牍文字简考》,刊于青川县文物管理所编《青川郝家坪战国墓木牍考古发现与研究》,巴蜀书社,2018年,第158、159页。

[2] 李学勤:《青川郝家坪木牍研究》,刊于《青川郝家坪战国墓木牍考古发现与研究》,第69—74页。

[3] 同上。

[4] 李学勤：《竹简秦汉律与周礼》，刊于《青川郝家坪战国墓木牍考古发现与研究》，第75—79页。

[5] 于豪亮：《释青川秦墓木牍》，刊于《青川郝家坪战国墓木牍考古发现与研究》，第140—142页。

[6] 李昭和：《青川木牍文字简考》，刊于《青川郝家坪战国墓木牍考古发现与研究》，第158—161页。

[7] 黄盛璋：《青川新出秦田律木牍及其相关问题》，刊于《青川郝家坪战国墓木牍考古发现与研究》，第226—231页。

[8] 胡平生：《青川秦墓木牍"为田律"所反映的田亩制度》，刊于《青川郝家坪战国墓木牍考古发现与研究》，第132—135页。

[9] 徐中舒、伍士谦：《青川木牍简论》，刊于《青川郝家坪战国墓木牍考古发现与研究》，第63—68页。

[10] 黄文杰：《秦系简牍文字译释商榷（三则）》，刊于《青川郝家坪战国墓木牍考古发现与研究》，第165—168页。

[11] 杨伯峻：《孟子译注》，中华书局，1960年，第293页。

[12] 高亨：《商君书注释》，中华书局，1974年，第81页。

[13] 《商君书注释》，第159页。

[14] 陈奇猷：《吕氏春秋校释》，学林出版社，1984年，第1711页。

[15] （汉）班固撰、（唐）颜师古注：《汉书》，中华书局，1962年，第2413页。

[16] 王利器：《新语校注》，中华书局，1986年，第12页。

[17] 黎翔凤撰、梁运华整理：《管子校注》，中华书局，2004年，第867页。

[18] 诸祖耿：《战国策集注汇考》，江苏古籍出版社，1985年，第355页。

[19] （汉）司马迁撰：《史记》，中华书局，1959年，第723页。

[20] 《汉书》第1641、1642页。

[21] （汉）许慎撰、（清）段玉裁注《说文解字注》，上海古籍出版社，1981年，第695、696页。

[22] （东汉）应劭撰、吴树平校释：《风俗通义校释》，1980年，第412页。

[23] 徐元浩撰，王树民、沈长云点校：《国语集解》，中华书局，2002年，第337页。

[24] 《管子校注》第704、709页。

[25] 胡平生、韩志强：《解读青川秦墓木牍的一把钥匙》，刊于《青川郝家坪战国墓木牍考古发现与研究》，第130—131页。

[26] 朱汉民、陈松长主编：《岳麓书院藏秦简（贰）》，上海辞书出版社，2011年，第66页。

[27] 张家山二四七号汉墓竹简整理小组：《张家山汉墓竹简》（二四七号墓），文物出版社，2001年，第166页。

[28] （清）阮元校刻：《十三经注疏》，中华书局，1980年，第741页。

[29] 《十三经注疏》第601页。

[30] 郭庆藩辑，王孝鱼整理：《庄子集解》，中华书局，1961年，第83、84页。

[31] 《十三经注疏》第740页。

[32] 张传官：《急就篇校理》，中华书局，2017年，第337页。

[33]陈奇猷：《吕氏春秋校释》，学林出版社，1984年，第1731页。

[34]诸祖耿：《战国策集注汇考》，江苏古籍出版社，1985年，第768页。

[35]《汉书》第1126页。

[36]《汉书》第1641、1642页。

[37]张家山二四七号汉墓竹简整理小组：《张家山汉墓竹简》，文物出版社，2001年，本文简称《张家山汉简》，下同。

[38]《急就篇校理》第337页。

[39]睡虎地秦墓竹简整理小组：《睡虎地秦墓竹简》，文物出版社，1990年。本文简称《睡虎地秦简》，下同。

[40]（汉）许慎撰、（清）段玉裁注：《说文解字注》，上海古籍出版社，1981年，第685页。

[41]《十三经注疏》第676页。

[42]（晋）张华等撰，王振林等校点：《博物志（外七种）》，上海古籍出版社，2012年，第122页。

[43]徐元诰撰，王树民、沈长云点校：《国语集解》，中华书局，2002年，第21页。

[44]《吕氏春秋校释》第1731、1739页。

[45]于豪亮：《释青川秦墓木牍》，刊于《青川郝家坪战国墓木牍考古发现与研究》，第140—142页。

[46]《吕氏春秋校释》第2、15页。

[47]《国语集解》第93页。

[48]参见陈苇、高大伦：《郝家坪秦墓木牍》，刊于《青川郝家坪战国墓木牍考古发现与研究》，第54—62页。

[49]张氏泽存堂本影印：《宋本玉篇》，北京市中国书店，1983年，第420页。

[50]（清）王念孙撰：《广雅疏证》，上海古籍出版社，1983年，卷七上第15页。

[51]（清）王先谦撰，沈啸寰、王星贤点校：《荀子集解》，中华书局，1988年，第589页。

[52]（宋）朱熹：《诗集传》，中华书局，1958年，第21页。

[53]《国语集解》第64、65页。

[54]《史记》第236页。

[55]国家文物局：《全国重点文物保护单位（第六批）》，文物出版社，2008年，第5集220页。

古道秘踪 ——古蜀道（青川段）考古调查

从青川木牍再论秦汉三国时期的秦蜀交通

西南大学历史文化学院历史地理研究所　马　强[*]

1979年四川省青川县郝家坪50号战国墓出土的青川秦木牍是巴蜀考古史上的一件大事，也是蜀道交通史上具有里程碑意义的重大发现。青川郝家坪木牍记载了秦武王（前311—前307在位）时期更修田律、修改封疆、筑堤修桥等6件大事，特别是涉及秦代更修田律与早期秦蜀金牛道的走向与路线问题，是研究先秦土地制度与交通史的珍贵材料。学界对青川木牍从书法史、经济史及其考古学的地层关系研究已经有不少论著发表，而对青川木牍对秦汉、三国蜀道交通史的关系及意义尚较薄弱，这里试加探讨，以请教于方家。

青川木牍出土后，引起了考古学界的高度关注，《文物》1982年第1期发表了四川省考古文物工作者公布的发掘简报与最初的释文：

二年十一月己酉朔朔日，王命丞相戊（茂）、内史匽，□□修为田律：田广一步、袤八则为畛。亩二畛，一百（陌）道。百亩为顷，一千（阡）道。道广三步。封，高四尺，大称其高。捋（埒），高尺，下厚二尺。以秋八月，修封捋（埒），正疆畔，及發（发）千（阡）百（陌）之大草。九月，大除道及除□□。十月为桥，修波（陂）堤，利津□，鲜草，虽非除道之时，而有陷败不可行，相为之□□"[1]。

刊发的考古挖掘简报的同一期《文物》上还刊登了于豪亮的研究文章《释青川秦墓木牍》。不久李学勤在《文物》上也发表了《青川郝家坪木牍研究》解读论文，下面是李学勤对牍文的释读校订：

二年十一月己酉朔朔日，王命丞相戊，内史匽，民臂（僻），更修《为田律》:田广一步，袤八，则为畛。亩二畛，一百（陌）道；百亩为顷，一千（阡）道，道广三步。封高四尺，大称其高；埒

---

[*] 作者系西南大学历史文化学院教授，博士生导师。

高尺，下厚二尺。以秋八月，修封埒，正疆畔，及发千（阡）百（陌）之大草；九月，大除道及阪险；十月，为桥，修波（陂）堤，利津梁，鲜草离。非除道之时而有陷败不可行，辄为之[2]。

青川秦墓木牍反映了秦武王在位时期（前310—前307）秦国在新占领的蜀地北边、陇蜀交界的青川白龙江流域政令推行、田亩管理、开辟阡道、修筑堤防等社会经济重要内容，其中开辟阡道、更修路桥、修筑堤防等与西汉初年张家山247号汉墓出土的汉简《二年律令》等律令规定十分相似，说明秦至汉初"更田律"有一定的关联性，同时反映了战国秦汉时期秦国入蜀早期屯田戍守青川一带的历史信息。青川木牍的发现同时也提出一个值得深究的问题，即为什么新兼并蜀国的秦军会在青川这相对偏僻之地驻军屯田，并且更修田律，丈量田亩、筑路修堤？这实际上涉及重新认知蜀道之重要干线金牛道早期交通路线及其后来变迁问题。

古代由秦入蜀的交通道路有多条，所谓"北栈五"（故道、褒斜道、傥骆道、子午道、阴平道）、"南栈三"（米仓道、金牛道、荔枝道），构成了入蜀道路的交通网络，但无论哪条道路都艰险难行，绝非平坦，因而历史上早有"蜀道难"的感叹。一般认为最早自陕南进入四川盆地的道路为金牛道，这本来无可厚非，但早期金牛道的入蜀走向与路线到底何指却存在争议，学者往往把唐宋时期自兴元府（汉中）经西县（今勉县）、三泉（今宁强）西至四川广元朝天峡入川的路线定谳为历史上的金牛道，但青川秦墓木牍的发现表明这一认识存在误区，至少从史实上不符合早期金牛道的经行路线。这一错误认知至少在西汉时已经形成，扬雄的《蜀王本纪》是有关古蜀国帝王世系仅有的传世文献，但夹杂着诸多神话传说。关于金牛道的开通，《蜀王本纪》如是记载：

秦惠王欲伐蜀，乃刻五石牛置金其后。蜀人见之，以为牛能大便金，牛下有养卒以告曰：此天牛也，能便金。蜀王以为然，即发卒千人，使五丁力士拖牛成道。致三枚于城郭，秦道得通，石牛力也。后遣丞相张仪等将兵，随石牛道伐蜀焉[3]。

《蜀王本纪》的这段夹杂神话传说的记载虽然道出了金牛道开通的历史背景及其名称的由来，却并未明确记载其线路的起止节点及其走向。从考古发现可以看到，实际上在秦惠文王伐蜀之前很久，秦蜀间早就有交通联系，并非李白《蜀道难》中所说"不与秦塞通人烟"。最新考古研究表明，早在商朝后期，古蜀国即与秦岭以北甚至更远的陕北有了文化联系，三星堆祭祀坑中发现的大量菱形眼形器，与陕北石峁遗址城墙上发现的菱形符号十分相似，有异曲同工之妙[4]。殷、周甲骨卜辞中也有譬如"蜀其受年""征蜀""至蜀""至蜀有事"等与蜀有关联的记载。殷商末年著名的武王伐纣战争，蜀作为"西土八国"之一即参与其中，必然存在交通路线问题。另据《华阳国志》记载，公元前6世纪古蜀国开明氏时期，发生过开明氏二世"卢帝攻秦至雍"[5]的战事。问题是早期史籍记载都没有明确交代秦蜀交往的具体交通路线，不足以考察金牛道早期的走向。而青川郝家坪秦国木牍的发现则对这一问题提供了新思路，对于考察金牛道早期走向与线路则意义重大。

结合汉晋时期史籍文献所载秦蜀间战事多次涉及"白水关"这一地理节点，表明先秦至汉晋时期秦蜀间交通多走自陈仓循嘉陵江南下至沮水（今陕西汉中市略阳县），再西行经山道进入白龙江流域的青川一带。而自青川欲去成都平原，则有两条道路可以选择，一是沿白龙江顺流而下至益昌桔柏渡（今四川广元昭化镇），经天雄关、剑门关西行至梓潼、罗江、绵州、广汉至成都，另一条则是经青川至江油、绵竹接罗江与唐宋金牛道重合入成都。

我们所熟悉的自陕西汉中勉县经宁强至广元朝天、昭化一线的"金牛道"，实际形成于唐宋时期。孙启祥先生曾经著文对金牛道的历史变迁作过复原性研究[6]，重点是对金牛道名实之变作了追溯性研究。只是论证未能结合青川秦简进行论证，且在史料方面有若干遗漏。唐人西行入蜀，初唐多走散关褒斜道嘉陵一线至梁州（汉中），中唐以后多走骆谷（傥骆道）至兴元府（汉中），再自西县（今勉县）经青羊驿至金牛县的金牛驿（今陕西汉中市宁强县烈金坝）、百牢关循嘉陵江至利州朝天峡进入蜀地。初唐至盛唐（618—756）时期，汉中至国都长安的交通主要取道褒斜道。虽然故道（陈仓嘉陵道）一直是传统"驿路"，但实际上由长安经汉中入蜀人们多选褒斜道。唐代前期诗人入蜀，自关中至山南梁州及蜀地，多取道褒斜道，这从王勃、骆宾王、沈佺期等人的入蜀行迹及其诗作可以印证。诗人王勃于总章二年（669）五月自长安去蜀，自谓"出褒斜之隘道，抵岷峨之绝径"[7]，从其《散关晨度》《晚留凤州》[8]诗题看，王勃既在散关、凤州羁留，则明显是从宝鸡南行经散关、过凤州取道褒斜南下。骆宾王赴蜀途中写有多首纪行诗，《送梓州还京》诗有"京洛风尘远，褒斜烟雾深"，《大剑送别刘右史》诗有"金碧禺山远，关梁蜀道难"[9]。可见其所行是自褒斜道南行汉中再经剑阁大剑山一线入蜀。中唐以后这条路线已成驿道，唐宪宗元和年间李吉甫《元和郡县图志》就认为西县（今陕西汉中市勉县）"百牢关"为入蜀起点："百牢关在县西南三十步，隋置白马关。后以黎阳有白马关，改名百牢关。自京师趣剑南、达淮左，皆由此也"。[10]北宋仕宦四川的官员石介、张方平、赵抃入蜀则是取道陈仓故道一线至兴元府之西县，再经三泉县金牛驿循嘉陵江至利州入川。如石介入蜀诗中就有《初过大散关马上作》《过飞仙岭二首》《剑门读贾公疏诗石》《泥溪驿中作》等诗[11]，可证其取道大散关、兴州、三泉、利州一线。明清时期这一线路形成"五丁峡""铁锁关""古金牛道"等诸多金牛道地名，就是我们今天熟悉的金牛道，但并非早期金牛道的走向。根据《史记》《三国志》等史籍记载，再参考青川郝家坪50号战国墓出土的青川木牍，可以初步判断，自秦惠文王时张仪、司马错伐蜀至东汉三国两晋时期由秦入蜀的金牛道，实际上多取道青川白水关，再南折经昭化经剑门关、梓潼、罗江、绵阳一线抵达成都。至于自汉中宁强至广元朝天关、明月峡入川的"金牛道"，则是唐宋时期才逐渐形成的入川驿路。

关于金牛道（又称石牛道）名实演变及其兴衰，也即金牛道到底何指？先秦、秦汉时期由秦入蜀到底循何路线？这是早期蜀道交通史研究不能回避的重要问题。学界传统观点认为自今日汉中勉县经宁强至四川广元朝天峡一线即为历史上的金牛道，自从先秦至唐宋皆如此。但秦汉三国时期的传世文献记载及其青川木牍的发现，却昭示这一传统观点大有可疑之处。而自秦陇西行取道白水关入蜀原因有两种情况，一是秦汉时期由西县至朝天一线的陆路尚未形成，唐代才有三泉县（今汉中宁强县）通利州益昌（今四川广元昭化）的嘉陵江才辟为水驿；第二种情况是敌对方军事对垒、军事封锁剑阁，蜀道走白水关一线西北行，经青川、江油与阴平道南端相接，西南至绵竹进入成都平原，这样可避开剑门天险入川，自有它的合理之处，不过中古时期此路同样山路险危，人迹罕至，取道利用者稀少，史籍记载寥寥。而自青川沿白龙江南下，经白水关、马鸣阁至昭化穿越剑阁入蜀反而成为常规线路。唐人李吉甫《元和郡县图志》对金牛道通行时间的记载有抵牾之处，该书卷二十五《利州·绵谷县》记载说："小剑故城在县西南五十一里，小剑城去大剑戍四十里。连山绝险，飞阁通衢，故谓之剑阁道。自县西南逾小山，入大剑口，即秦使张仪、司马错伐蜀所由路也，亦谓之石牛道。又有古道自县东南经益昌戍，又东南入剑州晋安县界，即钟会伐蜀之路也"。[12] 虽然李吉甫《元和郡县图志》认为司马错、张仪率秦军西行伐蜀经过石牛道，但其记载本身存在自相矛盾："剑阁道，自利州益昌县界西南十里至大剑镇，合今驿道。秦惠王使张仪、司马错从石牛道伐蜀，即此也。后诸葛亮相蜀，又凿石驾空为飞梁阁道，以通行路。"一方面说战国时期张仪、司马错从石牛道伐蜀，但又说三国诸葛亮北伐时才凿石架设栈道通行，在石牛道通行时间上明显充满矛盾。

先秦至秦汉时期，秦蜀之间发生诸多重大历史事件，史料表明，军旅由秦陇入蜀多经白水关，这从侧面昭示了白水关在早期蜀道交通中是一重要节点。白水关在今四川青川县东北白龙江右岸营盘乡五里垭，水路溯白龙江而上可得达甘南，是一重要军事关隘。三国蜀汉政权割据蜀地，即以包括白水关在内的"三关"为军事屏障，此说见《三国志·吴书》卷二十《贺邵传》："近刘氏据三关之险，守重山之固，可谓金城石室，万世之业。"贺氏所说的蜀汉三关分别指的是蜀汉北边沔阳（今陕西汉中市勉县）的阳平关，长江三峡鱼复（今重庆奉节）的江关与今四川广元青川的白水关。晋代张莹《汉南纪》云："蜀汉三关，阳平、江关、白水关。"[13] 可见白水关在蜀地的重要地位。白龙江古称白水，西汉于此筑城置白水县。明代学者曹学佺《蜀中广纪》卷二四《昭化县》云：（昭化县）"北接广元，则龙门、石柜、白水、景谷之地，彼此参错。《海内东经云》白水出蜀，而东南注江。郭景纯注：水微白浊，今在梓潼白水县源，从临洮之西倾来，经沓中东流通阴平至汉寿县入潜。"[14] 甚至认为《山海经》中提到的"白水"即白龙江。东汉建武二年（26），割据四川的公孙述派遣将军侯丹开白水关取南郑（今陕西汉中市东）[15]。这是开白水关路的早期记载。尔后，光武帝建武六年（30）：刘秀诏令隗嚣从天水伐蜀，隗嚣有异心，上言"白水险阻，剑阁败绝"以敷衍。唐章怀太子注曰："白水县有关，属广汉郡。栈阁者，山路悬险，栈木为阁道。"[16]《后汉书·李固传》注引《梁州记》曰：李固"出为广汉雒令。至白水关，解印绶还汉中。关城西南百八十里有白水关，昔李固解印绶处也。故关城今在梁州金牛县西"[17]。顺帝时，著名政治家、议郎李固受排挤被贬西蜀，自洛阳、经故乡汉中西行"出为广汉雒令"，但至白水关后，李固拒绝赴任，东返故里汉中隐居，于是"解印绶，还汉中"[18]。按照常理，李固由洛阳去蜀地广汉郡雒县（今四川广汉北）赴任，自长安经褒斜道至汉中后，应该自南郑西经褒城取道沔阳西行至葭萌县循嘉陵江入蜀，并无必要再从葭萌（今四川广元昭化）北上白水关，这显然不合常理。由此推断，战国、秦汉时由汉入蜀的金牛道当在青川白水关至葭萌一线[19]。张仪、司马错灭蜀，乃至尔后秦左庶长甘茂入蜀伐蜀侯公子辉与蜀相陈壮叛乱[20]、汉武帝时张骞通南西夷、更始帝造柱功侯李宝将兵攻蜀路线等，均取道此线。究其原因，一是白水关距秦陇空间地理距离较近，二是有水路相通，运输成本较小。之所以在青川郝家坪秦国之墓葬出土木牍，是因为青川正是张仪、司马错伐蜀入川进军成都的桥头堡。秦军首先在这一带驻军屯田戍守作长久计，青川郝家坪一带成为秦国控制蜀中的军事重镇，因之才会有秦武王时期的墓葬，并出土秦简（牍）。白水关出土的"蜀东工"铭文青铜戈，铜戈上镌刻有"九年相邦吕不韦造蜀守宣""蜀东工""成都"等篆体铭文，则表明至秦始皇时期已经在青川开始使用秦王朝中央官吏监造的兵器。黄家祥先生认为，"营盘梁到昭化一线，都发现了秦汉时期的墓葬。在白龙江的东岸，同样发现了栈道孔，这些孔从白水关一直延续到昭化。相反，在广元朝天区，迄今尚未发现先秦时期出土文物。先秦蜀道途经青川到昭化的一条考古证据链由此形成"[21]，这是一个十分重要的发现，其推断也颇有见地，此从之。

东汉末至三国两晋时期，青川白水关一带是入川蜀道上的军事要冲，这一时期白水关这一地名频繁入载史籍，表明青川白水关军事交通的繁忙及其地位非同寻常。据《三国志·蜀志·先主传》，刘备自荆州带兵入蜀接受刘璋资助后久驻蜀地东北的葭萌关一带，迟迟不发兵进攻汉中的张鲁，引起刘璋的怀疑，杀暗通刘备的"内贼"张松，并传令"关戍诸将文书勿复关通先主"。刘备闻之大怒，借机设计"召璋白水军督杨怀，责以无礼斩之"，并开始回师西向进攻成都，占领涪城（今四川绵阳）。南宋郭允蹈《蜀鉴》卷二也载："刘璋斩张松，昭烈大怒，召白水军督杨怀、高沛，责以无礼，斩之。勒兵径至关头，并其兵遂进据涪城。涪城今绵州。"而刘备借机除掉刘璋边关守将杨、高二人，实际上也就控制了白水关这一重要军事关隘，为夺取成都赢得了先机。到了建安二十三年（218），刘备取汉中时即自白水关南的马鸣阁道向东进军，并在马鸣阁道上与曹魏张郃所部发生激战。《三国志·魏志·张郃传》记载："太祖还邺，留（徐）晃与夏侯渊拒刘备于阳平。备遣陈式等十余营，绝马鸣阁道。晃别征破之，贼自投山谷多死者。"关于马鸣阁道的地望，清乾隆《昭化县志》卷二《古迹》载："马鸣阁在治（指清时昭化县）北五十里，白水之岸。《名胜记》曰：汉先主（指刘备）遣将陈式，绝马鸣道以拒曹操。操闻之叹曰：'此关过汉中之阴平，乃咽喉要路也'。"据此马鸣阁道大致当在今广元市西北、白龙江东岸的宝轮镇附近。建安二十四年（219）刘备征战汉中，称汉中王于沔阳，自汉中凯旋西还成都时，则明确经过了白水关。《三国志·先主传》裴注引《典略》载：刘备为汉中王后还治成都，"起馆舍，筑亭障，从成都至白水关，四百余区"。至蜀汉末期，白水关又曾作为蜀汉抗拒曹魏入蜀进攻的关隘。史载蜀汉炎兴元年、魏景元四年(263)，魏将钟会"攻破关城"，而蜀将姜维则"退趣白水，与蜀将张翼、廖化等合守剑阁拒会"。上述史事说明白水关是东汉三国时期自汉中入蜀的必经之路，战略地位十分重要。由此不难发现，先秦、秦汉时金牛道（古称秦汉金牛道）均经白水关。据曾经长期在陕西宁强地方工作的学者孙启祥以文献结合实地考察考证，秦汉金牛道的具体路线是自汉中勉县（古沔阳县）西南行，经宁强县大安镇（古金牛驿）、阳平关（古阳安关、关城)，自燕子砭（古青鸟镇、除口戍）西南渡嘉陵江，由广坪、金蝉寺抵白水关，沿白龙江到昭化（古葭萌），溯清江河西至沙溪坝，顺大剑溪峡谷上，越剑门关经武连驿抵梓潼：历绵阳(古涪城)、广汉（古雒城）至成都[22]。孙启祥所复原的这条路线实际上就是金牛道最初的路线亦即张仪、司马错攻蜀所行之道。直至三国两晋南北朝末期，这条道路一直通行。东晋时，成汉国主李雄曾派遣其将李珰出征白水，"东征将军李寿及珰弟珝出阴平以击陇右羌杨难敌仇池国"[23]。南北朝时刘宋与氐羌仇池国王杨难当于汉中交战，杨难当据守白水城（关），被刘宋将领、梁州刺史萧思话击败，史萧思话置戍于葭萌水。葭萌水即指白水（白龙江），胡三省《资治通鉴考异》引《水经注》说："《水经注》：白水出临洮县西南西倾山，东南流至葭萌县北，因谓之葭萌水。水有津关，即所谓白水关也。"[24]这种状况一直延续至南北朝末期，随着唐代自汉中入蜀循嘉陵江水道驿路的兴起，金牛道主道才改为从三泉县七盘关经朝天关到葭萌关，而青川白水关道自此时才开始衰落下去。

结　语

考古发现不仅可以弥补历史典籍记载的阙略，而且以真实可见的文物材料复原已经消失岁月的历史真相，更可能改变历史研究中一些似是而非的固有思维。青川木牍的发现至今已经40余年了，其在秦汉史、经济史、书法史、交通史的意义认知仍然在继续深化之中。就蜀道交通史而言，青川木牍引发了对金牛道早期走向与线路的重新认识，也即秦汉三国时期金牛道指的是自汉中沔阳经古阳平关（今勉县西）、循古金牛驿至宁强燕子砭、青川白水关至西南渡嘉陵江，由广坪抵青川白水关，南接广元昭化葭萌关一线，而并非是人们熟知的唐宋金牛道的路线，从而改变了学界传统的早期由秦入蜀是由汉中西取道今勉县、宁强至四川广元朝天峡入川的传统观点，这对于认识秦蜀古代交通及其变迁是一个重要典型事例。因而，青川木牍及其白水关秦铜戈的发现无论对于蜀道交通史抑或是对青川地区的历史交通史而言，都是不可多得的重要出土实物文献。

注：

[1] 四川省博物馆、青川县文化馆：《青川县出土秦更修田律木牍——四川青川县战国墓发掘简报》，《文物》1982年第1期。

[2] 李学勤：《青川郝家坪木牍研究》，《文物》1982年第10期。

[3]（宋）李昉等：《太平御览》卷三〇五《征伐》。

[4] 吴晓铃、吴梦琳、边钰：《秦蜀早期文明之间有这些联系》，《四川日报》2021年7月29日报道。

[5]（东晋）常璩：《华阳国志》卷三《蜀志》。

[6] 孙启祥：《金牛道演变考》，《历史地理》第23辑，上海人民出版社，2008年。

[7]《文苑英华》卷七一五，王勃：《入蜀纪行诗序》。

[8]《全唐诗》卷五六

[9]《全唐诗》卷四一

[10] 李吉甫：《元和郡县图志》卷二五《山南道·西县》。

[11] 石介：《徂徕集》卷四。

[12]（唐）李吉甫：《元和郡县图志》卷三四《剑州》。

[13]（宋）王应麟：《玉海》卷二四《地理》。

[14]（明）曹学佺：《蜀中广记》卷二四《昭化县》。

[15]《后汉书》卷四三《公孙述传》："越巂任贵亦杀王莽大尹而据郡降述，遂使将军侯丹开白水关。"

[16]《后汉书》卷四三《隗嚣传》注。

[17]《后汉书》卷九三《李固传》注。

[18]《后汉书》卷九三《李固传》。

[19] 当代蜀道研究专家李之勤先生在《金牛道北端线路的变迁与优化》（《中国历史地理论丛》2004年第2期）一文中也认为今从陕西宁强烈金坝经广元昭化、剑阁的路线战国时尚未通行，因其未能引证青川秦墓木牍资料，因而未对战国、秦汉时期的金牛道路线与走向问题提出质疑，但其判断却是正确的。

[20]《史记·樗里子甘茂列传》："蜀侯辉、相壮反，秦使甘茂定蜀。还，而以甘茂为左丞相，以樗里子为右丞相。"

[21]《一枚青川战国木牍，写下秦王朝"移民实蜀"的历史烟云》，《川观新闻》2019年11月28日。

[22] 孙启祥：《金牛道演变考》，《历史地理》第23辑，上海人民出版社，2008年。

[23] 司马光等：《资治通鉴》卷九《晋纪十四》。

[24] 司马光等：《资治通鉴》卷一二二《宋纪四》。

论　文

青川秦牍"梁"字再论

华东师范大学中文系　朱学斌

四川省青川县地处白龙江下游，地理位置重要，位于川、甘、陕三省交界处。1979年2月到1980年2月，郝家坪出土有一件"更修为田律"木牍，其释文整理如下：

二年十一月己酉朔朔日，王命丞相戊（茂）、内史匽氏、臂更修为《田律》：田广一步，袤八则为畛。畮（亩）二畛，一百（陌）道。百畮（亩）为顷，一【1】千（阡）道。道广三步。封高四尺，大称其高。埒（埒）高尺，下厚二尺。以秋八月，修（修）封埒（埒），正疆畔，及登千（阡）百（陌）之大草。九月，【2】大除道及阪险。十月为桥，修（修）波（陂）堤，利津🅇鲜草。虽非除道之时，而有陷败不可行，辄为之。章手。【3】

关于青川秦牍"更修为田律"成书的年代，整理者联系《史记》所记："武王元年（前310）甘茂伐蜀，二年定相位，正与此合。汪曰桢《历代长术辑要》所推，秦武王二年十一月初一，正逢"二年十一月己酉朔"，与牍文纪年亦是吻合的。"所以青川秦牍成文于秦武王二年（前309），这一点学界基本没有异议。

青川秦牍释文中异议最多的字是第三行"利津"之后的下一个字，发掘报告摹写为🅇形，但在释文以符号"□"表示无法隶定[1]。有不少论者因为隶定莫衷一是，也选择在释文用符号"□"回避此字[2]，以至于还有在释文直接略去此字[3]或直接将"津"释为"梁"[4]的情况。由于整理者摹写的🅇形仍有不少可讨论的地方，以下用"此字"指代。

一　从"穴"的相关隶定

此字研究的第一个阶段还处在探索期，根据释文"利津"以及全文篇章提出了各种释读方案，早期隶定很多观点认为从"穴"形构件，现根据这些方案提出的早晚排序如下：

213

第一类观点将此字释为"深"字。李昭和在参与发掘报告撰写之外，还将此字隶定为"深"字[5]，认为释文"利津深"是"以利疏通河道之意"。另外，秦简"深"字无论是左右结构的形（《睡虎地·秦律杂抄》简15），还是上下结构的形（《睡虎地·封诊式》简35）等字例都与之不同（秦简"深"字的顶部构件经常类化近似构件"穴"），对照可知此字明显不从"罙"或"突"。"深"字的《说文》小篆作形："深，水。出桂阳南平，西入营道。从水罙声。注：㴱，古文。"

第二类观点将此字释为"㝩"字。田宜超、刘钊将其隶定为"㝩"字，认为是"康"字的古字，从穴，康省声。而"㝩"字又可以通假为"康"字："古音'㝩'与'康'并属'溪'母、'阳'部，两字声母、韵母皆同。《释名·释道》：'五达曰康。康，昌也。昌，盛也。车步并列并用之，言充盛也。'"由此出发将释文的"利津㝩鲜草"解释为"以石为轮，轹杀津渡通道之绿艹"[6]。但此字上部并不从庚或从又，可参照秦简的"康"字作形（《睡虎地·日书甲》简59背）、"隶（隶）"字作形（《睡虎地·封诊式》简51）等字例。

第三类观点将此字释为"沱"字。胡平生、韩自强释文作"利津渡"，认为此字隶定为"沱"，读为"渡"[7]。王子今曾经认同这类释读[8]。这样隶定的原因在于将框架内构件隶定为"它"，但结合图版可知此构件内部并无勾廓，可以对照"它"字作形（《睡虎地·法律答问》简204）、"蛇"字作形（《睡虎地·日书甲》74背）等字例。第四类观点将此字释为"桥"字[9]，并未说明其推断理据，大概是为了将辞例可能的搭配都进行组合的尝试。

但是，此字明显从皀，而"深""㝩""沱""康""桥"等字目前尚未发现从皀异体。至于这些隶定观点将此字上部构形分析的相关依据，在下文还将展开论述。所以由此字构件"皀"的发现与研究为抓手，相关研究可以算是进入了第二个阶段。

二 从"皀"的相关隶定

此字难解很重要的一个原因，在于所从的框架"皀"。构件"皀"在古文字可作偏旁，例如《说文》的"皀""皀""皀"诸字。《说文》小篆作形："皀，两皀之间也。从二皀。凡皀之属皆从皀。"但是构件"皀"乃至于类似同体框架的构形方式并未能在今文字流传下来，所以对于当代的学者较为陌生。在找出此字从皀之后，相关的研究有了更为明确的指向，得以进展到了下一个阶段：

第五类观点将此字释为"梁"字及其异体字。于豪亮通过与《管子·四时》"正津梁，修沟洫"对读，认为此字可隶定为"渿（梁）"字[10]。此说亦有从者[11]，但对构形理据分析不足。

李学勤联系辞例认为此字从二"阜",从水刅声,隶定为"梁"字[12]。徐中舒、伍仕谦也隶定为"梁"字,认为:"桥即梁也。修波堤,即治理沟洫堤防,既使水能通畅,又能防治水患。按《周语》:'雨毕而除道,水涸而成梁。故夏令曰:九月除道,十月成梁。'"[13]胡淀咸加引《国语·周语》韦昭注:"夏令夏后氏之令,周所因也。除道所以便行旅,成梁所便民,使不涉也。"他在此基础上认为释文此句意为"十月份要作桥,修理堤防,要津梁便利"。[14]学术论著赞成这类隶定的也较多[15]。

第六类观点将此字释为"潔"字[16],估计源自豪亮隶定为"梁"字的方案,有可能产生于不同文本的转录之中。而此说亦有从者[17]。

第七类观点将此字释为"隘"字。黄盛璋将此字隶定为"䕲"字,认为此字在"牍文左右从两 Ḃ(𠂤)相对立,下从水,其上结构不清。案《说文》'隘'字篆文作䕲,其下又收一个籀文䕲,即后来关隘字。牍文此字可能从䕲从'益',即'隘'字。"并认为"利津隘"可以对举,"津当水路,隘则当陆路"。[18]后来他进一步解释"水道狭隘处亦称为'隘',故中间从'水',陆道上要除狭险,水道上则要通津隘,既与水利边也防水害",并引《管子·立政》:"沟渎不逆于隘,障水不安其藏,国之贫也"[19]。罗开玉从此隶定[20],从者不少[21]。例如《长江志》引四川省水利电力厅《嘉陵江志》将"利津隘"解释为有利于"渡口与险道"[22]。但对照可知此字上部并不从皿,可参照秦简的"益"字作 形(《睡虎地·秦律杂抄》简15)、 形(《睡虎地·秦律十八种》简57)等字例。

第八类观点将此字释为"衍"字或"衍"字。李零将此字摹写为 形隶定为"䕲"字[23],后来更进一步将其释为"衍"字,认为"津"是津渡,"衍"则是大泽,"利津衍"意为"使津渡和川泽畅通无阻",并引《小尔雅·广器》"泽之广者谓之衍"和《广雅·释地》"湖、薮、陂、塘、都、畎、斥、泽、埏、衍、皋、沼,池也"。他认为秦文字偏旁"𦤶"和"行"能互换的原因,在于时代不远的"《侯马盟书》'委质类''被盟诅人名'中有不少是属于'梵'氏(先氏),'梵'氏诸名中有一名'䜌'(亦作:諰、䜌、䜌),他的名字有时也写成 或 ,把亻旁或彳旁换成阜旁, 换成水"[24]。春秋晚期的"䜌"字如 形(《集成》00221:蔡侯申镈)在辞例"不䜌不貣"从陈梦家读为"不忒不贰",所以此处"䜌"字对应上"忒"字的《说文》籀文 形。由此出发,李零认为"既然《侯马盟书》中的䜌字就是忒字,而䜌字又同于 或 字,可见后者也就是忒字",所以青川木牍不从心的 字就隶定为"衍"字[25]。后来他改变了观点,将在补记改隶定为"衍"字,即在青川木牍"《为田律》中'利津'下面的那个怪字,应释为衍,读为干或岸。干可表示水畔涯岸,如《诗·魏风·伐檀》'寘之河之干兮',"河之干"就是"河之岸,"[26]。

第九类观点将此字释为"涧"字。陈世辉、汤余惠将此字隶定为"涧"字释为"川涧"义。"利津涧"意为"疏通渡口和川涧":"古人认为川涧水流只能疏导,不可雍塞,《国语·周语》:'不防川,不窦泽。'云梦秦简《田律》:'春二月,毋敢伐材木、山林及雍(壅)堤水。'"[27]后来,汤余惠将其进一步严格隶定为"㵎"字,解释其构形理据为"从水从二阜,像水在山阜之间,应即《说文》训为'山夹水也'的'涧'字"[28]。董珊、陈惠玲、季旭升等学者也认同这种观点[29]。肖辉同意释为"涧"的观点,认为前此字各种释读的共同特点是意指修通道路方便往来。既然木牍为'为田律',所有内容当以'为田'为核心",牍文中的每项措施都应以有利为生产为前提。所以"利津涧"是指疏通水利以利田作。另外,疏通水利比疏通道路时间上更为紧迫,一旦错过十月,进入春汛,则农业生产必大受影响[30]。但是,"涧"字既然从䜭取义于《说文》"山夹水",那么当释为两山间的水沟而非人工开挖的水利。《诗·召南·采蘩》:"于以采蘩?于涧之中。"毛传:"山夹水曰涧。"而在战国秦汉时期并无疏通"山谷"之举。

第十类观点将此字释为"渊"字。禤健聪也认为此字从䜭而隶定为"㵎"字,并将其与上博简"㵎"字作形(《上博三·周易》简50)、朱家集楚系金文的"㵎"字作形和形(《集成》1803-1806:客豊㵎鼎)相联系,并通过上博简本《周易》和马王堆帛书本《周易》辞例对勘将"㵎"字释为"渊"字[31]。他根据"渊"字《说文》小篆"从水象形,左右岸也,中象水貌"的说解,认为这与衍字所从的彳、亍完全不同。因此他反对李零"䜭""行"可以互换的说法,认为"侯马盟书的渊与侃换用,楚简(如郭店简《缁衣》'不侃于义',《诗·大雅·抑》作'不愆于仪')与传世文献的侃、衍对应,都只是通假关系"。

第十一类观点将此字释为"关"字。刘洪涛同意青川秦牍的此字隶定为"㵎"字,也同意此字是"涧"字的异体字,但认为青川秦牍《田律》的"修陂堤,利津涧"是互文见义,所以理解为"修"和"利"的是"陂堤津涧"。他指出"陂""堤"是河流两岸修筑的堤防,只有修筑堤防,通利水道,才能免受洪水、干旱等自然灾害的侵袭,保障水路交通系统的正常运作。"津"是济渡河流所必须经过的要地,只有修缮渡口,保持水道通畅,才能保卫国家和人民不受外来之敌、内作之盗等的侵袭,保障水陆交叉交通系统的正常运作。因此他认为与"涧"对文的不该是"衍""干""岸""渊"之类自然地貌,而是保障水路或陆路交通系统正常运作的重要建筑设施。所以,他将"㵎"字读为"关"字,上古音"涧""关"都属见母元部,音近可通。《史记·建元以来王子侯者年表》"荣简",《汉书·王子侯表上》"简"作"关"。"简"从"间"声,可证从"间"声之"涧"可以用作"关"[32]。

将青川秦牍此字隶定为"㵎(涧)"字释为"衍""洐""干""岸""渊""关"的问题在于,虽然此字的构形确实包含了构件"䜭",但此字除了"䜭"和"水"之外还有其他的构件,而这未被隶定出来的构件很有可能充当声旁。

此字释读的转机在于红外线扫描图版的公布。新的隶定观点都基于更清晰的新图版。所以下文将根据新的红外图版和彩色图版，重新审视此字的隶定。探究此字在"䭫"和"水"之外的构件，成为下一个阶段的研究重点。

三　结合红外图版对构形的再讨论

正如黄盛璋所言，此字从䭫从水，其上结构不清，是此字隶定莫衷一是的主要原因。在新的图版公布以后，对于其上结构的分析就有了更明确的指向。

第十二类观点将此字释为"䃳"或"隧"字。何有祖结合青川秦牍新的红外图版，将此字上部除了"䭫"和"水"之外的构件隶定为"豕"，由此可将此字隶定为"䃳"。但他认为"䃳"字并无多大可能读为"烽燧"的"燧"字，所以读作"隧"字。古书中"隧"亦有道路之意。《左传》襄公二十五年："初，陈侯会楚子伐郑，当陈隧者，井堙木刊。"杜预注："隧，径也。"《左传》昭公十七年"盈其隧炭，陈以待命。"杜预注："隧，出入道。"《淮南子·兵略训》："隧路亟，行辎治，赋丈均，处军辑，井竈通，此司空之官也。"高诱注："隧，道也。"所以何有祖一开始将其释文"利津隧"翻译为"疏通道路（或水道、地下水道）"[33]，后改释为"修治通往渡口的道路"[34]。整理《秦简牍合集》的陈伟、高大伦由此认为青川木牍此字或是"隧"之异体，其构形可与《说文》"䜹（隧）"字比观。隧有水中道路一义。《荀子·大略》："迷者不问路，溺者不问遂，亡人好独。"杨倞注："遂谓径隧，水中可涉之径也。"所以与"津"（渡口）并列[35]。

但是古代汉语的传世文献和出土文献材料并无其他"津隧"搭配。为此何有祖引入"津"字相关的其他词语进行论证，例如"津径"，《水经注·河水五》："应劭曰：'东武城东北三十里，有阳乡故县也，又东散绝，无复津径。'"又《南史·王懿传》："食毕欲行，而暴雨莫知津径，有一白狼至前，仰天而号，号讫衔仲德衣，因度水，仲德随后得济，与叔相及。"而"津涂"，例如《三国志·蜀志·许靖传》："津涂四塞。"而"津路"例如《南史·张畅传》："津路断绝。"但是，"津径""津途""津路"的语料普遍距离青川秦牍形成年代（前309）有五六百年的历史，最晚的《南史》记录的年代与青川秦牍超过了七百年，都已进入中古汉语的阶段，与青川秦牍所反映的上古汉语面貌差异巨大。所以胡平生、李蓉认为"津隧"搭配仍嫌不辞。再联系何有祖将"鲜草"读为"栈造"，而"栈造""津隧"之语，皆不见于典籍，可知此说证据不足，十分可疑[36]。

从字形而论,通过将此字已公布的各组图版与秦文字"豕"相比较,可推断此字上部构件不应释为"豕"的原因有三:

第一个原因是此字构件框架内并无斜笔,其下更接近"勹"形而非"勿"形。秦文字"豕"字例如豕形(《睡虎地·日书甲》简80背)左下部框架内有多道斜笔,而此字各图版相应位置缺乏多道斜笔的印迹(表一已用红圈标出):

表一 此字构件框架内缺少多道斜笔

字形			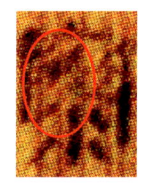	
出处	发掘报告摹本	《秦简牍合集》彩色图版	《出土文献研究(8)》彩色图版	《秦简牍合集》红外线图版

第二个原因是此字的构件上部笔画有出头,但是"豕"字的构形上部并不出头。何有祖本来是想将此构件释为"㒸"而将声旁释读为"遂",但此字上部明显并不像其他秦文字"遂"字上部有"八"形构件,例如简牍作㒸形(《放马滩·日书乙》30),玺印作㒸形(《秦印编》33)等[37]。所以他多转一层讨论逐、遂二字的混用,例如《山海经·西山经》"逐水出焉"字,郭璞注:"逐,或作遂。"[38]《春秋繁露·考功名》"各逐其弟"字,凌曙注:"官本案:逐,他本作遂。"[39]《周易·大畜》"良马逐"字,马王堆汉帛书本与双古堆汉简本均作"遂"字,张政烺先生指出:"帛书常以遂为逐。此处似遂字义长。"[40]但是,秦文字"豕"字上部笔画并不出头,例如豕形(《睡虎地·日书乙》简158),而此字上部明显有出头笔画,所以此构件并不是"豕"。另外,值得一提的是,结合各图版可知,此字上部的出头笔画是右上到左下的斜笔而非点笔(表二已用红色箭头标出),此字上部与"穴"形并不相近,所以前引"沱""深""寁"等隶定方案并不可取。

表二 此字构件上部出头的笔画

字形				
出处	发掘报告摹本	《秦简牍合集》彩色图版	《出土文献研究(8)》彩色图版	《秦简牍合集》红外线图版

第三个原因是此字右侧的两道<形构件是构件"餶"的勾廓（表三已用红圈标出），而秦文字"豕"并无这种结构。秦简"豕"字右部多呈へ形折笔而非现代汉字的"く"形笔画组合，例如豕形（《睡虎地·日书甲》简121）。

表三 此字右侧的餶形勾廓

字形			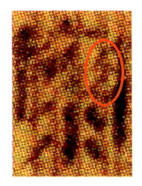	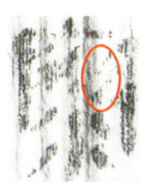
出处	发掘报告摹本	《秦简牍合集》彩色图版	《出土文献研究（8）》彩色图版	《秦简牍合集》红外线图版

综上所述，此字在从餶从水之外并不从豕，释读为"燧"或"隧"的观点仍需商榷。

第十三类观点释为"梁"字。周波原先将此字隶定为"梁"字[41]，在战国文字用为国名、地名、梁氏、津梁、鱼梁之"梁"。他指出战国文字的"梁"字存在大量异体[42]。白于蓝等从此隶定[43]。但是，此字并不从邑，也不因此表示"国名、地名、梁氏"，所以后来周波放弃了这种隶定。

第十四类观点释为"梁"字。根据《出土文献研究》第八辑公布的青川秦牍彩页照片[44]，"战国时代"评论周波网文指出中间的部分像是正面人形，不像"亢"形。张新俊认为从近些年公布的彩版青川木牍照片上看，此字从两相对之"阜""水"，从"亢"得声，读作"梁"应无疑问[45]。但是，古文字"亢"下部一直有一道斜画，秦文字也不例外，例如作介形（《睡虎地·日书乙》简97）、累增斜笔作介形（《睡虎地·日书乙》简129）等情况。而此字构件据图版可知下部分叉呈∧形而非"亢"字的Ⅱ形，而且，此字下部并无区别用的斜画。所以中部构件不必释为"亢"。

问题在于此字框架中间构件的具体所指。周波在吸取建议之后，将此字改隶定为"梁"字[46]，仍读为"梁"字。通过青川秦简与《张家山·二年律令·田律》简246—247"以秋七月除阡陌之大草；九月大除道及阪险；十月为桥，修陂堤，利津梁"[47]、《上博五·鲍叔牙与隰朋之谏》简1"九月除路，十月而徒梁成，一之日而车梁成"等类似文本的对读，从文献角度论证"利津梁"更符合当时语言表达习惯。

本文赞同将此字隶定为"梁"字，视为"梁"字的异体字。但是，原先各家摹本对于构形理据仍有未尽之处，需要进一步加以分析。

结　论

青川秦牍的这个"怪字"难解，其原因有三：一是此字所从的构件"䆞"，在今文字已经隐没，相关的构形搭配在当代相对陌生；二是此字在构件"䆞"和"水"之外仍有其他构件，未将这个声旁释出导致许多学者将此字与"澗（涧）"字相混淆；三是由于此字所从构件众多而书写空间狭小，构件相互拥挤直接对此字的摹写乃至隶定。下文将对诸家摹本与原字形的各种图版相互对比，从而指出其成就与不足。

发掘报告摹写字形的优点在于基本反映了此字轮廓，但整理者对于构件"䆞"的处理较为犹豫，对其框架内的构件也认识不足，导致难以判断具体所指，例如对于构件"夯"的两处区别笔画未能认出而只能以两处墨块代替；另外，其构件"水"右下部两点独立存在，整理者误将其连为一笔（表四已用红圈指出）：

表四　发掘报告摹本的连笔讹误

字形			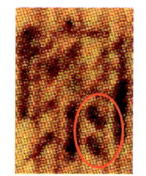	
出处	发掘报告摹本	《秦简牍合集》彩色图版	《出土文献研究（8）》彩色图版	《秦简牍合集》红外线图版

汤余惠和李零的摹本相对于整理者更为清晰，找出了此字从䆞从水，但省略了剩下的构件，对于进一步隶定造成了困扰；另外，青川秦牍作为早期古隶的反映，其构件已有向隶书演变的痕迹：例如构件"水"的中部在此字已经演变为竖笔作"小"形，而非二者仍以篆书笔势将构件"水"中部摹写为曲笔，又如原字形"䆞"左右两侧都已省为两个勾廓，而仍摹写为三个勾廓的篆书构形；李零摹本相对汤余惠摹本的进步在于找出构件"䆞"上部轮廓的封闭。周波在对读文献后进一步确认此字读为"梁"，但其摹本对于构件"夯"的反映仍可讨论；其摹本中部其实并非构件"夯"而是"刃"（表五已用红圈指出，另一处区别笔画在《秦简牍合集》彩色图版非常明显）；对于轮廓线上部的穿笔也反映为"宀"，但当时并无这种写法；张新俊指出此字中部构件似人形的意见也值得吸收；另外，此字右部组件䆞框架之下的竖笔也未反映出来。

表五　对构件"夘"两处区别笔画的反映

上部区别笔画字形			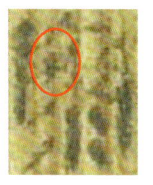	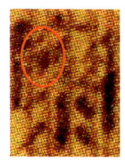	
出处	发掘报告摹本	周波摹本	《秦简牍合集》彩色图版	《出土文献研究（8）》彩色图版	《秦简牍合集》红外线图版
下部区别笔画字形				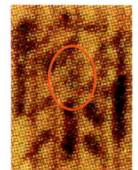	
出处	发掘报告摹本	周波摹本	《秦简牍合集》彩色图版	《出土文献研究（8）》彩色图版	《秦简牍合集》红外线图版

通过对照原字形各种图版之后，本文通过电脑的图像处理给出了新的摹本，其中构件"夘"的组件"刀"趋直讹变为"人"，在某种程度上反映了篆书向隶书演变的过程。另外，构件"䪞"上部轮廓封闭在玺印文字也有例证如作 形（《古玺彙编》3356）。周波认为此字从䪞沴声，本文认为此字从䪞从水夘声，䪞和水都是表意偏旁。

最后，汇总此字各家影本和摹本的对比如下：

表四　各家影本和摹本的对比

字形					
出处	《秦简牍合集》彩色图版	《出土文献研究（8）》彩色图版	《秦简牍合集》红外线图版	发掘报告摹本	汤余惠摹本　李零摹本　周波摹本　本文新摹本

注：

［1］四川省博物馆、青川县文化馆：《青川县出土秦更修田律木牍——四川青川县战国墓发掘简报》，《文物》1982年第1期。

［2］例如郑有国编著：《中国简牍学综论》，华东师范大学出版社，1989年，第188页。林剑鸣，吴永琪主编：《秦汉文化史大辞典》，汉语大词典出版社，2002年，第431页。林剑鸣：《秦汉史》，上海人民出版社，2003年，第169页。张伯元：《法律文献学》，上海人民出版社，2012年，第173页。元夫：《木牍之光——青川县城重生记》，四川人民出版社，2014年，第25页。张朝阳：《中国早期民法的建构》，中国政法大学出版社，2014年，第145页。山东博物馆，中国文化遗产研究院：《书于竹帛——中国简帛文化》，上海书画出版社，2017年，第252页。青川县文物管理所编：《青川木牍可移动文物普查集萃》，四川美术出版社，2017年，第4页。

［3］王博凯：《秦代道路安全问题及其治理》，《中州学刊》2021年第7期。

［4］王方：《从考古发现看汉代成都水利的发展》，《四川文物》1999年第3期。［日］佐佐木正治：《三足架与拨镰——四川早期铁器的特殊性和古蜀民的汉化过程》，《四川文物》2003年第6期。李丰娟：《秦简字词集释》，西南大学硕士学位论文，2011年，第94页。张万军：《简析西汉初期促进农业发展的法律制度》，《农业考古》2012第6期。

［5］李昭和：《青川出土木牍文字简考》，《文物》1982年第1期。

［6］田宜超、刘钊：《秦田律考释》，《考古》1982年第6期。

［7］胡平生、韩自强：《解读青川秦墓木牍的一把钥匙》，《文史》第26辑，中华书局，1986年。

［8］王子今：《"秦桥"考议：再论秦交通优势》，《史学月刊》2020年第5期。

［9］苏原、郭恒著：《中国书法史通论》，黑龙江人民出版社，2013年，第161页。

［10］《管子•四时》："其时曰春……其事号令，修除神位，谨祷獘梗，宗正阳，治堤防，耕芸树艺，正津梁，修沟洫。……是故春三月以甲乙之日发五政……三政曰：冻解，修沟渎，复亡人。四政曰：端险阻，修封疆，正千百。"于豪亮：《释青川秦墓木牍》，《文物》1982年第1期。又载于豪亮：《于豪亮学术论集》，上海古籍出版社，2015年，第64页。

［11］乌廷玉：《中国历代土地制度史纲》，吉林大学出版社，1987年，第55页。王子今：《秦汉农田道路与农田运输》，《中国农史》1991年第3期。《中华秦文化辞典》编委会：《中华秦文化辞典》，西北大学出版社，2000年，第570页。谷溪编：《中国书法艺术》第1卷《殷周春秋战国》，文物出版社，2003年，第227页。杨英：《祈望和谐——周秦两汉王朝祭礼的演进及其规律》，商务印书馆，2009年，第485页。

［12］李学勤：《青川郝家坪木牍研究》，《文物》1982年第10期。

［13］徐中舒、伍仕谦：《青川木牍简论》，《古文字研究》第19辑，中华书局，1982年，第282～289页。

［14］胡澱咸：《四川青川秦墓为田律木牍考释——并略论我国古代田亩制度》，《安徽师范大学学报（哲学社会科学版）》，1983年第3期。

［15］［美］夏含夷，本书翻译组译：《中国古文字学导论》，中西书局，2013年，第195页。陈伟主编：《里耶秦简牍校释》第1卷，武汉大学出版社，2012年，第87页。张金光：《战国秦汉社会经济形态新探》，商务印书馆，2013年，第394页。杨宽：《战国史料编年辑证》，上海人民出版社，2016年，第625–626页。臧知非：

《秦汉土地赋役制度研究》，中央编译出版社，2017年，第38页。周作斌，任燕主编：《秦文化与经济》，陕西人民出版社，2017年，第425页。（日）池田雄一著；郑威译：《中国古代的聚落与地方行政》，复旦大学出版社，2017年，第644页。朱绍侯：《军功爵制研究》增订版，商务印书馆，2017年，第285页。薛梦潇：《早期中国的月令与"政治时间"》，上海古籍出版社，2018年，第31页。陈松长：《秦代官制考论》，中西书局，2018年，第203页。张玉金：《出土战国文献动词研究》，暨南大学出版社，2018年，第163页。甘阳，侯旭东主编：《新雅中国史八讲》，生活·读书·新知三联书店，2020年，第59页。

[16] 杨宽：《杨宽古史论文选集》，上海人民出版社，2003年，第30页。杨宽：《杨宽著作集——古史探微》，上海人民出版社，2016年，第33页。

[17] 张万军：《简析秦代促进农业发展的法律制度》，《人民论坛》2011年第29期。

[18] 黄盛璋：《青川新出秦田律木牍及其相关问题》，《文物》1982年第9期。

[19] 黄盛璋（原文作黄盛章）：《青川秦牍〈田律〉争议问题总议》，《农业考古》1987年第2期。黄盛璋：《青川秦牍"田律"争论问题总议》，《国际简牍学会会刊》第2号，兰台出版社，1996年，第201~217页。

[20] 罗开玉：《秦在巴蜀的经济管理制度试析——说青川秦牍、"成亭"漆器印文和蜀戈铭文》，《四川师院学报（社会科学版）》1982第4期。罗开玉：《青川秦牍〈为田律〉研究》，甘肃省文物考古研究所，西北师范大学文学院历史系编：《简牍学研究》第2辑，甘肃人民出版社，1998年，第32页。《四川通史》卷2《秦汉三国》，四川人民出版社，2018年，第3页。

[21] 段渝，谭洛非著：《濯锦清江万里流——巴蜀文化的历程》，四川人民出版社，2001年，第143页。管维良：《从巴都到陪都》，中国文史出版社，2004年，第47页。黄人二著：《战国楚简研究》，上海古籍出版社，第100页。徐在国著：《上博楚简文字声系（一—八）》第6册，安徽大学出版社，2013年，第1514页。

[22] 长江水利委员会水政水资源局，长江水利委员会长江志总编室编：《长江志》卷6《水政、人文》第1篇《水政》，中国大百科全书出版社，2000年，第156页。

[23] 李零：《论秦田阡陌制度的复原及其形成线索——郝家坪秦牍〈为田律〉研究述评》，朱东润，李俊民，罗竹风主编：《中华文史论丛》1987年第1期（总第41期），上海古籍出版社，1987年，第23~40页。

[24] 周波指出，今本《周易·渐》初六爻辞与之对应的字作"干"。上古音"干"属见母元部，"侃"属溪母元部。二字韵部相同，声母都属牙音，发音部位相同，古音极近。可证"㦿"确实与"侃"字音近。上古音"涧"属见母元部，古音同"干""侃"都很近。第三，《诗·卫风·考盘》"考盘在涧"，陆德明《释文》："涧，韩诗作干。""涧"与"干"通用。这跟上引《周易》竹书本与今本的用字习惯相同。

[25] 李零：《释"利津㦿"和战国人名中的㦿与㦿字》，国家文物局古文献研究室编：《出土文献研究续集》，文物出版社，1989年，第120~121页。

[26] 李零：《论秦田阡陌制度的复原及其形成线索——郝家坪秦牍〈为田律〉研究述评》补记，《李零自选集》，广西师范大学出版社，1998年，第183页。

[27] 陈世辉，汤余惠：《古文字学概要》，吉林大学出版社，1988年，第254页。陈世辉，汤余惠：《古文字学概要》修订本，福建人民出版社，2017年，第292页。

[28] 汤余惠：《战国铭文选》，吉林大学出版社，1993年，第106~158页。

[29] 董珊：《阮校〈孟子〉与〈鲍〉简对读》，武汉大学简帛网，2006年4月2日，董珊：《"弌日"

解》，《文物》2007年第3期。季旭升：《上海博物馆藏战国楚竹书（三）读本》，第142页，万卷楼图书股份有限公司，2005年。汪叶林：《战国、秦代出土简帛法律文献研究》，安徽大学2013年硕士论文，第14页。

[30] 肖辉：《青川木牍辑考》，安徽大学2007年硕士学位论文，第45页。

[31] 禤健聪：《上博简（三）小札》，简帛研究网，2004年5月12日。

[32] 刘洪涛还引用《礼记·月令》孟冬之月（即十月）相关文段："命司徒循行积聚，无有不敛。坏城郭，戒门闾，修键闭，慎管钥，固封疆，备边竟，完要塞，谨关梁，塞徯径。"《吕氏春秋·孟冬纪》文字略同。高诱注："关梁，所以通涂也。"《史记·秦始皇本纪》引贾谊曰："秦人阻险不守，关梁不阖，长戟不刺，强弩不射。"渡处常架有桥梁，故"关梁"当与"津关"义近。刘洪涛：《释青川木牍〈田律〉的"利津关"》，简帛网，2008年3月29日。

[33] 何有祖：《释张家山汉简〈二年律令·田律〉"利津隧"》，武汉大学简帛网，2011年11月17日。

[34] 何有祖：《释秦汉简牍所见"利津隧"》，中国文化遗产研究院编，《出土文献研究》第12辑，第181~187页，中西书局，2013年。又载于何有祖：《新出秦汉简帛丛考》，科学出版社，2021年，第19~25页。

[35] 武汉大学简帛研究中心，湖北省博物馆，湖北省文物考古研究所编；陈伟主编：《秦简牍合集（贰）》，武汉大学出版社，2015年，第198~120页。武汉大学简帛研究中心，甘肃简牍博物馆，四川省文物考古研究院编：《秦简牍合集（释文注释修订本）》第4辑，武汉大学出版社，2016年，第235~236页。

[36] 胡平生，李蓉：《〈青川郝家坪战国墓木牍考古发现与研究〉评议》，《出土文献研究》第18辑，2019年，第442~451页。

[37] 王辉主编：《秦文字编》，中华书局，2015年，第270页。

[38] 毕沅校正：《山海经》，上海古籍出版社，1989年，第19页。

[39] 王先谦编：《续清经解》第四册，上海书店出版社，1988年，第87页。

[40] 张政烺：《马王堆帛书周易经传校读》，中华书局，2008年，第71页；韩自强：《阜阳汉简（周易）研究》，上海古籍出版社，2004年，第60页。

[41] 周波：《释青川木牍"㴔"字及相关诸字》，复旦大学出土文献与古文字研究中心网站，2008年4月8日。

[42] 例如楚文字表示"津梁""鱼梁"的"梁"字存在"㴔""秒""梨""枊"等各种异体。其中"㴔"字表示"梁"字例如《郭店·成之闻之》简35："津㴔（梁）争舟"，《上博四·逸诗·交交鸣鸟》简1："交交鸣鸟，集于中㴔（梁）"。"秒"字表示"梁"字例如《上博五·鲍叔牙与隰朋之谏》简1："十月而徒秒（梁）成，一之日而车秒（梁）成"。"枊"字表示"梁"字《上博五·三德》简21-22："善游者，死于枊（梁）下"，《竞公疟》简8："泽梨（梁）使敏守之。"

[43] 白于蓝编：《简帛古书通假字大系》，福建人民出版社，2017年，第1046页。

[44] 《青川木牍图版》，《出土文献研究》第8辑，2007年，第1~2页。

[45] 张新俊：《岳麓秦简与秦封邑瓦书文字考释一则》，《中国国家博物馆馆刊》，2013年第11期。

[46] 周波：《青川木牍鼆字补议》，《古籍研究》2008卷（上），安徽大学出版社2008年，第20-25页。

[47] 关于张家山汉简《田律》"利津"下一字的释读，周波认为其水旁位置与上举字形正合，右上方有残泐，右下方据原图版当是"木"形之残，所以该字释为"梁"应当是没有问题的。

论 文

白水县为秦置及其属郡考

犍为县中医院　罗家祥[*]

今四川省广元市所辖青川县，位于四川省北部，川、甘、陕三省结合部，白龙江的下游。

关于其县境内最早的县级建置，1992年版《青川县志》第二篇《建置沿革》总述载："青川县境当时为白水县、刚氏道分领。"[1] 同篇第一章《建置》亦载秦时期："从青川乔庄镇郝家坪战国墓出土之文物证实（木牍所载《为田律》乃秦武王二年政令），秦时政令已达县境，当有政权建置，然众说纷纭，书无确指。"其西汉时期则载："是时青川县境当时为白水县、刚氏道分辖。白水县：治今沙州乡之隍院坝，领今青川薅溪河以东地。"[2] 其续的《青川县志（1986—2006）》的《综述》，引《汉书》卷二八《地理志》（简称《汉志》）认为是汉高祖六年（前201）境内始置白水县。[3]

白水县，过去的各种文献古籍基本以为是汉置。但今天通过"白水－明戈"等秦代出土文物，足以证明青川县地域上，战国秦时即置白水县。此外秦时期出土的著名文物《为田律》简和"九年相邦吕不韦戈"虽不能直接确定白水县是秦置，但无疑能够侧面证明之。

秦"白水"县，位于今四川省广元市西北部的青川县、陇南市、宁强县等一带。其县城，今已经被宝珠寺水电站淹没。

（一）文献考证仅可上推至汉置白水县

《汉志》："广汉郡：高帝置。……县十三：……白水……"

有白水县。这个地理建置的"标准年"即时间断代是西汉成帝元延、绥和年间（前12—前7）时的。[4] 即白水县至少在此之前就已经建县了，但也仅能说其在西汉就已有了，尚不能直接推论

---

[*] 作者系四川省社会科学院四川客家研究中心特约研究员。

出秦置白水县的结论。

魏晋时期的地理巨著《水经注》卷二〇《漾水》载："又东南至广魏白水县西。又东南至葭萌县东北，与羌水合。……白水又东南，径白水县故城东，即白水郡治也。"《水经注》卷三二《羌水》载："羌水又东南流至桥头，合白水，东南去白水县故城九十里。又东南至广魏白水县，与汉水合，又东南过巴郡阆中县，又南至垫江县，东南入于江。"可证载这一时期仍然有白水县的存在。

汉代白水县有关，名"白水关"，《华阳国志》卷二《汉中志》"梓潼郡"条：三国时"白水县：有关尉，故州牧刘璋将杨怀、高沛守也。"关外必有道路通往陕西、甘肃等地。

唐宪宗时《元和郡县图志》卷二二《山南道三》"利州"条载："景谷县：中下。西南至州六十六里。本汉白水县地，属广汉郡。"这也说明，今广元市地域上在汉代有白水县。

综合以上的这些文献，最多可以证明西汉时曾经有白水县，但还不足以上推到秦。

（二）"白水-明戈"的秦置县确证

虽然今青川县地域上还有如《为田律》、"九年相邦吕不韦戈"等秦代文物，但能够直接证明白水县是秦置的还是"白水-葭明戈"（一般称"白水戈"，见图1）。

图1-1："白水-明戈"拓片（图据黄濬《尊古斋古兵精拓》）

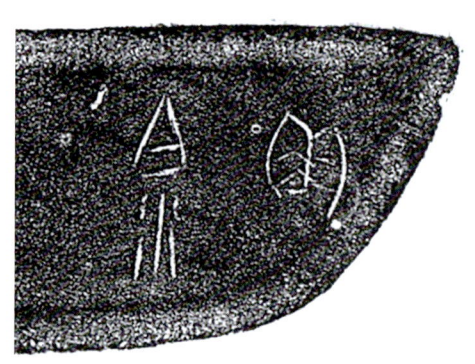
图1-2："白水-明戈"拓片（局部）

白水-（葭）明戈

"白水-明戈"出黄濬《尊古斋古兵精拓》（图1-1、2），长胡四穿，此戈的风格属秦。有3字铭文：

明，白水。

施谢捷《秦兵器刻铭零释》认为铭文里的"明"是置用地"葭明"的省称[5]；"白水"也是其置用地。"白水"在秦不止一处，在今陕西省渭南、湖北省枣阳、河南省南阳等地都有"白水"。但因"葭萌"是末代开明氏蜀王所封[6]，既是人名，也是地名，刘琳在《华阳国志校注》里认为："葭萌之邑在今广元昭化镇，而其封地则从广元以达汉中。"由于此戈"白水"与"葭明"二地共现，故必在今四川省。王伟《秦玺印封泥职官地理研究》即持此观点。[7] 并且在其第六章《秦玺印封泥所见地理名称分类研究》的秦县里，仍然作为秦县，并列入蜀郡。

此戈的存在，不仅可令"白水县"在今四川省青川县的存在可以坐实，而且可以确定其确是秦置。

（三）其他文物的秦置县辅证

还有其他一些秦代文物遂不能直接定白水县为秦置，但有一定的侧面证据作用。

1. 官印

故宫博物院藏有传世的官印"白水弋丞"印（见图2-1、2、3）。王人聪、叶其峰《秦汉魏晋南北朝官印研究》、徐畅主编《中国书法全集》（第92卷：先秦玺印篆刻编）、《故宫博物院藏古玺印选》收录有载。印面边长2.5cm，印台厚0.6cm。印铜铸，方形蛇纽。印面有阴线十字界格。印文保留有秦篆风格，白文，两竖行排列，右上起顺读"白水弋丞"四字。

图2-1："白水弋丞"（印）

2-2："白水弋丞"印面

图2-3："白水弋丞"印字

图2："佐弋丞印"（据《中国书法全集》第92册）

此"弋丞"之官职，为他地所未见。《汉书·百官公卿表》少府属官中有"左弋"的令、丞，《汉书补注》卷一九上："'左弋'即佐弋，《始皇纪》有'佐弋竭'，'左、佐'字同，谓佐助射弋之事，因以官名"。《中国书法全集》（第92卷：先秦玺印篆刻编）第122页还收录了一枚"佐弋丞印"（见图2）。陈直云："《居延汉简释文》373页有'左弋弩力六百廿'之记载，可证左弋除掌弋射之外，兼造一部分兵器。"武帝太初元年更名"左弋"为"佽飞"。

2. 封泥

傅嘉仪编著《新出土秦代封泥印集》收录"白水之苑"（见图3-1）、"白水苑丞"（见图3-2）封泥。这是设于白水县的宫苑使用之印者。施谢捷的《秦兵器刻铭零释》亦用于对在蜀地"白水县"的集释。罗福颐也定位为汉广汉郡（即指今青川县一带），但断代为汉初。[8]

图3-1："白水之苑"（《新出土秦代封泥印集》）　　图3-2："白水苑丞"（《新出土秦代封泥印集》）

由于"白水"之名不止一处，而且此"弋丞""白水之苑""白水苑丞"等是宫苑之职，故其是否为青川县之"白水"，是否为县及其坐落何处尚有争议，如赵平安认为"白水苑极可能在甘肃境内"。[9]

3. 铜兵

九年相邦吕不韦戈

1987年9月，青川县白水区（今沙州镇）出土了"九年相邦吕不韦戈"（简称"吕不韦戈"，亦称"九年吕不韦戟"），是国家一级文物。长胡四穿，援微上扬。戈内部两面的铭文，共23字。正面为刻铭：

（正面：秦王政）九年，相邦吕不韦造。蜀守宣，东工守文，丞武，工极，成都。

（背面）蜀东工。（1987年出土，四川省青川县秦王政九年戈铭，文据黄家祥《四川青川县出土九年吕不韦戈考》。见图4-1、2、3、4、5）

"相邦"，秦之国相。秦王政元年（前246）十月至九年，尊吕不韦为相邦（汉改"相国"，避汉高祖刘"邦"讳）。秦王政九年（前238），因嫪毐作乱，相邦吕不韦被罢免（因嫪毐是吕不韦供给秦始皇之母赵姬的情人）。因而这是吕不韦任相邦最后一年的产品。

而且值得注意的是，此戈是西南重镇"成都"在秦代乃至更早的文物第一次得以全面体现（其他有的如"成""成亭"等文物上的铭文，均是"成都"的不完全缩写、简写，不是"成都"全面的全写），说明"成都"一名至迟在公元前238年已经存在。

尹显德《四川青川出土九年吕不韦戟》之释读为："九年相邦吕不韦造，蜀守金，东工守文居，戈三，成都。"罗开玉在《四川通史》卷二《秦汉三国》亦引同。但黄家祥在《四川青川县出土九年吕不韦戈考》认为该蜀守名"宣"。二者相比较，黄家祥稍优，与其他同期铭文的体例相符，本文从之。

这个戈的一个重大价值是确认了宣（或金）在秦王政九年（前238）前后任蜀郡守。同时，出土在青川县，进一步说明青川县在秦时确实已经纳入战国秦政权的管理（在前221年秦统一中国后即视为纳入中央政府的统一管理）。

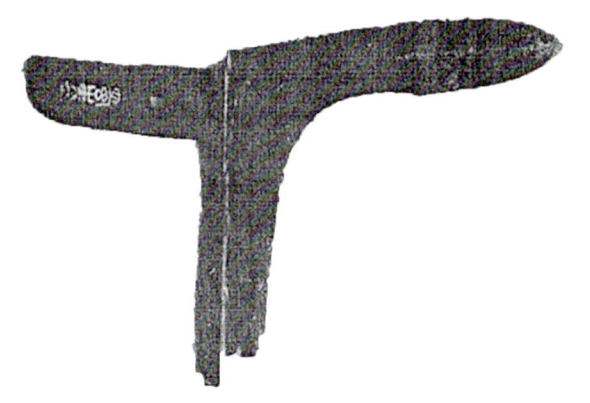
图4-1：九年吕不韦戈（背面）-1

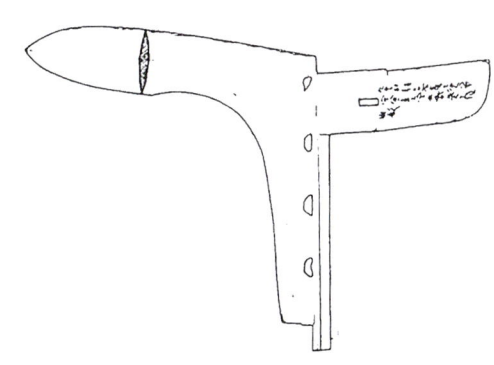
图4-4：九年吕不韦戈（正面）-2（摹本）

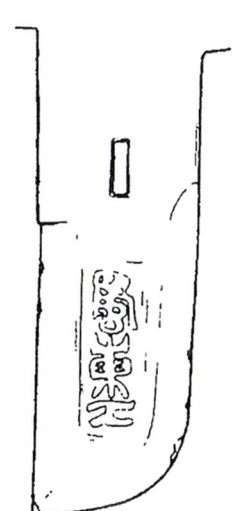
图4-2：九年吕不韦戈（背面）-2（摹本）

图4-3：九年吕不韦戈（正面）-1

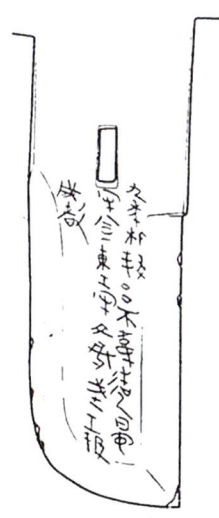
图4-5：九年吕不韦戈（正面）-3（摹本）

（四）白水属蜀郡

既然通过"白水－葭明戈"可以明确白水县是秦置，那么在当时白水县属于何郡？

白水县在葭明县之西。既然葭明县属于蜀郡（注：古蜀国末代蜀王封其弟弟名"葭明"于此地，称"苴侯"，故"葭明"自然属秦国灭古蜀国后置郡的蜀郡——其时尚未建立广汉郡），那么白水县自然属蜀郡。

《太平寰宇记》卷一三五《山南西道三》"利州"载："废景谷县：在州东北六十里。本汉白水县地。"景谷县治所在今四川省广元市青川县东北沙州镇（白水街）。

《读史方舆纪要》卷六八《四川三》"保宁府"条："《水经注》：'白水出临洮西南西倾山，东南流至葭萌县北，因谓之"葭萌水"。水有津关，即所谓"白水关"也。'白水关，见陕西宁羌州。"卷五六《陕西五》："汉中府"条："白水城：在州西南。汉县，属广汉郡。后汉因之。"

白水县在汉初仍然属蜀郡，后在高祖六年（前201），因分巴蜀各一部分成立广汉郡，才改属广汉郡。

（五）为什么设白水县

白水县位于秦蜀之间，为陕西、甘肃入蜀之必经孔道，有地位重要的白水关，故设县。有汉水之源，《华阳国志》卷二《汉中志》载："汉（水）有二源：东源出武都氐道漾山，因名'漾'。《禹贡》'导漾东流为汉'是也。西源出陇西西县嶓冢山，会白水，经葭萌，入汉。始源曰'沔'，故曰'汉沔'。"

《读史方舆纪要》卷五六《陕西五》"汉中府"条："蜀汉炎兴初，魏钟会入阳平关。姜维自阴平退趣白水，遇廖化、张翼等，合兵守剑阁，是也。晋仍曰'白水县'，属梓潼郡。"可见白水县也是一个兵家要道。

今四川省广元市青川县在秦属白水县地。这里的郝家坪发掘出了著名的《为田律》木简（见图5），还有带有"成亭"的漆器（见图6-1，6-2）。

1.《为田律》简

青川木简，1980年出土于四川省广元市青川县郝家坪第50号战国秦墓，当时出土了2件战国时期的木简，器物编号是16、17。一件已腐烂，一件保存较完好（即简16）。此件木牍为楠木材质，长46厘米、宽2.5厘米、厚0.4厘米，正面正文分成三行，共有121个字；背面四行，仅存33个字可辨识，余字皆残损无法辨识，现收藏于四川省博物馆。其内容是秦武王二年（前309）的十一月己酉朔朔日，命丞相戊、内史匽、民臂更修《为田律》，应是曾经为小吏的墓主人"章"手写，字属"古隶"。

（1）16号木牍

正面

二年十一月己酉朔朔日，王命丞相戊（茂）、内史匽氏，臂更修为《田律》：田广一步，袤八则，为畛。亩二畛，一百（陌）道；百亩为顷，一 Ⅰ

千（阡）道，道广三步。封高四尺，大称其高；捋（埒）高尺，下厚二尺。以秋八月，修封捋（埒），正疆畔，及癹千（阡）百（陌）之大草。九月， Ⅱ

大除道及阪险。十月，为桥，修波堤，利津梁鲜草。虽非除道之时，而有陷败不可行，辄为之。章手。 Ⅲ 16

背面

四年十二月不除道者：壹Ⅰ□二日，壹Ⅱ□九日，壹Ⅲ□一日，壹Ⅳ□一日，贰Ⅱ□一日，贰Ⅲ丹一日，贰Ⅳ章一日，叁Ⅱ辰一日。叁Ⅲ

凡□田□□……贰Ⅰ

章手。叁Ⅳ 16反

（2）17号木牍

□二□不除然道直十二□[1]□葭田者□一畮（亩）当十八钱。取蕺□□□□□一□□Ⅰ 三为钱十五。□□一日二户，户六□□卅□。凡二□。Ⅱ（注"二"下一字，似是"羽"或"明"。）

年不□□五日，日六为钱卅。不除道二日，日十二<木燥> □□□□一日，日六。

□□□，一日，日六。凡六十六钱。Ⅲ

□□八。 年……□□□□不出……Ⅳ 17

□□□□17反 （简16、17的文字释读据《秦简牍合集》第4辑）

此简以秦隶用墨书写，书写的年代推定为秦武王二年（前309），对应秦国的丞相是"甘茂"。

此木简是四川非常罕见的秦代木简，属于秦代的政令木简之一，虽然在秦代稀疏平常，但是在今天已经是极其罕见的稀世国宝了。它对本文的价值不是在于确定何时建置某个县，而是在制度的深层次意义上，此简有的专家取名《更田律》，"更"即修改，可以确认秦时期的朝令，已经具体、明确到了"具体而微"、可以统一执行的程度，这是一个只有"大一统"的全新中央集权制度之下，才有可能不折不扣执行。

这个木简，距离秦惠文王更元九年（前316）灭巴、蜀二个古国先后成立蜀郡、巴郡，仅仅7年，而秦的"为田"制度已经深入如此，可见在秦中央集权制度下，地方官府执行中央政权命令的速度之快、执行力之高，由此可见秦国统一中国并不是偶然，而是历史运行的必然结果。

2. 漆器"成亭"铭文

1980年青川县郝家坪第50号战国秦墓同时出土了多个漆器，有不同的铭文。其中，与成都有关的不少，刻有"成亭"（见图6-1、2）等文字。这样单独带"成"（意为"成都"）的文物，实际上并不唯一，如1978年在青衣江流域的荥经县（秦严道县）就已经发现了带有"成亭"的秦代漆器。此墓的年代，比睡虎地楚墓简牍上的文字（有"成都"字样）早约80年。故罗开玉在《秦在巴蜀的经济管理制度试析》里说："因此，我们可以完全肯定地说：有'成亭'烙印的漆器的生产地是成都。"[11] 不仅如此，他还认为，因为铭文的格式不同，带有"成亭"的秦代漆器只能"皆非工官作坊生产，即由私人生产。"

成都在秦汉有工官，专门负责漆器等的生产，天下闻名，甚至还流通到了今朝鲜境内。这些漆器从成都流转到此，说明秦即有通道。这一道路，是沿着白水河进行的，符合古代的道路和县城等沿着河流分布的一般规律。

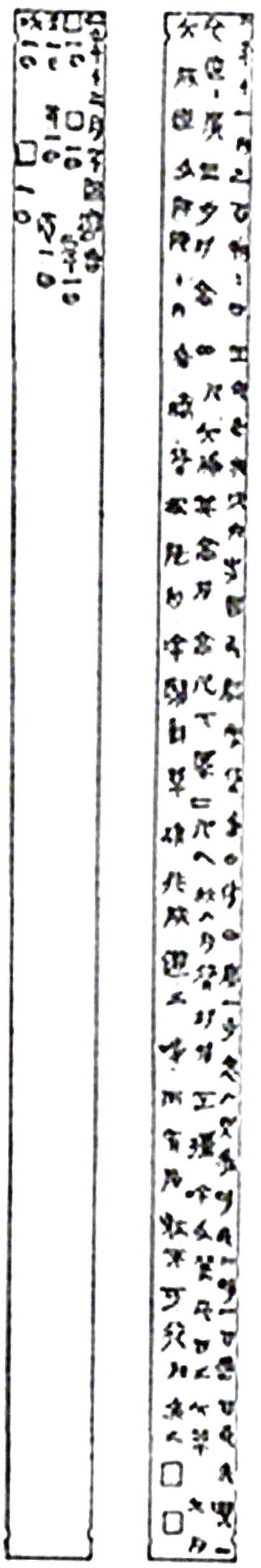

图5：青川木简《为田律》摹本（据《青川县出土秦更修田律木牍——四川青川战国墓发掘简报》[10]）

论 文

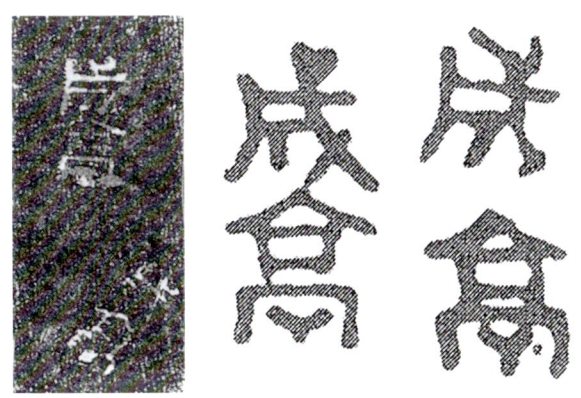

图6-1：青川战国墓出土漆奁（M41：2）底部铭文上的"成亭"二字（据《青川县出土秦更修田律木牍——四川青川战国墓发掘简报》）

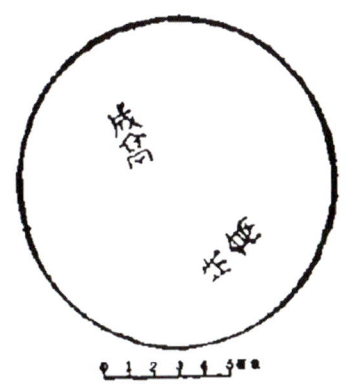

图6-2：青川战国墓出土漆卮（M26：7）上的"成亭"二字（据《青川县出土秦更修田律木牍——四川青川战国墓发掘简报》）

以上这些文物的存在，说明青川县处于秦时交通线上，即属于成都—白水县的交通线。《为田律》说明当时这里已经完全依照秦的法律行事，属于秦王廷统治的直接地区，不是少数民族地区的"羁縻"之地（管理上，往往"因其故俗"，即与内地有区别）了。

（六）秦白水县城

汉·白水县城遗址（图据1992年版《青川县志》）

233

秦汉时期的城墙，一般郡县的均是筑土，因为时代久远之故，今天多已无痕迹。

秦汉白水县城，设于白水（今白龙江）西岸，即今沙州镇的西隍院坝，亦名"城界上"。虽是汉代遗址，但由于秦汉相隔不远，而且全县山丘甚多而选址有限，故基本可定秦代的白水县城亦大概在此。

注释

［1］《青川县志》编纂委员会：《青川县志》，成都科技大学出版社，1992年11月第1版，第107、108页。

［2］青川县地方志编纂委员会：《青川县志（1986—2006）》，光明日报出版社，2016年9月第1版，第18页。

［3］华林甫：《二十世纪正史地理志研究述评》，《中国地方志》2006年第2期。

［4］施谢捷：《秦兵器刻铭零释》，《安徽大学学报（哲学社科版）》2008年第4期。

［5］《华阳国志》卷三《蜀志》载："蜀王别封弟葭萌于汉中，号曰苴侯。命其邑曰葭萌焉。"

［6］王伟：《秦玺印封泥职官地理研究》，中国社会科学出版社，2014年12月第1版，第325页。

［7］罗福颐主编：《秦汉南北朝官印征存》，文物出版社，1987年10月第1版，第9页。

［8］赵平安：《秦西汉误释未释官印考》，《历史研究》1999年第1期；亦见《赵平安自选集》，中西书局，2017年11月第1版。

［9］四川省博物馆、青川县文化馆：《青川县出土秦更修田律木牍——四川青川战国墓发掘简报》，《文物》1982年第1期。

［10］见罗开玉：《秦在巴蜀的经济管理制度试析——说青川秦牍、"成亭"漆器印文和蜀戈铭文》，《四川师院学报》1982年第4期。

"九年相邦吕不韦"戈刻铭释读及相关问题探讨

舟山市文物保护考古所 周兴

"九年相邦吕不韦"戈于1987年发现于四川省广元市青川县，原与矛同出，为戟的一部分。它是目前发现最早的、有明确纪年的、铭刻有"成都"二字的文物，并且也是吕不韦当政期间监造的年代最晚的一件刻铭兵器。属国家一级文物，原由青川县文化馆保管，现归青川县文物管理所收藏，并长期借展于成都博物馆。

该戟出土后，先后有赵殿增[1]、尹显德[2]和黄家祥[3]等川内多名学者及时对戈上铭文和铭文背后的历史价值进行了释读与研究，发表了相关观点及论文。随着新材料的不断出现和研究课题的深入，本文认为前人部分观点有深入探讨的必要。因下文主要针对含有刻铭的戈部分进行相关问题探讨，故仍从较多数学者"九年相邦吕不韦"戈的称法。

一、"九年相邦吕不韦"戈及其他刻铭兵器的发现

此戈通长26.5厘米、援长16.8厘米、胡长15厘米、阑长16.3厘米、内长10厘米、宽3.3厘米[4]。形制为狭缘内刃，长胡四穿，两侧均有阑，戈内上有一横穿，援微上翘，在援、胡和内均磨有斜刃，刃部有磨损痕迹。戈内两面均有篆体铭文，一面为"蜀东工"；另一面为"九年相邦吕不韦造……"等二十余字刻铭，细若游丝（图一）。根据铭文可知此戈系秦王政九年（前238）由相邦吕不韦、蜀守监造，东工守、丞、工等"蜀东工"工官机构直接负责铸造而成，为一件重要的先秦刻铭兵器。

图一 "九年相邦吕不韦"戈

关于吕不韦铭文的始皇时期兵器，目前以王辉等人搜集的较为完全，按时间早晚介绍的共有16件，包含3件刻铭铜矛[5]，但仍有遗漏；吴镇烽的统计数量与王辉同，每件兵器都配以照片或拓片[6]；蒋文孝等统计的有11件[7]，并列举了7件秦俑一号坑出土刻铭纪年兵器[8]；陈林[9]和董珊[10]的研究生论文也做了详细的搜罗，前者在后者基础上增加了1件，但失收了2005年秦俑一号坑T12G5新出土的一件"七年相邦吕不韦"戟。

为方便了解研究者及研究对象情况，利于开展研究，本文制作了如下表格。通过下表可知，目前发现的共有17件吕不韦铭文兵器实物和1件摹本[11]，其中戈（戟）14件，矛4件，主要以考古出土为主，少量为传世品或私人藏品[12]。

表1 "吕不韦"铭文兵器研究情况一览表

序号	刻铭兵器	王辉等	吴镇烽	蒋文孝	陈林	董珊
1	秦俑坑出土三年相邦吕□□戈	√	√	√	√	√
2	秦俑坑出土三年相邦吕不韦戟	√	√	√	√	√
3	长沙出土四年相邦吕……戈	√	√	√	√	√
4	秦俑坑出土四年相邦吕不韦戟	√	√	√	√	√
5	董珊藏四年相邦吕不韦戟摹本				√	√
6	陈介祺旧藏五年相邦吕不韦戈	√	√	√	√	√
7	刘体智旧藏五年相邦吕不韦戈	√	√		√	√
8	太原发现五年相邦吕不韦戈	√	√		√	√

序号	刻铭兵器	王辉等	吴镇烽	蒋文孝	陈林	董珊
9	秦俑坑出土五年相邦吕不韦戟	√	√	√	√	√
10	秦俑坑出土七年相邦吕不韦戟	√	√	√	√	√
11	秦俑坑出土七年相邦吕不韦戟	√	√	√		
12	宝鸡发现八年相邦吕不韦戈	√	√			
13	青川出土九年相邦吕不韦戟	√	√	√	√	√
14	珍秦斋藏□年相邦吕不韦戈	√	√			
1	抚顺发现三年相邦吕不韦矛	√	√		√	√
2	乌兰察布出土三年相邦吕不韦矛	√	√		√	√
3	乌兰察布出土四年相邦吕不韦矛	√	√		√	√
4	尊古斋藏四年相邦吕不韦矛				√	√

据以上所列兵器刻铭，"九年相邦吕不韦"戈为"相邦—蜀守—东工守—丞—工"的兵器监、铸造体例，与秦始皇陵兵马俑坑等大多数"相邦—寺工—丞—工"基本相同，将地方行政长官纳入兵器督造体系也并非孤例，还见于两件"三年相邦"矛，作"相邦—上郡假守—高工—丞—工"模式，可能显示这三件铭文形式特异的兵器为地方所制造，但因秦代严格的"物勒工名"制度要求，由相邦授权郡守代替自己进行主造，并委托郡守代为标记，这种情况也是有可能的。

另外，有研究者也早已指出，相邦制度为秦惠文王时期仿自三晋[13]。吕不韦庄襄王元年（前249），被任命为丞相；嬴政为秦王后被尊为相国；至秦王政十年（前237）。先后担任丞相、相邦，执政秦国12年。前人也多已指出，汉代因避刘邦讳，《史记》等以"国"代"邦"字[14]，结合出土文物上关于吕不韦的官职，"相国"在秦代是称作"相邦"的。

二、刻铭文字的释读与蜀守

（一）刻铭文字

该戈发现不久，研究者们就先后对刻铭文字进行研究。总体上刻铭总字数有二十和二十一字两种说法，另外个别文字的释读也存在分歧。虽然对蜀守名及其他诸字认识不尽相同，但都认识到该器在先秦中央官署兵器制造程序和"成都"二字的重要学术研究价值。铭文释读如下：

1.赵殿增释为"九年相邦吕不韦造蜀丨守□东工守□□戈三丨成都"[15]，计二十字（图二，1）；

2.尹显德进一步释为"九年相邦吕不韦造蜀丨守金东工守文居戈三丨成都"[16]，对蜀守、东工守名字首次进行了识读，同样是二十字（图二，2）；

3.黄家祥释为"九年，相邦吕不韦造。蜀丨守宣，东工守文，丞武，工极，丨成都。"[17]加以标点，增为二十一字（图二，3）。

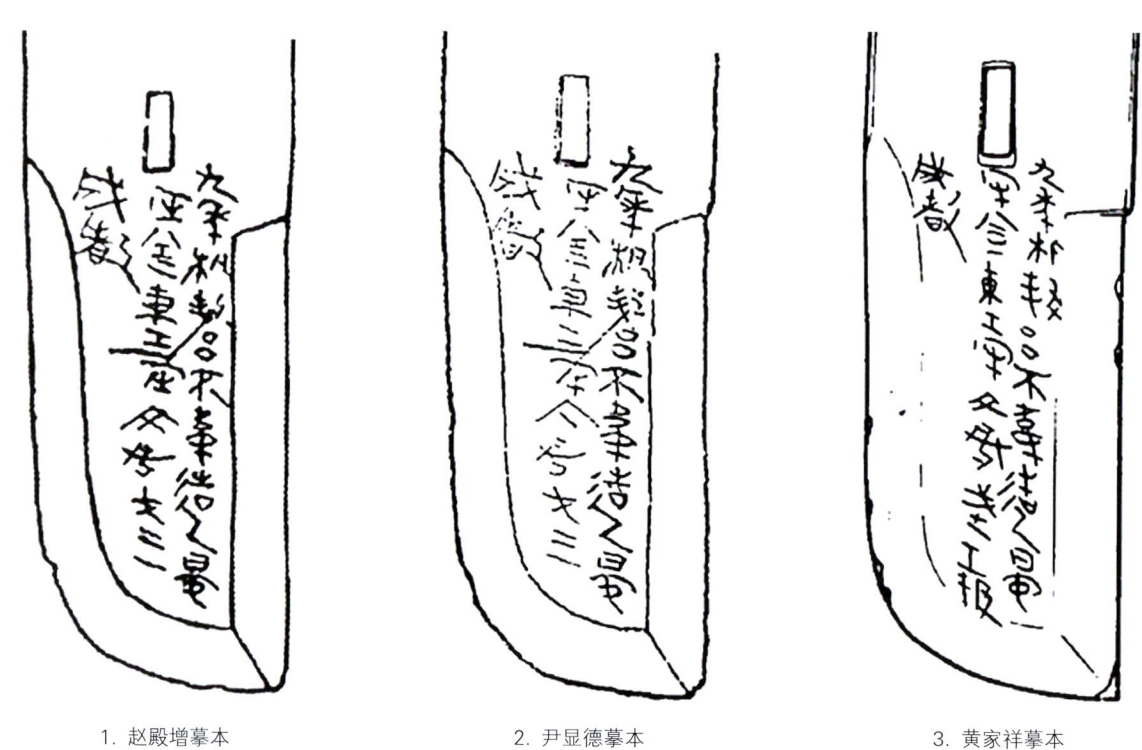

1. 赵殿增摹本　　　　2. 尹显德摹本　　　　3. 黄家祥摹本

1. 采自《巴蜀青铜器概论》，《中国青铜器全集 巴蜀》（第13卷），第31页。
2. 采自《四川青川出土九年吕不韦戟》，《考古》1991第1期，第17页。
3. 采自《四川青川县出土九年吕不韦戈考》，《文物》1992年第11期，第94页。

图二　学者对刻铭的不同释读

因前人辨识铭文仅能通过肉眼辨识，受到一定的制约，笔者借助微距高清摄影照片，对这三行刻画铭文进行了辨认和钩摹（图三），与前人释读存在差异的地方主要有蜀守的名字和第二行铭文末几个字。

1. "登"

如前所述，关于蜀守的名，先后有"金""宣"等不同的认识。根据照片，该字右下部虽略有泐蚀，然字形上部偏旁"癶"分叉明显，下方"豆"的"口"为上下两横笔，笔画略倾斜且未合围，应为硬物上转折不易镌刻所致，故笔者认为应释作"登"[18]。类似的写法，通过与战国时期望山M1简"登"、云梦日甲上的"登"[19]字对比，尤其是与云梦日甲的字体如出一辙，可确切判定。

2. "丞"

最初，尹显德曾将"丞"误释为"居"，随后黄家祥进行了正确解释。对比其他战国秦时相关刻铭铭文，如珍秦斋藏"王廿三年"秦戈中的"丞"[20]、涪陵小田溪M3出土始皇二十六年（公元前221）铜戈铭文"丞"[21]，尤其是兵马俑坑出土的数件吕不韦铜戈刻铭，虽然在笔画间架略有差异，但应为"丞"字无疑。

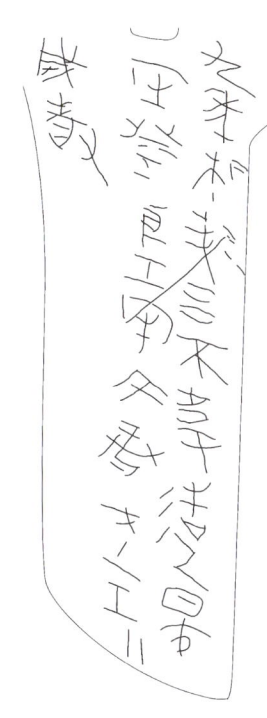

图三 "九年相邦吕不韦"铭文

3. "武"

刻铭中丞的名仅黄家祥释出，因下部"止"笔画剥蚀及部首拉伸过长，导致两名学者均释读作"戈三"，误为两字。参照涪陵小田溪M3铜戈铭文"武"、北京市文物商店征集先秦铜矛上的"武"字[22]笔法，笔者同意黄家祥将丞的名字释为"武"的观点。

4. "极"

因中间行最后一字锈蚀较多，笔顺较难辨别，笔者仅能辨别出两竖。工的名字尚无法确认，本文暂依黄家祥说法。

在前辈学人的研究基础上，本文提出青川"九年相邦吕不韦"戈的正确释读应为"九年，相邦吕不韦造。蜀丨守登，东工守文，丞武，工极。丨成都。丨"数量应为二十一字。

（二）历任蜀守

根据《战国策》《左传》等，秦惠文王更元九年（前316）秦于灭巴蜀后，对蜀地通过蜀侯、蜀守的设置进行行政管理。以秦昭王二十二年（前285）秦国蜀国内部叛乱为标志，蜀守的简称也先后有蜀国守、蜀郡守的区别。然而关于历任蜀守究竟都是谁，学术界还有争论。

王丹等结合《华阳国志》等文献记载和出土文物，提出秦灭蜀至统一前至少共有五任蜀郡守，分别为司马错—张若—李冰—鼀—武[23]。如其所论无误的话，在荆州博物馆藏"五十二年"戈所示的秦昭王五十二年（前255年）左右的"寗"和重庆涪陵小田溪三号墓出土的始皇二十六年（前221）[24]左右的"蜀守武"戈之间，还曾有登于秦王政九年（前238）任过蜀郡守；又据"十三年蜀守颠造"戈，登之后又有颠于秦王政十三年（前234）前后曾任[25]，然不能断定是否为接任关系。

另外，本文从近年咸阳坡刘村战国晚期秦墓M3出土铜鉴上的"十九年蜀守斯离"铭文[26]，显示昭襄王十九年（前288）[27]前后还有名为斯离的人担任蜀国守一职。综合以上关于蜀守的研究，根据大致时间早晚，历任蜀守顺序应为"司马错—斯离—（张）若—（李）冰—寗—登—颠—武"[28]。文献与出土文物均能对应的除张若[29]外，仅有名者为根据出土文物补充，至此，则可扩充到八任蜀守的名字。

三、"蜀东工"三字制作方式探讨

关于"蜀东工"三字，通常均认为是通过阴印[30]或铸造[31]等产生。笔者经过观察研判，并佐以其他辅助例证，认为这三个字应为工署质检后通过玺印砸戳或敲盖而成，并且为当时官署造器的通用做法。

1. 痕迹分析

从"蜀东工"三字的细部照片及拓片（图四）可以明显看到，三字外有一圈较为规整的长方形边线，较戈内四周下陷较深，这与范铸显露出来的文字与空白处在一个平面上的特征不同，显示工匠是用长方形玺印进行敲击，敲击时因中心着力面较大，四角较易受力，就会在戈内上形成四面下陷的长方形内陷痕迹。同样的例证还见于始皇廿六年诏陶器[32]（图五，左）；湖南长沙、陕西渭南等地所见的几件年代大致相近的"蜀西工"戈[33]铭文与此情况相同，在拓片上均显现出方形或长方形的边框痕迹（图五，右）。

图四　"蜀东工"细部照片与拓片

图五 “始皇廿六年”诏、渭南“蜀西工”拓片

2. 相似案例

有研究者曾经提到，已经发现有春秋时期玺印钤戳的戈，如《殷周金文集成》收录的10897号等，并且认为“春秋战国时期，手工业已经大量使用玺印钤戳的方式复制铭文”[34]。这样做的目的，除了方便高效外，还可以在工署名称变更时减省重新制范的麻烦。大量考古出土实物也都能表明，工匠不仅使用玺印钤戳在所制造的青铜兵器上，其他如陶器[35]、漆器[36]和黄金[37]等产品上也都会通过钤印打上戳记。

3. 玺印实物

孙慰祖在研究战国玺印时，发现一类细长直柄形钮、印文无边栏的燕国条形阳文玺，根据形制认为是专用于压抑器铭的。并且观察到上海博物馆藏的“中昜都加王⺈”玺印顶端有反复锤击变形的痕迹，印文也磨损较甚[38]。楚国用于标记“郢爰”金版的玺印顶部同样有被锤子打击的痕迹[39]。按照此观点，则用于标记“蜀东工”印记的玺印硬度自然要高于《考工记》对“戈戟之齐”提出的“四分其金而锡居一”的合金要求。

特别要提及的是，清代陈介祺旧藏战国秦“寺工”玺印[40]（图六，左上）可以和“二年寺工讐”戈[41]（图六、左下）、澳门珍秦斋所藏“□年相邦吕不韦造”（图六，右）[42]以及秦兵马俑一号坑出土“七年相邦吕不韦造”[43]等几件戈内一侧上的“寺工”基本对应，也能够证明当时工官印章是确切存在的。阳文印钤戳于青铜器上，会形成阴文印记，这是证明此时秦国有使用工官玺印对青铜器进行钤戳的最有力的文物例证[44]。

故结合以上分析，“蜀东工”三字也极有可能是通过玺印砸戳进行标记的。至于“蜀东工”印记与另一面刻铭的先后顺序，笔者认为“蜀东工”应较早，乃铜戈初铸好出范后所钤戳，代表为

"蜀东工"制造；而后经检验合格，达到官方质量要求，即睡虎地秦简《秦律十八种 工律》所要求的"为器同物者，其小大、短长、广亦必等。"[45] 这些考量标准，才进一步镌刻上从中央长官到具体铸造工人的名字，方便之后出现质量问题时倒查追责。最后进行修整、开刃、装柲后交付军需部门及作战部队使用。

图六 "寺工"印蜕、"二年寺工蕾"戈和珍秦斋藏戈

四、秦汉蜀郡工官体系的传承

对于题铭兵器所反映出的工官制度，已经有较多学者进行了阐述，本文仅就目前所见这些兵器上的工官体系进行补充。考古发现的带"东工"铭文的秦代兵器，除此件外，尚有涪陵小田溪"廿六年蜀守武造"戈[46]，作"东工师"。曾有学者认为"东"是铸器地点[47]，但早前于豪亮已经做了正确解读，认为秦时蜀郡曾设置有主持制造用器和兵器的东、西两工[48]，这一观点被"蜀西工"戈的出现及最新研究所完善。而"蜀西工"戈又似乎表明，在秦时蜀郡，东工与西工两个工署都曾经主要制造兵器。

徐世权近来搜集了包括"九年相邦吕不韦"戈在内的11例秦时蜀郡生产有铭兵器[49]，从中还可以看出蜀郡所造兵器的工官管理制度，但同时也会发现这些刻铭在蜀守后的工官刻铭较为杂乱，除"东工守"这一东工负责人外，还有东工师、西工师、工师等多

种，远较中央官署的"寺工"复杂。

秦代蜀地工官的设置时间一般认为是在秦灭巴蜀之后的公元前3世纪前后[50]，而东、西工的设立约在灭巴蜀后的昭王时期[51]。在秦代之后，目前仅见有"蜀西工""蜀郡西工"或"蜀郡西工官"铭的汉代漆器、青铜器和铁器发现[52]，包括刻铭中体现的"公甲兵各以其官名刻久（记）之"（出《工律》）的地方工署制作、管理模式，反映了汉代一定程度上继承了秦代蜀郡创造的本地发达的手工业制造传统，然和秦代不同的是尚未见有"蜀东工"者。这或许有赖以后的考古新发现，或许说明真的只设置了"西工"一处工官，限于材料的限定，目前尚无法作出定论。

余 论

青川还曾发现有多处较大规模的墓葬或遗址，如郝家坪[53]、都家坝和南风战国墓地等[54]，多出土有秦人风格的随葬品，尤其是郝家坪出土的秦武王时期"更修田律"木牍曾引起当时学术界极大关注。可知该地在当时对于攻灭巴蜀后的秦国具有重要的战略和军事意义。以"九年相邦吕不韦"戈为代表，青川诸多历史遗迹的考古学价值尚待进一步的发掘。

注

[1] 赵殿增：《四川十年考古收获》，《四川文物》1989年第5期；赵殿增：《近年巴蜀文化考古综述》，《四川文物》1989年S1期；赵殿增：《巴蜀青铜器概论》，《中国美术分卷全集·中国青铜器全集》（第13卷），文物出版社，1994年，第30页。

[2] 尹显德：《四川青川出土九年吕不韦戟》，《考古》1991年第1期。

[3] 黄家祥：《四川青川县出土九年吕不韦戈考》，《文物》1992年第11期；黄家祥：《宝珠寺水库淹没区文物调查记》，《四川文物》1992年第3期。

[4] 黄家祥：《四川青川县出土九年吕不韦戈考》，《文物》1992年第11期。

[5] 王辉、王伟编著：《秦出土文献编年订补》，三秦出版社，2014年，第114~122页。

[6] 吴镇烽编著：《商周青铜器铭文暨图像集成》（第三十二卷），上海古籍出版社，2012年，第320~334页；《商周青铜器铭文暨图像集成》（第三十三卷），第119~121页。

[7] 蒋文孝、刘占成：《秦俑坑新出土铜戈、戟研究》，《文物》2006年第3期。

[8] 蒋文孝：《秦俑坑出土刻铭纪年兵器初探》，《中国历史文物》2010年第3期。文中附表较上引文表一多出一件"四年相邦吕不韦"戟，实应为6件。

[9] 陈林：《秦兵器铭文编年集释》，复旦大学硕士学位论文，2012年。

[10] 董珊：《战国题铭与工官制度》，北京大学博士学位论文，2002年。

［11］陈直曾提到传世有"六年相邦吕不韦"戈，然传世品仅见有"五年"戈，故"六年"应属误记；吴镇烽也曾误将秦俑坑"七年吕不韦"戈认作"十年"。分别见陈直：《古器物文字丛考》，《考古》1963年第2期；吴镇烽：《武王二年始置丞相说不误》，《人文杂志》1983年第5期。

［12］14件铜戈中，长沙出土四年吕……戈、陈介祺旧藏五年吕不韦戈目前均被国家博物馆收藏。

［13］韩养民认为秦惠文王十年（前328）初置相邦；然而袁仲一等根据"四年相邦樛斿戈"，提出惠文王前元四年（前334）秦已设相邦。分别见韩养民：《秦置相邦丞相渊源考》，《人文杂志》1982年第2期；袁仲一、刘钰编著：《秦陶文新编》，文物出版社，2009年，第205~206页。

［14］王彦坤编：《历代避讳字汇典》，中州古籍出版社，1997年，第12页。

［15］同［1］。

［16］同［2］。

［17］黄家祥：《四川青川县出土九年吕不韦戈考》，《文物》1992年第11期。

［18］新近得知已有学者提出"登"字说。见常淑敏、李蓉：《战国兵器铭文研究三则》，《南方文物》2020年第1期。

［19］高明、涂白奎编：《古文字类编》（修订本），上海古籍出版社，2008年，第743、744页。

［20］王辉、萧春源：《珍秦斋藏王二十三年秦戈考》，《故宫博物院院刊》2004年第4期。

［21］四川省博物馆、重庆市博物馆、涪陵县文化馆：《四川涪陵地区小田溪战国土坑墓清理简报》，《文物》1974年第5期。

［22］华义武、史润梅：《介绍一件先秦有铭铜矛》，《文物》1989年第6期。

［23］王丹、夏晓燕：《荆州博物馆藏"五十二年"秦戈考》，《文物》2018年第9期。

［24］关于"廿六年蜀守武"的年代认定，原简报将"二十六年"定为秦昭王二十六年（前281），于豪亮等提出当为始皇二十六年（前221），并已为学术界所接受，见于豪亮：《四川涪陵的秦始皇二十六年铜戈》，《考古》1976年第1期；童恩正、龚廷万：《从四川两件铜戈上的铭文看秦灭巴蜀后统一文字的进步措施》，《文物》1976年第7期。

［25］同［5］，第124页。

［26］陕西省考古研究院：《陕西西咸新区坡刘村秦墓发掘简报》，《考古与文物》2020年第4期；许卫红、张杨力铮：《"十九年蜀守斯离"考》，《考古与文物》2020年第4期。

［27］与发掘者意见不同，徐世权将"十九年蜀守斯离铜鉴"的纪年定为秦王政十九年（前248），而非秦昭襄王十九年。见徐世权：《秦"五十二年蜀假守竃戈"新考》，《古文字研究》（第三十三辑），中华书局，2020年，第642页。

［28］因徐世权对"十九年蜀守斯离"年代认定较晚，故其提出2任蜀国守为"司马错—张若"；7任蜀郡守为"张若—□—李冰—宣（金）——斯离—武"。见徐世权：《秦"五十二年蜀假守竃戈"新考》，《古文字研究》（第三十三辑），中华书局，2020年，第640~642页。

［29］同［5］，第61页。

［30］赵殿增：《近年巴蜀文化考古综述》，《四川文物》1989年S1期。

［31］黄家祥：《四川青川县出土九年吕不韦戈考》，《文物》1992年第11期。

［32］高明编著:《古陶文汇编》，中华书局，1990年，第523页。

［33］中国社会科学院考古研究所编:《殷周金文集成》（第十七册），中华书局，1992年，第193～194页；吴镇烽编著:《商周青铜器铭文暨图像集成》（第三十一卷），第12～15页。

［34］田炜:《古玺探研》，华东师范大学出版社，2010年，第45～46页。

［35］袁仲一、刘钰编著:《秦陶文新编》，第258页。

［36］如1979年青川郝家坪战国墓出土漆器上"成亭"戳记。见四川省博物馆、青川县文化馆:《青川县出土秦更修田律木牍——四川青川县战国墓发掘简报》，《文物》1982年第1期。

［37］吴振武:《关于战国"某某金玺"的一个解释》，《简帛》（第九辑），上海古籍出版社，2014年，第4～6页。

［38］孙慰祖:《战国秦汉玺印钮制的演变》，《孙慰祖论印文稿》，上海书店出版社，1999年，第95页。

［39］方馆:《我国最早的金制货币制作方法》，《文物》1959年第19期。

［40］（清）陈介祺编:《十钟山房印举》举之二（官印十七），中国书店，1985年，第55页；刘正成主编:《中国书法全集》（第92卷），荣宝斋出版社，2003年，第99、235～236页。

［41］王辉:《秦铜器铭文编年集释》，三秦出版社，1990年，第83～84页。

［42］王辉、萧春源:《珍秦斋藏秦铜器铭文选释》，《故宫博物院院刊》2006年第2期。

［43］陕西省考古研究所、始皇陵秦俑坑考古发掘队编著:《秦始皇陵兵马俑坑一号坑发掘报告（1974-1984）》（上），文物出版社，1988年，第256～259页；《秦始皇陵兵马俑坑一号坑发掘报告（1974-1984）》（下），第186页。

［44］黄盛璋较早时曾提出秦俑坑几件铜戈"寺工"二字为制造时与戈同时铸出。见黄盛璋:《秦俑坑出土兵器铭文与相关制度发复》，《文博》1990年第5期。

［45］睡虎地秦墓竹简整理小组编:《睡虎地秦墓竹简》，文物出版社，1978年，第69页。上举十余件"吕不韦"戈通长基本都在26—27厘米，证明秦国青铜兵器具有非常高的标准化生产模式。

［46］同［19］。

［47］王慎行:《从兵器铭刻看战国时代秦之冶铸手工业》，《人文杂志》1985年第5期。

［48］于豪亮:《四川涪陵的秦始皇二十六年铜戈》，《考古》1976年第1期。

［49］同［27］，第639～640页。

［50］代丽娟:《"蜀郡西工"铜器渊源及相关问题》，《中国国家博物馆馆刊》2017年第9期。

［51］王辉、程学华:《秦文字集证》，艺文印书馆，1999年，第50～52页。

［52］郝良真:《邯郸出土的"蜀西工"造酒樽》，《文物》1995年第10期；白云翔:《汉代"蜀郡西工造"的考古学论述》，《四川文物》2014年第6期。

［53］四川省博物馆、青川县文化馆:《青川县出土秦更修田律木牍——四川青川县战国墓发掘简报》，《文物》1982年第1期；四川省文物考古研究院、青川县文物管理所:《四川青川县郝家坪战国墓葬群2010年发掘简报》，《四川文物》2016年第3期。

［54］黄家祥:《宝珠寺水库淹没区文物调查记》，《四川文物》1992年第3期。

古道秘踪 —— 古蜀道（青川段）考古调查

略论青川木牍在书法史上的意义

青川县政协　杨政国

青川木牍为什么能在地下保存两千多年，首先我们来看看这里的历史沿革、地理、气候等因素。青川县位于四川省北部边缘，毗邻陕西、甘肃，是典型的鸡鸣三省之地。郝家坪战国墓在县城所在地乔庄镇。历史上县城不在乔庄镇，1951年从境内青溪镇迁至现在中部的乔庄镇。《龙安府志》谓其属县为"禹贡梁州之域，周秦氏地"。青川地处其间。史载：西汉高帝六年，置广汉郡领白水等十一县。《四川通志》载："薅溪河以西为汉刚氏道地，以东为汉白水县地。青川县境当时为白水县、刚氏道分领。各朝代建置屡有兴废、变革。境内州、郡、县、所、司建置纷繁，有时数郡、数县并置，亦或州、郡、县同置一地。治所大多在青溪、沙州等地，西魏废帝二年置建阳郡、秦兴县，郡、县治地在今乔庄镇。唐玄宗天宝元年（742），改马盘县名清川县，时县境尚存二县：景谷县，治今沙州。清川县，治今青溪镇，隶龙州。明洪武四年（1371）以巡检司改置（始去"清"字三点水）。青川县自西汉以来，至今已历2100多年。气候差异较大，属亚热带湿润季风气候。年平均降水量1021.7毫米。年平均气温13.7℃，无霜期243天。境内地层较全，从元古界到新生界均有出露，土壤成黄壤—黄棕壤—亚高山草甸土的垂直分布，土壤发育处于幼年阶段，土体不厚。地层以前泥盆系和志留系出露面积最大最多。境内成土母质仅有"新、老冲积"两大类。墓地地层从上至下分为两层：覆盖层和干枚岩。覆盖层又分黄褐色黏土和卵砾石层，卵砾石层部分已胶结。

1979年至1980年，先后三次发掘，共清理墓葬72座。其中50号墓采用一棺一椁，整理者从木牍和陶器组合推测，年代在战国晚期。在该墓边箱出土木牍两件，器物号分别是16号、17号。M50:16,长46厘米，宽2.5厘米，厚0.4厘米，M50:17,长46厘米，宽3.5厘米，厚0.5厘米。正、背面都有墨书文字。从16号、17号牍的红外影像以及16号牍彩色照片上，可以看到两件牍上下两端的左右都开有契口，原来可能编在一册。16号牍正面记载为田律条文，背面记8位不除道之人及其天数。

17号牍正面记述若干人不除道天数折合钱款之事。

M50:16

二年十一月己酉朔朔日，王命丞相戊（茂）、内史匽，□□□脩（修）为田律：田广一步，袤八则为畛。晦（亩）二畛，一百（陌）道。百晦（亩）为顷，一千（阡）道，道广三步。封，高四尺，大称其高。埒（埒），高尺，下厚二尺。以秋八月，脩（修）封埒（埒），正疆畔，及發千（阡）百（陌）之大草。九月，大除道及除澮。

十月为桥，脩（修）波隄，利津□。鲜草，雖（雖）非除道之时，而有陷败不可行，相为之□□。章手。

四年十二月不除道者：壹□二日，壹□九日，壹□一日，壹□一日，貳□一日，貳丹一日，貳章一日，叁辰一日，叁

凡□田□口……貳

章手。叁反

M50:17

□二□不除然道□十二□口□田者□一晦（亩）当十八钱。取葰□□□□□□□一□□三□钱十五。□□一日二户，户六□□卅□。凡□。

年不□□五日，日六□钱卅。不除道二日，日十二橡□□□□□一日，日六。□□□，一日，日六。凡六十六钱。

□□八。年……□□□不出……□□□□反

青川木牍的书法价值在于：

一、实用性上，有较高的史料价值

（一）展示了当时的行政管理体

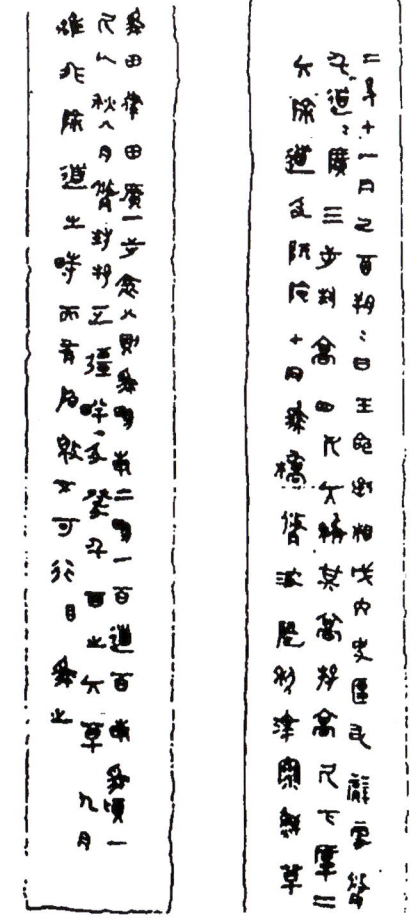

（背面）

（正面）

247

制,土地度量、耕作、交通、水利等制度。虽然两片木牍只有100多字,但信息量却非常大。

（二）展示了先秦的律法

青川木牍所载《为田律》乃秦武王二年政令,说明秦时政令已达县境,当有政权建置,然众说纷纭,书无确指。我国在秦朝首定官制,设三公九卿,分管全国政务;废除分封制,建立郡县制;统一车轨、文字、货币、度量、法律,实行严刑苛法,加强中央集权。青川木牍记载的是秦代一篇完整的法律文书更修《为田律》,对于研究先秦律法,探索商鞅变法及先秦的土地制度都很有参考价值。主要内容是:更修田律、律令内容、修改封疆、修道治浍、筑堤修桥、疏通河道等。有趣的是《为田律》中规定不出工者要出钱,这一条至今一直被沿用。

（三）佐证了"秦民移川"的历史

据《华阳国志·蜀志》记载,公元前329年,秦灭巴蜀后,因"戎伯尚强,乃移秦民万家实之"。秦统一巴蜀前后,多有秦民移川活动。便开始了对蜀地的经营。在政治措施上,秦朝采取了分封制与郡县制并用的统治方式。秦相继分封的三位蜀侯（王子通国、公子恽、公子绾）虽然在不到三十年内皆死于非命,而秦初置的巴蜀汉中三郡三十一县则不断添置达四十一县。为了加强对蜀的控制,秦采取的另一个重大措施是仿照咸阳的模式修筑了成都城、郫城与临邛城。此外,据其他文献记载还修筑了江州射阑,下建粮仓,城内有街道府舍市肆与居民住宅区,为秦提供了驻守和控扼蜀地政权的便利,同时也促使了盐铁业和农业经济的发展。秦朝觉得尽管任命了官吏派驻了军队,但对蜀地的控制仍不放心,于是又实施了从秦国本土往蜀地移民的措施。按一家最少三口人计算,迁移入蜀的秦民至少有数万人之多,从当时的人口数量来看,这绝非小数字,足见秦朝用心良苦,是下了决心要彻底将蜀与秦融为一体了。史载开明王朝败亡后,蜀王子孙及其部族流散于西南各地,蜀国的一位王子安阳王则率领所部兵将与家属三万人辗转南迁,在交趾之地建立了安阳王国。加上战争中的死伤者,这些都造成了蜀地人口的锐减。秦朝可能也是有鉴于此,才大量移民入蜀。常璩所说"实之",便有补充与充实之意。从考古发现看,20世纪中叶以来在四川各地考古发掘的战国秦汉墓中,就发现有大量的移民墓,也印证了当时秦朝的移民之举。值得注意的是,秦灭六国之后,仍继续实行这种移民措施,将六国的富豪大户大量迁往蜀地。这种做法,既扩充了蜀地人口,又削弱了六国势力,对秦朝的统一大业来说可谓一举两得。这些移民中有善于铸造与经商者,将中原地区的铁器铸造技术与农耕方法带到了蜀地,不仅对蜀地的经济发展起到了积极的作用,同时在客观上也加速了区域文化之间的融合。譬如《史记》与《汉书》记述的临邛卓氏,便是秦汉之际从北方迁到蜀地的移民中的代表。《史记·货殖列传》说"蜀卓氏之先,赵人也,用铁冶富。秦破赵,迁卓氏……致之临邛,大喜,即铁山鼓铸,运筹策,倾滇蜀之民,富至僮千人。田池射猎之乐,拟于人君"。又说"程郑,山东迁虏也,亦冶铸,贾椎髻之民,富埒卓氏,俱居临邛"。卓氏与程郑都是利用临邛附近丰富的铁矿资源，开采冶炼，铸造生产各种铁器，远销各地，获得了丰厚的利润，成了蜀中的大富户。常璩《华阳国志》还记述了这些移民致富后的奢侈之风："秦惠文、始皇克定六国，辄徙其豪侠于蜀，资我丰土。家有盐铜之利，户专山川之材，居给人足，以富相尚。故工商致结驷连骑，豪族服王侯美衣，娶嫁设太牢之厨膳，归女有百两之车，送葬必高坟瓦椁，祭奠而羊豕夕牲，赠襚兼加，赗赙过礼，此其所失。原其由来，染秦化故也。"正是由于"地沃土丰，奢侈不期而至"，所以对后世的民俗民风都产生了深远影响。青川墓群不出兵器，铜器所出以甚少，且多小件器物，很多都不是巴蜀产品。陶器的组合也与中原地区同时期文化一致。这些都说明青川墓群多数墓葬与"秦民移川"有关。这是其墓主属于秦民或处于秦国直接管辖之下的确证。

二、源头性上，改写了隶书起源之说

秦始皇在"书同文"的过程中，命令李斯创立小篆后，也采纳了程邈整理的隶书。汉朝的许慎在《说文解字》记录了这段历史："……秦烧经书，涤荡旧典，大发吏卒，兴役戍，官狱职务繁，初为隶书，以趋约易。"由于作为官方文字的小篆书写速度较慢，而隶书化圆转为方折，提高了书写效率。郭沫若用"秦始皇改革文字的更大功绩，是在采用了隶书"来评价其重要性。青川木牍（前309）是秦地官府通用、民间认识的字体，书写的是官方文书，是用笔书写的墨书文字。此牍中从水之偏旁作三点，从广之偏旁作"广"，上已有一点，数目之一十作"十"等，比篆文简易，有些捺笔已有明显的波势。此种书法与长沙马王堆帛书老子甲本相近。到了西汉初文帝时所写的帛书老子乙本，已经明显地成了汉隶的雏形。从青川木牍到睡地虎秦简（前217年，晚前309年92年）到帛书老子甲、乙本，完全是一脉相承的。这些写法都早于小篆，历史上都认为秦始皇时程邈始作隶书，千年以来，此说不易。此牍书写时间比秦始皇统一中国早八十余年。所以木牍文字的书法就是隶书的先导，是隶书的源头。

青川木牍的出现，使我们了解到古文实为战国时代通行于齐、鲁、三晋之间的文字，这种古文，既不能说是春秋以前的古文，更不能说是比春秋时代更早的殷周古文。而所谓今文，实是从秦隶一脉相承而下的汉隶。汉隶是古、今文字的分水岭。两者皆出于西周文字，来源相同，只是书写风格不同。

三、艺术性上，已经有了章法意识

青川木牍线条沉着、浑厚、工稳、从容，与大篆一脉相承，是典型的篆籀笔法。但有很多笔画已出现波磔、向背之势，横不是绝对的平，竖不是绝对的直，飞动灵活。起笔以藏锋为主，即使是露锋以是逆锋入笔。行笔沉稳、涩进、束锋、按中提、笔画有了粗细的变化，有了蚕头燕尾之势。笔笔收，力不外泄。转折处出现了方折用笔，另起一笔进行搭接。结字趋方整、要么长方、要么扁方、中宫空、重心低、主笔不明显、朴拙。上下、左右等结构出现了避让、错落、聚散和非对称性。如："酉""桥""修""道"等。章法上有列无行，大小、正欹、方圆、聚散变化多端，尤如乱石铺街。还仿佛看到了一些墨色轻重的变化，自然天成，生机盎然，这些都是隶书的特征。而小篆一般是长方形的，笔画以圆弧线为主，挺劲均匀，极具张力，粗细基本上保持一致,空间分割均衡与对称。

总之，文化传承从来都是源远流长一脉相承的，没有无源之水、无本之木，不会说从哪年哪月哪日突然出现一种文化。隶书鼻祖乃"众"，不是哪一个人所为。都是一个漫长的萌芽、生长、成熟的渐进过程。

后 记

在《古道秘踪——古蜀道（青川段）考古调查》出版之际，恰逢首届大蜀道文化论坛在四川广元青川举办。

为深入贯彻落实习近平总书记关于文化工作的重要指示精神，扎实推进社会主义文化强国建设，不断增强文化自觉和文化自信，进一步扩大青川蜀道、木牍文化的知名度和影响力，助力首届大蜀道文化论坛，我县面向社会公开征集大蜀道（阴平道）与青川木牍论文，全国各地专家学者积极响应，踊跃投稿。

为进一步巩固和提高首届大蜀道文化论坛成效，让更多的干部群众知晓和掌握首届大蜀道文化的独特魅力，编委会将首届大蜀道文化论坛部分入选论文纳入本书出版，以全面反映专家学者关于首届大蜀道文化的学术观点，发掘和弘扬青川金牛道、阴平道等线型文化遗产的历史文化、学术研究及考古价值。

在我们沿途进行田野考古调查期间所到之处，均得到当地文博部门的热情接待，生活上帮助联系食宿，关怀备至；工作中积极协调相关单位部门，提供线索信息，交通工具，甚至为我们当向导一道前往目的地实地调查，真是我们的良师益友。这里特别要鸣谢：陕西省宁强县文化和旅游局周成华副局长、文物管理所李三煜所长、窦友华、彭艳诸位；汉中市博物馆；甘肃省文县文体广电和旅游局尤桃元局长、符文学副局长，县文化馆罗愚频馆长，文化馆池明赟副馆长；四川省剑阁县文物管理所王朝辉所长、薛玉辉；平武县文物管理所所长、博物馆馆长任银，郑昉、李诗嘉；江油市文物保护中心李晓、王亚平诸位同仁等；国家文物进出境四川鉴定站刘振宇先生提供荥经县烈士乡冯家村鑚山洞汉代栈道孔遗迹图片，广元千佛崖窟前蜀道以及图片；四川省文物考古研究院万靖提供昭化区大坪子墓地发掘图片，值此深表谢意。我们能顺利完成本次田野考古调查并取得相当成果，以上单位、同行亦做出无私的奉献。谨此，再次致以由衷的感谢。

编者

2022年11月